Kladderadatsch.

Kladderadatsch.

Die Geschichte eines Berliner Witzblattes
von 1848 bis ins Dritte Reich

Herausgegeben von Ingrid Heinrich-Jost

informationspresse – c. w. leske, verlag Köln

Reihe ›iLv leske republik‹. Satire und Macht
Herausgegeben von Rolf Schloesser und Juergen Seuss

Originalausgabe

Ausstattung Juergen Seuss, Niddatal bei Frankfurt am Main
Für hilfreiche Unterstützung dankt der Verlag dem Institut für Zeitungsforschung der Stadt Dortmund, Dr. Hans Bohrmann
Lithografische Arbeiten RGD-ReproGruppeDreieich, Sprendlingen
Satz und Druck Color- und Werkoffsetdruckerei Richard Wenzel, Goldbach
Bindearbeit Großbuchbinderei Monheim (R. Oldenbourg), Monheim
Schrift Cicero halbfette Futura und Borgis Excelsior, Bleisatz (Linotype)
Printed in Germany 1982. ISBN 3-921490-25-1

Einleitung. — ›Kladderadatsch‹, Spiegelbild deutscher Geschichte?

Kladderadatsch
Das alte, aber ewig junge
politisch-satirische Berliner Witzblatt
das mit dem Jahre 1913 seinen 66. Jahrgang beginnt, ist in seiner Eigenart von keinem der im Laufe der Jahre so zahlreich entstandenen Witzblätter bis jetzt erreicht worden. — Es hat aller Konkurrenz gegenüber seinen Ruf, das erste und angesehenste Witzblatt zu sein, bis heute behauptet und darf Anspruch erheben, auch ein Blatt von literarischer Bedeutung zu sein, denn seine ernsten wie heiteren Gedichte bleiben zu nicht geringem Teil erhalten als literarisch wertvolle Denkmäler politischer Dichtung. Alle Vorgänge auf dem Gebiete des politischen und gesellschaftlichen Lebens des In- und Auslandes zieht der Kladderadatsch ins Bereich seiner Betrachtung und zeigt sie im Spiegel der Karikatur und der Satire, die — wie keine andere Kundgebung es vermag — stets die ureigenste Sprache der Zeit sprechen.
Bestellungen nehmen alle Buchhandlungen, Zeitungsspeditionen und Postanstalten des In- und Auslandes sowie die unterzeichnete Verlagshandlung entgegen. Preis vierteljährlich 2,50 M.; bei direkter Zusendung unter Kreuzband 3 M., für das Ausland 3,50 M. — Probenummern gratis. — Anzeigen finden durch den Kladderadatsch weiteste Verbreitung.
A. Hofmann & Comp.,
Verlagshandlung des Kladderadatsch.
Berlin SW 68.

So stellte sich ›Kladderadatsch‹ in einer Anzeige des Jahres 1912, in seinem 64. Jahrgang, vor.
Am 7. Mai 1848 blinzelte der verschmitzt-gemütliche Kopf im Titel des ›Kladderadatsch‹ zum erstenmal ins Publikum. Er präsentierte sich mit dem Motto:

»Im wunderschönen Monat Mai
Wo alle Blüthen sprangen: —
Da sind auch meiner Bummelei
Die Augen aufgegangen!«

Im Monat Mai des Jahres 1848 war der ›Bummler‹ im Sinn eines müßigen biedermeierlichen Flaneurs oder eines berufslosen Herumtreibers vergessen. ›Bummler‹ war nun die Ehrenbezeichnung des freien, selbstbewußten Bürgers auf der Straße, der an der Ecke über Tagespolitik diskutierte und sich kritisch die neuesten politischen Plakate an den Hauswänden und die druckfrischen Zeitungen und Zeitschriften besah, die die sogenannten ›fliegenden Buchhändler‹ allenthalben anboten. Denn eines der spektakulärsten Ergebnisse der Achtundvierziger Revolution war der Pressefrühling, der gleich nach den Barrikadenkämpfen der Märztage und der darin errungenen Pressefreiheit ausbrach.

Welche Bedeutung der Presse in einer solchen Zeit des gesellschaftlichen und politischen Umbruchs zukommt, hat der Chronist der Achtundvierziger Revolution, Adolf Streckfuß, schon im Februar des Revolutionsjahres erkennen können: »Kaum waren die ersten Nachrichten darüber (über die Februarrevolution in Paris; Verf.) nach der preußischen Hauptstadt gekommen, als sich hier plötzlich ein öffentliches Leben entfaltete, wie man es sonst in Berlin selbst in den bewegtesten Zeiten nicht gekannt hatte. Nie waren die Restaurationen, die Lesekabinette, die Konditoreien, alle jene öffentlichen Lokale, in denen Zeitungen gehalten wurden, so überfüllt gewesen wie in jenen Tagen. Die wenigen Blätter, welche Nachrichten aus Paris brachten, genügten der Lesewut des Publikums in keiner Weise. Sobald eine neue Zeitung ankam, durfte sie nicht ein einziger in Beschlag nehmen; der sie erhielt, wurde durch den Ruf der zahlreichen Mitgäste gezwungen, auf einen Stuhl oder Tisch zu steigen und laut den Inhalt zu verlesen. Und kaum war die Vorlesung beendet, da begann sofort eine aufregende Debatte über den Inhalt der Zeitung.«[1]

Die allzu lange Zeit beharrlicher politischer Arbeit der geistigen und publizistischen Opposition im deutschen Vormärz wurde endlich durch eine Revolution gekrönt. Selbstbewußt konnte Adolf Glaßbrenner in seinen ›Freien Blättern‹, die noch einen Tag vor dem ›Kladderadatsch‹, am 6. Mai, gegründet wurden, in Anlehnung an das alte Königswort verkünden: »Der Staat sind wir«. Die Schriftsteller, Dichter, Publizisten, Journalisten, die zuvor zu den Wegbereitern des politischen und gesellschaftlichen Fortschritts gehört hatten, sahen sich nun endlich aktiv an der Seite des Volkes, dessen Einheit und Freiheit sie so lange vergebens beschworen hatten. Für den faktischen Wandel sorgten die Barrikadenkämpfer, nach ihnen sollten die bürgerlichen Politiker das begonnene Werk fortsetzen. In den Händen der Publizisten lag die Aufgabe der Veränderung des Bewußtseins der Bevölkerung, denn, wer sich jahrhundertelang als Untertan hatte ducken müssen, mußte erst lernen mit der proklamierten Freiheit und Gleichheit umzugehen. Als die verhaßte Zensur fiel, reagierten die Publizisten und Verleger sofort: Zeitungen und Zeitschriften schossen wie Pilze aus dem Boden. Es wurden allein in Berlin innerhalb kurzer Zeit 35 satirische Blätter gegründet, bald erschienen hier 150 Presseorgane am Tag. Mit den politischen Plakaten und Flugblättern entwickelten sich die politischen Witzblätter zu genuinen Publikationsorganen dieser Revolution. Schon die Form prädestinierte das politische Witzblatt dazu, das publikumswirksamste Periodikum einer solchen Zeit zu werden. In Wort und Bild orientierte es sich an der populären Aufmachung der Plakate und Flugblätter mit ihren Dialekt-Beiträgen, ihren eingängigen Karikaturen, den aktuellen, in der Sprache und dem Witz des Volkes auf der Straße abgefaßten Kommentaren zu den Tagesereignissen.

Die frech sprießenden Blüten der endlich errungenen Pressefreiheit trugen selbstbewußte und optimistische Namen. Die politischen Zeitschriften versuchten ihre Programme schlagwortartig im plakativen Titelkopf auf den Nenner zu bringen. Sie nannten sich ›Demokrat‹, ›Republikaner‹, ›Volksvertreter‹, ›Volkstribun‹, ›Locomotive. Zeitschrift für politische Bildung des Volkes‹. Die satirischen Blätter traten im Unterschied zu ihren ernsteren Kollegen vor allem lautstark auf, nannten sich ›Berliner Krakehler‹, ›Berliner Großmaul‹, ›Tante Voß mit dem Besen‹, ›Revolutionsteufel‹. Sie wollten ihre Begeisterung über den Erfolg der Revolution herausschreien und sich nicht mehr den Mund verbieten lassen. Ohne sich dessen bewußt zu sein, deuteten sie mit diesen Titeln — die ja in ihrer Begrifflichkeit genauso verschwommen waren wie der lustige Vers über den ›wunderschönen Monat Mai‹, den ›Kladderadatsch‹ an seinen Anfang stellte — jedoch auch an, daß ihnen außer der Euphorie über die Abschaffung des Unterdrückungssystems kaum mehr politische Einsicht und Voraussicht gegeben war.
So, wie sich die satirischen Zeitschriften im Jahr 1848 präsentierten, waren sie ein neues Medium in der deutschen Presselandschaft. Aber natürlich waren diese politischen Witzblätter, die Mittel der Unterhaltung für die politische Aufklärung nutzen wollten, nicht ohne Vorläufer. Schon 1847, als sich die wirtschaftlichen Probleme und die sozialen Widersprüche in den deutschen Ländern zuzuspitzen begannen, hatte es erste Versuche gegeben. In München wurden die ›Fliegenden Blätter‹ gegründet, die sich zu einer gemäßigten, gemütlichen und damit zu einer langlebigen Familienzeitschrift entwickeln sollten. Ebenfalls in München tauchte ›Punsch‹ auf, der sich seinen Titel beim englischen Vorbild ›Punch‹ entlehnt hatte. In Stuttgart und Leipzig erschienen ›Eulenspiegel‹ und ›Leuchtkugeln‹ und

Alles ist eitel,

sagt der weise Salomon, und er hat ein wahres Wort gesprochen, obgleich er ein König gewesen ist. Alles ist eitel und vergänglich; was besteht muß untergehn. Die Gewalt der Fürsten ist eitel gewesen vor dem Willen der Völker, und des Volkes Macht war eitel vor dem Willen der Fürsten. Die Knechtschaft ist gestürzt worden von der Freiheit; und die Freiheit ist wieder untergegangen in Knechtschaft und Elend und Belagerungszustand. Die Nationalversammlung ist untergegangen, die Kammern sind untergegangen, die Bürgerwehr ist untergegangen, die Vereine, die Clubbs, die Zeitungshalle, die Reform, die ewige Lampe, der Krakehler — siehe, Alles war eitel und ist vergangen. Selbst Wrangel war eitel, und der Belagerungszustand war eitel und ist auch vergangen. Rauch ist alles irdische Wesen; wie des Dampfes Säule weht, schwinden alle Erdengrößen, nur die Götter und

Kladderadatsch

bleiben stät. Kladderadatsch ist geblieben und hat alles, Großes und Kleines, überdauert. Er hat sein Wort darauf gegeben, weder List noch Phlegma, weder Kabale noch Liebe, weder Gewalt noch Chicane, kurz, keine Macht der Erde solle ihn an seinem Erscheinen verhindern. Und wie er gesagt, so ist es geschehn:

Kladderadatsch hat noch nie sein Wort gebrochen!

Seine Fesseln sind gesprengt, seine Feinde und Widersacher niedergeworfen und zu Schanden gemacht; und mit verjüngter Kraft wird er sein segensreiches Wirken fortsetzen, und seine Sonne scheinen lassen über Gute und Böse, über Gerechte und Ungerechte; und wird Haß und Mißvergnügen erregen, und ungestraft im Lande wohnen; denn

Alles ist eitel und vergeht,

und auch

§ 151 war eitel und ist mit Schanden untergegangen.

Kladderadatsch.

Berlin.
Druck von J. Draeger.

Die Leser des Kladderadatsch.

Ach lieber Herr Sekretair, könnte ich wohl jetzt den Herrn Bürgermeister wegen meiner Bittschrift sprechen?

I wo denken Sie hin! Kommen Sie wenn Sie wollen, nur jetzt nicht. Er hat eben den Kladderadatsch gelesen und da ist er, wie Sie wissen, immer in sehr eklicher Stimmung.

Sehste Karline, ick hab't ja immer jesagt „jeh nich bei Schlippenbachen seinen Treibund; se bringen Der sonst noch in'n Kladderadatsch. Schlippenbachen und de Bohmhammeln haben se nu schonst abjemalen, jetzt kommst de jewiß ooch bald rin.“

„„Na wat wer'n denn da dabei?““

Ja, wenn se Dir erst drin haben, denn bringen se mir am Ende ooch in de Oeffentlichkeit.

Arzt. Aber liebster Freund, wie können Sie sich in Ihrem Alter so sehr von der Melancholie beherrschen lassen?! Zerstreuen Sie sich durch heitre Lecture! — Lesen Sie doch den Kladderadatsch, der wird Sie schon gesund machen!

Patient. Ach lieber Herr Doctor, wie kann mich der gesund machen, der ist ja zum krank lachen! —

Nächtliche Mußestunden eines Ministers.

Verantwortlicher Redakteur E. Dohm. — Verlag von A. Hofmann & Comp. in Berlin, Unterwasserstraße 1. — Druck von J. Draeger in Berlin.

andere mehr. »Den Mächten der Vergangenheit, vornehmlich der Zensur, dem lebenlähmenden Bureaukratenzopf und den Standesvorurteilen galten die ersten Streiche, freilich anfangs noch sehr schüchtern und sehr versteckt, sintemalen die Zensur noch uneingeschränkt herrschte.«[2] Nur die ›Düsseldorfer Monatsblätter‹, von rheinischen Industriellen und Bankiers finanziert und von den Künstlern der oppositionellen Düsseldorfer Malerschule getragen, traten schon damals selbstbewußter auf. Sie entwickelten sich dann auch im Revolutionsjahr zu einem der politisch eindeutigsten und qualitativ höchststehenden illustrierten Periodika.
Die deutschen Länder hinkten in ihrer historischen Entwicklung der Emanzipation des Bürgertums hinter England und Frankreich her. Da Karikatur und Satire immer in direktem Verhältnis zur Gesellschaft stehen, die Objekt und Subjekt der Auseinandersetzung zugleich ist, blieb auch deren Entwicklung hinter der des Auslandes zurück. In der satirischen Dichtung hatte es selbst in Deutschland schon Höhepunkte gegeben, Heinrich Heine, Adolf Glaßbrenner, Georg Weerth gehörten zu ihren wichtigsten Protagonisten. Diese Dichter und Schriftsteller hatten schon im Vormärz die Möglichkeiten der Satire als ›ganz offen kämpferische literarische Ausdrucksweise‹ aufgezeigt, wie es Georg Lukács genannt hat. Sie kämpften mit der Feder gegen die Herrschaft des Absolutismus, für bürgerliche Emanzipation, Freiheit und Gleichheit. Und sie taten das mit literarischen Mitteln, die vor allen anderen Heine virtuos handhabte. Sein Reiseepos ›Deutschland, ein Wintermärchen‹ ist ein Kunstwerk und gleichzeitig atmet es »eine höhere Politik ... als die bekannten politischen Stänkerreime«, wie Heine 1844 selber bemerkte. Wenn sie sich auch in ihrer politischen Tendenz unterschieden, so entsprachen doch Heine, Glaßbrenner und Weerth der Forderung nach ei-

ner gesellschaftssezierenden und dabei konstruktiv kritisierenden Satire, die Karl Marx 1844 formulierte: »Es handelt sich darum, den Deutschen keinen Augenblick der Selbsttäuschung und Resignation zu gönnen. Man muß den wirklichen Druck noch drückender machen, indem man ihm das Bewußtsein des Drucks hinzufügt, die Schmach noch schmachvoller, indem man sie publiziert. Man muß jede Sphäre der deutschen Gesellschaft als die partie honteuse der deutschen Gesellschaft schildern, man muß diese versteinerten Verhältnisse dadurch zum Tanzen zwingen, daß man ihnen ihre eigene Melodie vorsingt! Man muß das Volk vor sich selbst erschrecken lehren, um ihm Courage zu machen. Man erfüllt damit ein unabweisbares Bedürfnis des deutschen Volkes, und die Bedürfnisse der Völker sind in eigener Person die letzten Gründe der Befriedigung.«[3]
Das bildliche Pendant zu der Satire als der ›kämpferischen Ausdrucksweise‹, wie sie hier definiert wird, ist die Karikatur. Hatte die Satire in Einzelerscheinungen schon vor 1848 – wie das Beispiel Heine zeigt, zum Teil sogar außerordentliche – Höhepunkte, so existierte eine politische Karikatur in der Form wie sie 1848 auftrat, nicht. »In Zeiten, in denen sich eine Revision der bis dahin herrschend gewesenen Werte vorbereitet, alte Anschauungen und die von ihnen getragenen Institutionen von Tag zu Tag immer größere Einbussen erleiden, der Glaube an ihre allein seligmachenden Eigenschaften morsch und wankend wird, in solchen meldet sich die Karikatur stets zum Wort. Um so häufiger und ungestümer, je spruchreifer die Dinge werden.«[4] In Deutschland wurden die ›Dinge‹ erst 1848 ›spruchreif‹. In Frankreich hatte die politische Karikatur schon 1830 ihren Höhepunkt erreicht. Die Julirevolution sei eine Revolution der Journalisten und Dichter gewesen, hieß es damals. Mit der gleichen Virtuosität und Radikalität wie ihre schreibenden Gesinnungsge-

nossen stürzten sich die Zeichner in den politischen Kampf. 1830 gründete Charles Philipon in Paris ›La Caricature‹ und zwei Jahre später den ›Charivari‹. Mit bald legendären Künstlern, allen voran Honoré Daumier und Grandville, reflektierten diese satirischen Zeitschriften die politische Entwicklung und beeinflußten die Ereignisse des Tages. Philipon selbst schuf die berühmte Birne — La Poire Philipon — auf die er den Kopf des vermeintlichen Bürgerkönigs reduzierte, sowie die satirische Chiffre für den Kronprinzen, der allenthalben nur Grand Poulot genannt wurde, das große Küken. Daumier, der 1832 in die Redaktion von ›La Caricature‹ eintrat, verstand das Wesen der Karikatur von allen Künstlern seiner Zeit am besten. Mit möglichst wenigen, dafür um so präziseren und eleganten Strichen, mit genauer Beherrschung der Möglichkeiten von Licht und Schatten deformierte er die politischen Gegner bis zur Kenntlichkeit und brachte er das Typische einer Figur, einer Gruppe, einer ganzen Klasse an den Tag. Damit vollendete er in der Zeichnung, was Georg Lukács für die Literatur konstatiert hat: »Die Fähigkeit der großen Dichter, typische Charaktere und typische Situationen zu schaffen, geht weit über die richtige Beobachtung der Alltagswirklichkeit hinaus. Die tiefe Kenntnis des Lebens beschränkt sich niemals auf die Beobachtung des Alltäglichen. Sie besteht vielmehr darin, aufgrund der Erfassung der wesentlichen Züge Charaktere und Situationen zu erfinden, die im Alltagsleben vollständig unmöglich sind, die jedoch jene wirkenden Kräfte und Tendenzen, deren Wirksamkeit das Alltagsleben nur verworren zeigt, in der Klarheit der höchsten und reinsten Wechselwirkung der Widersprüche aufzuzeigen.«[5]
Adolf Glaßbrenner glaubte 1848 auch in Deutschland den Aufschwung von Humor als geistige Haltung erkennen zu können, der in seiner publizistischen Verdinglichung als Satire und Karikatur

politische Bedeutung gewinnt: »Der Berliner Witz hatte sich zum Humor erhoben, bevor er die Barrikaden errichtete. Seine Tiefe ist Kraft, geistige Klugheit, seine Pointe die Freiheit«, schrieb er in seinen ›Freien Blättern‹. Tatsächlich schien der schnelle Erfolg, die große Verbreitung der satirischen Blätter nach dem Ausbruch der Revolution, darauf hinzudeuten, daß der Anspruch der französischen Blätter auf Realismus und Volkstümlichkeit auch in Deutschland verwirklicht werden konnte. ›Kladderadatsch‹ konnte schon am ersten Tag seines Erscheinens viertausend Exemplare verkaufen, und der Erfolg hielt an.[6]

›Kladderadatsch‹ wurde als eines der ersten der vielen politischen Witzblätter am 7. Mai 1848 gegründet. Sein Initiator war David Kalisch, damals schon ein bekannter Possendichter in Berlin. Die Idee zu dem Blatt soll in der Hippelschen Weinstube am Berliner Alexanderplatz geboren worden sein, wo Kalisch, der Berliner Verlagsbuchhändler Albert Hofmann und andere Berliner Publizisten verkehrten.

›Kladderadatsch‹, der vor allem in Berlin gebräuchliche Ausruf für ›Zusammenbruch‹, wurde angesichts der Zerstörung des alten Systems im spätfeudalen Absolutismus, zu dessen Synonym Preußen geworden war, als passender Titel für ein satirisches Blatt angesehen. Kalisch soll sich schon vorher mit dem Gedanken an eine solche Publikation getragen haben. Die Vorlage für den später so bekannten Titelkopf der Zeitschrift hatte er bereits erworben. Das rundgesichtige Konterfei – aus der Feder eines unbekannten Zeichners – hatte zuvor den ab 1847 in Leipzig erschienenen ›Anekdotenjäger‹ geschmückt. Mit dieser Druckvorlage, die Kalisch von dem Leipziger Buchhändler Bartholf Senff erwarb, erstand er weitere in Holz geschnittene Zeichnungen, darunter die Figuren ›Schultze und Müller‹. Mit ihren in Berliner Dialekt gehaltenen Dialogen über politische Tagesereignisse, die nun regelmäßig im ›Kladderadatsch‹ erschienen, gehörten sie bald zu den bekanntesten ›stehenden Figuren‹ der satirischen Publizistik des Jahres 1848. Albert Hofmann übernahm den Verlag der Zeitschrift, und bis zum Juni hatte sich die später als ›Gelehrte des Kladderadatsch‹ in Berlin prominente Gruppe der Redakteure um Kalisch geschart: dazu gehörten der Zeichner und Karikaturist Wilhelm Scholz sowie die Schriftsteller und Journalisten Ernst Dohm, Rudolf Löwenstein. Lange Jahre blieb der ›Kladderadatsch‹ eine Gemeinschaftsarbeit dieser Vier. Die Artikel wurden in der frühen Zeit nie mit Namen unterzeichnet. Aber von einigen stehenden Figuren, die allmählich ihren festen Platz im Aufbau des Blattes erhielten, ist bekannt, wer sie sich ausgedacht hat. So stammt der Kaufmann Zwickauer aus der Feder David Kalischs, der ihn erstmals in seiner bekannten Posse ›Einhunderttausend Thaler‹ in gestelzter jiddisch-deutscher Sprache über wirtschaftliche Fragen hatte parlieren lassen. Auch Karlchen Mießnick, der naiv-schlaue Berliner Schüler, ist Kalischs Erfindung. Löwenstein steuerte die Dialoge der Barone von Prudelwitz und Strudelwitz bei, die sich gemäß ihrer Herkunft über die Entwicklung der neuen Zeit entsetzten und die damit die Reaktion lächerlich machten.

Der Aufbau des Blattes blieb im Lauf der Zeit relativ konstant. ›Kladderadatsch‹ folgte darin dem Vorbild ›Charivari‹, der allerdings täglich in drei Text- und einer Bildseite erschien. Auch war ›Charivari‹, wie ›Kladderadatsch‹, im Unterschied zu ›La Caricature‹ stärker auf Massenwirksamkeit angelegt, neben der politischen und der Gesellschaftssatire gab er auch der harmlosen Situationskomik Raum.[7] Zu Anfang seines Bestehens hatte der ›Kladderadatsch‹ ebenfalls einen Umfang von vier Seiten. Den Auftakt bildete stets

Wie Schultze und Müller

Wie Schultze und Müller

ein Leitartikel in satirischer Prosa oder in Versform, in dem die politische Entwicklung aufs Korn genommen wurde. Die folgenden beiden Seiten bestanden aus verschiedenartigen Textbeiträgen, die nur gelegentlich von kleineren Illustrationen unterbrochen wurden. Um diesen Wortbeiträgen dennoch einen optischen Effekt zu verleihen, spielte ›Kladderadatsch‹ in umfangreichem Maße mit unterschiedlichen Schrifttypen und -stärken und gliederte die Texte stark nach optischen Gesichtspunkten. Die letzte Seite enthielt stets Karikaturen, wobei die Folge kleinerer Illustrationen allmählich von den später vorherrschenden ganzseitigen Karikaturen abgelöst wurden. Vor allem während seiner erfolgreichsten Erscheinungszeit, den Jahren der sogenannten Bismarck-Ära, wurde die Hauptausgabe des Blattes meist durch zahlreiche Beiblätter und Beilagen — beispielsweise ganzseitigen Karikaturen auf zeitgenössische Politiker — erweitert. Entscheidend verändert wurde die äußere Form der Zeitschrift erst im 20. Jahrhundert. Im Jahrgang 1912 wanderte der traditionelle Titelkopf auf die zweite Seite über das jeweilige Leitgedicht der Ausgabe. Auf die erste Seite rückte nun eine, in zunehmendem Maße auch farbig angelegte, ganzseitige Karikatur als Aushängeschild für die politische Gesinnung des Blattes. Der Umfang der Zeitschrift nahm stetig zu, bis er in seinen letzten Jahrgängen fast zwanzig Seiten umfaßte, wobei sich Quantität und Qualität des Gebotenen in umgekehrt proportionalem Verhältnis zueinander entwickelten.
Der ›Kladderadatsch‹ erschien stets ›täglich mit Ausnahme der Wochentage‹, wie unterhalb des Titelkopfes vermerkt wurde. Donnerstagabends fand die Schlußredaktion für die neue Ausgabe statt, für die sich die Vorarbeit folgendermaßen abgespielt haben soll: »Im Laufe der Woche waren immer zahlreiche Einsendungen von

Beiträgen, von verschiedenen Personen und Orten eingelaufen, die er (Ernst Dohm als Redakteur; Verf.) aber nur flüchtig durchsah, weil er schon wußte, daß nur in wenigen Fällen etwas Brauchbares darunter war. Wenn er dann am Redaktionstage in das dafür bestimmte Zimmer der Druckerei ging, nahm er einige der Einsendungen, die ihm einer Aufnahme oder Umgestaltung nicht unwert schienen, mit sich. Die Beiträge der Mitredakteure Kalisch und Löwenstein (zu denen erst später sich Trojan gesellte) sah er dann durch, — die Scholz'schen Zeichnungen mußten wegen der Reproduktion schon mehrere Tage früher erledigt sein. Dohm selbst hatte von eigenen Beiträgen gewöhnlich nur wenige mitgebracht, während Löwenstein immer reichlich, meist zu reichlich, dafür gesorgt hatte. Mit sicherem Urteil wurde von Dohm das vorhandene Material, wenn er nicht schon früher darüber bestimmt hatte, durchgesehen und für den vorhandenen Raum gesichtet und geordnet. Wenn ihm etwas von seinen Redaktions-Genossen unpassend erschien, so hielt ihn keine persönliche Freundschaft oder Rücksicht ab, es zu verwerfen. Reichte dann der Stoff nicht aus, und mußten durch Beseitigung mehrerer Beiträge Lücken ausgefüllt werden ... sah (er) dafür entweder die letzten Tageszeitungen durch, oder auch die von außerhalb eingegangenen Zusendungen.«[8]

›Kladderadatsch‹ war einer der führenden publizistischen Protagonisten der bürgerlichen Revolutionsbewegung, die im Jahr 1848 auf eine neue Gesellschaftsordnung hoffte: auf ein Ende der Aristokratenherrschaft, auf deutsche Einheit und Freiheit, die in einer deutschen Verfassung ihren Ausdruck finden sollte. ›Kladderadatsch‹ verstand sich als ›liberal‹ und ›demokratisch‹, wobei diese Begrifflichkeit in dieser Zeit noch nicht die heute ausgeprägten Bedeutungen hatte. Liberalismus und Demokratie waren Chiffren für gesellschaftlichen Fortschritt, der weniger bezeichnen konnte, was er sein sollte, als das, was er nicht mehr sein wollte. Wenn die Zeitschrift ›Berliner Krakehler‹ jubelte, sie selber bilde zusammen mit den Kollegen ›Kladderadatsch‹ und ›Ewige Lampe‹ das ›Triumvirat in der Republik des Humors‹, so lag die Betonung auf Humor. Die Konsequenz der Forderung einer Republik nach dem Volksaufstand im März zog keines dieser bürgerlichen Blätter, wie es damals durchaus schon Revolutionäre taten, die erkannten, daß diese Revolution des Bürgertums die Emanzipation der unteren Bevölkerungsschichten nicht mit einschloß. ›Kladderadatsch‹ tat gelegentlich Äußerungen, die ihn in die Reihe der radikalen Revolutionäre stellen konnte, doch die blieben vereinzelt. Gemessen an der ganzen Bandbreite politischer Tendenzen, die sich im Jahr 1848 publizistisch abzeichneten war ›Kladderadatsch‹ gemäßigt. Charles Philipon schrieb am 27. Februar 1848 im ›Charivari‹: »Der Zeichenstift reagiert nicht so schnell wie die Schreibfeder, erst recht nicht, wenn die Hand des Zeichners noch das Gewehr hält.« Die Zeichner und Schreiber des ›Kladderadatsch‹ hatten nie das Gewehr in der Hand, ist es doch auch nur schwer vorstellbar, daß ein Mann wie David Kalisch, der in den Jahren zuvor das Publikum des biedermeierlichen Berliner Theaters mit seichten Possen unterhalten hatte, nun zum politisch sicher urteilenden Satiriker werden könnte. Die Problematik im Engagement des Künstlers hat Theodor Hosemann in einer Lithographie festgehalten. Sie trägt den Titel »Der Künstler gibt, was er hat«. Die Frau des Malers reicht darauf den hereinstürmenden Barrikadenkämpfern Schußwaffen, der Künstler hält ihnen Pinsel und Palette entgegen. Das Beispiel Daumiers zeigt jedoch, wie wirksam auch diese ›Waffen‹ sein konnten. Er identifizierte sich mit dem, was er darstellte, er fixierte die jeweilige gesellschaftliche Situation mit sicherem Strich. Seine

Zukunfts-Nummer zum funfzigjährigen Jubiläum
des

Kladderadatsch.

Wochenkalender.

Den 8. Mai 1898.

Graf Itzenplitz feiert das funfzigjährige Jubiläum seiner eingereichten, aber noch nicht erhaltenen Dimission.

Den 9. Mai 1898.

Bischof Crementz feiert das funfzigjährige Jubiläum der ihm angedrohten Temporaliensperre.

Den 10. Mai 1898.

Graf Eulenburg feiert das funfzigjährige Jubiläum der immer noch nicht eingeführten Gemeinde- und Provinzial-Ordnung.

Wochenkalender.

Den 11. Mai 1898.

Herr von Madai feiert das funfzigjährige Jubiläum der Tugendhaftigkeit Berlins.

Den 12. Mai 1898.

Herr Falk feiert das funfzigjährige Jubiläum der Civilehelosigkeit.

Den 13. Mai 1898.

Zur Feier des funfzigjährigen Jubiläums seiner zweiten Nummer rüstet sich —

Kladderadatsch.

Berlin, den 7. Mai 1898.

Berlin, am ersten Mai.

Im wunderschönen Monat Mai, als alle Knospen sprangen,
Da sind auch meiner Bummelei die Augen aufgegangen.

Die Zeit ist umgefallen! Der Geist hat der Form ein Bein gestellt! Der Zorn Jehovah's brauset durch die Weltgeschichte! Die Preußische Allgemeine, die Vossische, die Spener'sche, Gesellschafter, Figaro und Fremdenblatt haben zu erscheinen aufgehört — Urwahlen haben begonnen — Fürsten sind gestürzt, Throne gefallen, Schlösser geschleift, Weiber verheert, Länder gemißbraucht, Juden geschändet, Jungfrauen geplündert, Priester zerstört, Barricaden verhöhnt — Kladderadatsch!

Wer dürfte hiernach die Farbe, die Tendenz, den Charakter unseres Blattes in Zweifel ziehen? Der klare Ausdruck unseres Bewußtseins wird uns Männer wie **Junius, Julius, Curtius, Gervinus, Ruppius** und **Nebenius, Lövisohn, Löwenfeld, Löwenberg, Löwenthal, Löwenheim, Löwenstein, Löwenherz, Ledru Rollin, D. A. Benda, Louis Blanc, von Bülow, Eylert** und **Lamartine, Thiele, Hecker, Eichhorn, Struve, Meding** und **Herwegh, Jacoby** und **Aegidi** zu Mitarbeitern gewinnen. Berliner! Räumt die Hindernisse hinweg, die dem Erscheinen dieses Journals im Wege stehen. Entsendet Männer, voll des ächten Berliner Geistes, die auf Kladderadatsch subscribiren!

Eure liebreiche Freundin, die Redaction dieser Blätter, vereinigt ihre äußersten Bitten um baldiges Abonnement mit denen ihrer Mitarbeiter.

So schrieben wir **heut vor funfzig Jahren.** Ein halbes Jahrhundert ist seitdem an unserem heiteren Auge vorübergezogen. Und heut? Mit dankgeschwollenem Herzen und thränenerstickter Stimme rufen wir laut in die Welt hinaus: **Berliner** der inneren Stadt sowie des zweimeiligen Umkreises aller fünf Welttheile, ihr habt eure Schuldigkeit gethan! Willig seid ihr unserem Ruf gefolgt; treu, hold und gewärtig seid ihr uns stets geblieben, und ein stehendes Friedensheer von 400,000 Abonnenten, Ehrenbürgerbriefe von allen Metropolen der gebildeten Welt, Doctorhüte von sämmtlichen Facultäten der Europäischen Hochschulen, Adelsdiplome und Orden von allen respectablen Potentaten, Dotationen von Seiten der Börsen, Heirathsanträge begüterter Jungfrauen, Freibillets zu sämmtlichen Theatern, Ehrenfreitische in allen Volksküchen, Freimarken für alle Droschken, Monumente und Mausoleen auf allen belebten Straßen und Plätzen der Hauptstädte — das sind die bescheidenen Früchte jener Saat, die wir heut vor funfzig Jahren in die Furchen der Europäischen Civilisation gestreut.

Berlin, die Hauptstadt des Europäischen Kaiserreichs, rüstet sich, unseren Ehrentag würdig zu begehen. Flaggenschmuck und Illumination, Gratulationscour, Fackeltanz der Minister und Vertheilung des Strumpfbandes werden die Glanzpuncte des Festes sein. Die Fußgänger haben sich rechts zu halten, die Equipagen fahren von links vor. Das hundertjährige Jubiläum findet heut über funfzig Jahre präcis neun Uhr statt. Um pünktliches Erscheinen bittet —

Kladderadatsch.

Feuilleton.

Rückblick.

1898.

So rollten denn ins Zeitmeer nieder
Aufs Neue fünfundzwanzig Jahr
Wie schnell enteilten sie! Schon wieder
Prangt Kladderadatsch als Jubilar.

Fest stand er da: des Witzes Funke
Erlosch ihm nicht in schwerer Noth;
Das Ministerium Majunke
Erschien, und — macht' ihn doch nicht todt.

Er sah den größten Sieg: er rückte
Mit gegen Rom, und jubelnd pries
Sein Lied den Papst, der segnend nickte,
Den ersten Papst, der — Schultze hieß.

Er sah Europa lange gähren,
Bis daß besetzt war Frankreichs Thron,
Auf dem nun schon regiert in Ehren
Der Dritte aus dem Hause Cohn.

Still sah er das Verhängniß schreiten,
Das lang' oft auf sich warten läßt;
Es kam die Pleite aller Pleiten —
Nur er blieb „animirt und fest."

Wie wird die Zukunft sich gestalten?
Noch ist sie Allen problemat'sch!
Wir aber bleiben treu die Alten,
Und: „Vorwärts!" ruft der —

Kladderadatsch.

Der Berliner Oberkirchenrath wird jetzt, da die Gutachten der theologischen Facultäten von Jena, Leipzig und Tübingen eingetroffen sind, bald in der Lage sein, in der Angelegenheit des Herrn Dr. Sydow sein Urtheil zu fällen. Der Inculpat gedenkt in der nächsten Woche im Kreise seiner Urenkel und sonstigen Verehrer seinen hundertsten Geburtstag festlich zu begehen.

An die Polizei-Directrice.

Wir wollen es keineswegs durchaus tadeln, daß Sie nach zehn Uhr Abends allein gehende Junggesellen, welche der Unsolidität verdächtig erscheinen, durch die Schutzfrauen arretiren lassen. Zur Beruhigung des Publicums aber dürfte es vielleicht beitragen, wenn Sie etwas darüber verlauten lassen wollten, was aus den inhaftirten Junggesellen, von denen bis jetzt noch niemals Einer wieder aufgetaucht, geworden ist.

Multus pro unis.

So eben trifft die erfreuliche Mittheilung ein, daß die gegen Herrn Wagener vor fünfundzwanzig Jahren beschlossene Disciplinar-Untersuchung dem Beginn ihrer Einleitung nun bald schleunigst entgegengeführt werden soll.

Uech muß mür söhr wundern über düsen Reuchstagsmütglüdern, was heut ümmer noch Gewalt schreuen über ührer Düötenlosigkeut. Haben sü ühr dreußüg Jahr ertragen und sünd nücht dabeu gestorben, können sü auch noch dü Paar Jahre warten, büs üch meun hundertjöhriges Jubülöum feure. Wörde üch dü Kleunigkeut aus meunen Fonds döcken! Was kann da seun? Wü sagen wür Lateuner? Quü cüto dat, Büsmarck dat.

Zwickauer,
Deutscher Reuchsbürger und Jubelgreus.

Müller. Nee, Schultze, was zu doll is, des is zu doll!

Schultze. Woso denn?

Müller. Na höre 'mal, 38⁷/₈ Procent Miethssteuer vors nächste Jahr, des is doch wahrhaftig 'n bißken zu klobig!

Schultze. Na was schad't denn des uns? Noch dazu alleweile, seitdem „Ost-Berlin" eröffnet und dadurch die Miethen unter die Linden Bel-Etage auf zwanzig Thaler pro annum 'runterjesangen sind!

Müller. Da hast du Recht; da kann man's allenfalls ertragen.

Um die Reichsfinanzen für den, durch den Ausfall der immer noch nicht zu Stande gekommenen Tabaksteuer ihnen möglicher Weise drohenden Verlust schadlos zu halten, soll die Zeitungs- und Kalenderstempelsteuer vom nächsten Jahr ab um hundert Procent erhöht werden.

Vor Kurzem hat Vater Wrangel sein fünfundsiebzigjähriges Generals-Jubiläum und zugleich das hundertjährige Jubelfest seines Eintritts in die Armee in erwünschtem Wohlsein gefeiert.

Das Project der Berliner Markthallen soll nun doch einige Aussicht haben, seiner Verwirklichung nächstens, vorläufig wenigstens im Princip, etwas näher gerückt zu werden.

Briefkasten.

Pio Nono in Rom: Wie geht's Euch, Alter? Schmeckt das Pfeifchen? — **Perle in Meppen:** Nun, sehen Sie? Die Kirchengesetze sind gar nicht so schlimm. Durch eine fünfundzwanzigjährige Erfahrung müssen Sie sich doch nachgerade davon überzeugt haben. — **Theodor Döring in Berlin:** Gestern prächtig als Falstaff. Noch fünf Jahre so fort, dann ist das Hundert voll. — **Criminal-Commissarius P. in B.:** Quälen Sie sich nicht länger, alter Freund! Den Verfasser der „Erlebnisse einer Mannes-Seele" bekommen Sie doch nicht heraus. — **Fräulein Aurelia v. D. in Br.:** Nicht immer Blumen! Edles Metall macht Jubelgreisen mehr Freude. — **Dr. St. in K.....e:** Hat ja schon vor funfzig Jahren in der „Ewigen Lampe" gestanden! — **Kratehler in Berlin:** Sit tibi terra levis! — **v. St. in Potsdam:** Darüber können wir Ihnen erst heut über funfzig Jahre Auskunft geben.

Aus dem Leben des Jubilars.

Geburt unter erschwerenden Umständen.

Kampf um das Dasein.

Jugendliebe.

Schule des Lebens.

Soll und Haben.

Der lachende Philosoph.

Verantwortl. Redacteur: E. Dohm in Berlin. — Verlag von A. Hofmann u. Co. in Berlin, Kronenstr. 17. — Druck von Eduard Krause in Berlin.

Zeichnungen saßen nicht nur wegen der Meisterschaft seiner Hand, sondern auch wegen der Eindeutigkeit seines Engagements.
Von Anbeginn an richtete ›Kladderadatsch‹ sein besonderes Augenmerk auf die politischen Feinde. In Wort und Bild gab er damit frühe Hinweise auf das Wiedererstarken der Reaktion. Auch in den Jahren nach dem Scheitern der Revolution waren die ›Kladderadatscher‹ stets zur Opposition gegen die Herrschenden bereit. Doch ihre Kritik beschränkte sich weitgehend auf Einzelpersonen, sie wurde immer stärker getragen von Wut und Spott und nicht von der Erkenntnis der Mechanismen gesellschaftlicher Macht. Die Radikalität des Blattes war vorrangig verbal. ›La Caricature‹ oder die fortschrittlichen deutschen Publizisten des Vormärz, die trotz der drückenden Zensur Wege für die Verbreitung iher Ideen fanden, waren der politischen Entwicklung vorangeschritten, ›Kladderadatsch‹ und seinesgleichen begleiteten diese. Dabei schritt das Blatt bis zu den Jahren der Reichsgründung an der Seite der noch immer nicht in der politischen Macht etablierten bürgerlichen Opposition. Doch das Bürgertum war in seinen gesellschaftlichen Zielen von seinen wirtschaftlichen Interessen bestimmt. Die führenden Politiker der Revolutionsregierung hatten sich mit den zurückkehrenden alten Mächten arrangiert, weil es für ihre Bestrebungen opportun erschien und sie die gesellschaftlichen Schichten, die unter ihrer eigenen standen, noch mehr fürchteten als die zuvor bekämpften ›Zarucker‹. Sie legten damit schon früh den Grund für die Entwicklung zu Nationalismus, Imperialismus und damit auch zum Faschismus. »In ihrer Absicht, sich von dem vierten Stand abzugrenzen, dokumentieren diejenigen, die immerhin vormals die Revolution befürwortet haben, ihr anti-sozialrevolutionäres Bewußtsein. In diesem Vorgang ist die für die deutsche Geschichte so verhängnisvolle Ausklammerung der innenpoli-

tischen Problematik aus dem Liberalismus und seine Hinwendung zu nationalstaatlicher Hegemonie schon angelegt.«[9] Einhergehend mit dem liberalen und zusehends nationalistischer werdenden Bürgertum wurde die Opposition des ›Kladderadatsch‹ zu einer Opposition, die immer weniger aneckte. Nachdem auch in Frankreich 1851 die Republik wieder einmal gescheitert war, Louis Bonaparte, der sich bald zum Kaiser Napoleon ausrief, die Nationalversammlung auseinandergetrieben hatte und die republikanische Partei im Niedergang begriffen war, wurde Honoré Daumier böse und radikaler. ›Kladderadatsch‹ wurde angesichts der wiedergekehrten Zensur als Ausdruck des wiedergekehrten Herrschaftsapparats gefügig. Im Jahrgang 1848 finden sich noch Zitate linker Abgeordneter der Nationalversammlung wie Johann Jacoby. In den folgenden Jahrzehnten grenzte sich das Blatt immer massiver nach links ab, bis es in treuer Nachfolge Bismarcks gegen alle Richtungen der Arbeiterbewegung, der Sozialdemokratie, des Kommunismus hetzte. Um die Jahrhundertwende hätte auch ein ›Kladderadatsch‹-Redakteur verlauten lassen können, was der Chefredakteur des ›Simplicissimus‹, Ludwig Thoma, 1900 schrieb: »Unsere Künstler zeichnen nicht für die sozialdemokratischen Arbeiter ... Für diese Brüder zu dichten, wäre verlorene Liebesmühe; das Publikum, an welches wir uns wenden, die Intelligenz in Deutschland, würde es nicht verstehen und verzeihen.«[10]

Das Lesepublikum des ›Simplicissimus‹ war auch das des ›Kladderadatsch‹: »Gymnasiallehrer, unentwegte Fortschrittswähler, Amtsgerichtsräte mit nationalliberaler Gesinnung neben Kanzleivorstehern, Freigeistern der Stadt, Ärzte, Anwälte, Künstler, räsonnierende Privatiers und Rentiers, freihändlerische Kaufleute und Honoratioren der Zukunft wie Studienreferendare und Gerichtsassessoren.«[11]

Unsere Zeitgenossen: **Victor Emanuel III.**, König von Italien.

Das Urbild der Treue

Als ›Kladderadatsch‹ in einem programmatischen Artikel des Jahres 1858 schrieb, er sei der ›alleinige Verwalter der Massen‹, bezeichnete ›Masse‹ nicht mehr den allesumfassenden Volks-Begriff der Revolutionäre von 1848, sondern meinte das Gros der Leser des Blattes: die Bürger und Kleinbürger. Und was diese Leser in ihrer Zeitschrift finden wollten, glaubten die Redakteure genau zu wissen: »Heute will er (der Leser; Verf.) durch jede Lecture bereichert sein — an Kenntnissen, Erfahrungen, Entdeckungen und unbekannten Ereignissen. Er will nach Tisch auf dem Sopha oder des Abends vor dem Einschlafen im Bett beim letzten Drittheil seiner letzten Cigarre die Resultate der Wissenschaften empfangen in einer populären, lebensfrischen und anmutigen Darstellung, welche weder durch allzu große Anhäufung von Thatsachen der Übersichtlichkeit ermangelt, noch durch zu eng gezogene Gränzen mit dem Leben des Tages außer Verbindung gebracht wird; mit einem Wort, der Leser von heute will Alles, was jemals Bedeutendes gedacht, erfunden und geleistet worden, in dem leichten Gewande von scherzhaften Leitartikeln, Novelletten, Schultze und Müller, Zwickaueriaden und Holzschnitte, ›gut, reell und dauerhaft‹ für sechs Dreier ins Haus geschickt erhalten.«
Diesem Bedürfnis wollte der ›Kladderadatsch‹ unbedingt entsprechen, schließlich konnten die Redakteure des Blattes »qua Herkunft und Ausbildung als repräsentativ für ihr Lesepublikum gelten«.[12] Dies trifft für die gesamte Zeit seines Erscheinens zu. ›Kladderadatsch‹ repräsentierte vom revolutionären Anfang bis zum faschistischen Ende der nahezu hundert Jahre zwischen 1848 und 1944 die Entwicklung der bürgerlichen Gesellschaft in Deutschland. Die ›Gelehrten des Kladderadatsch‹ gehörten zu den bürgerlichen Künstlern und Intellektuellen, die sich im Grunde schon 1848 einer

Illusion hingaben: der einer Revolution und einer daraus entstehenden neuen Gesellschaft, die nur auf den Interessen der eigenen Klasse aufgebaut sein sollte. In Heinrich Manns Roman ›Im Schlaraffenland‹ aus dem Jahr 1900 meint der Journalist Tulpe: »Wenn das Bürgertum die Prinzipien von 1848 aufgibt, so gibt es sich selber auf.« Am ›Kladderadatsch‹ läßt sich ablesen, daß das Bürgertum nach 1848 diese Prinzipien allmählich, aber unaufhaltsam vergessen hat, und vor allem, daß es schon im Jahr der Revolution selbst nicht gut bestellt war um die praktische Umsetzung dieser Prinzipien. Vor diesem Hintergrund konnte die Inthronisierung Otto von Bismarcks und die Reichsgründung von seinen Gnaden nicht überraschen, sondern war der mögliche Höhepunkt einer Entwicklung. Folgerichtig wurde der Reichskanzler zum Zentrum der politischen Überzeugung und des gesellschaftlichen Engagements im ›Kladderadatsch‹, der in seinen späteren Jahrgängen – mit seiner rückblikkenden Begeisterung für Bismarck – auch die direkte Beziehung des von ihm geprägten Reiches zu der politischen und gesellschaftlichen Entwicklung Deutschlands im 20. Jahrhundert dokumentierte.
In den Hinweisen auf die Zusammensetzung des Lesepublikums und den Bemerkungen des ›Kladderadatsch‹ zu den Bedürfnissen dieses Publikums, deutete sich schon eines der grundlegenden Phänomene dieser Entwicklung an: mit dem heraufziehenden Kapitalismus begann das Kleinbürgertum zu seiner gesellschaftlichen Kraft zu werden. Im Zusammenhang mit dem Werdegang, der Ideologie und der Wirkungen eines Blattes wie des ›Kladderadatsch‹ zeigt sich, daß dabei weniger die soziologisch bestimmbare Klasse oder Schicht von Bedeutung war, sondern die Geisteshaltung und das daraus resultierende gesellschaftliche Verhalten, das über soziologische Grenzen hinweg tief in das Bürgertum hineingriff. Kleinbür-

gertum wurde zum Synonym für Beharrungswille, Fortschrittsfeindlichkeit, Autoritätsgläubigkeit, Opportunismus und Chauvinismus. Diesen Geist des Kleinbürgertums konnte später ein zum Tyrann avancierter Spießer beherrschen. Schon 1796 hat Jean Paul in der Vorrede zu seinem Buch über das ›Leben des Quintus Fixlein‹ festgehalten, was einige Jahre darauf die Gesellschaft des sogenannten Biedermeier und damit diese Erscheinungsform des Bürgertums bestimmte: »Ich konnte nie mehr als drei Wege, glücklicher (nicht glücklich) zu werden, auskundschaften. Der erste, der in die Höhe geht, ist: so weit über das Gewölke des Lebens hinauszudringen, daß man die ganze äußere Welt mit ihren Wolfsgruben, Beinhäusern und Gewitterableitern von weitem unter seinen Füßen nur wie ein eingeschrumpftes Kindergärtchen liegen sieht. – Der zweite ist: gerade herabzufallen ins Gärtchen und da sich so einheimisch in eine Furche einzunisten, daß, wenn man aus seinem warmen Lerchennest heraussieht, man ebenfalls keine Wolfsgruben, Beinhäuser und Stangen, sondern nur Ähren erblickt, deren jede für den Nestvogel ein Baum und ein Sonnen- und Regenschirm ist. Der dritte endlich – den ich für den schwersten und klügsten halte – ist der: mit den beiden andern zu wechseln ... Es ist meine Absicht, der ganzen Welt zu entdecken, daß man kleine sinnliche Freuden höher achten müsse als große, den Schlafrock höher als den Bratenrock ... Man sieht, ich dringe darauf, daß der Mensch ein Schneidervogel werde, der nicht zwischen den schlagenden Ästen des brausenden, von Stürmen hin- und hergebogenen, unermeßlichen Lebensbaumes, sondern auf eines seiner Blätter sich ein Nest aufnäht und sich darin warm macht. – Die nötigste Predigt, die man unserem Jahrhundert halten kann ist die, zu Hause zu bleiben.«[13]
In seinen ersten Ausgaben wies ›Kladderadatsch‹ immer wieder ka-

rikierend auf das Rückschrittliche im Philistertum hin. Doch in seiner eigenen Verwandtschaft zu dem, was er anprangerte, witzelte er bald nur noch ohne satirischen Biß. Dabei hat das Blatt selbst ein augenfälliges Symbol für das Gleichbleibende in Denken und Verhalten des Bürgertums geschaffen: die Figuren Schultze und Müller. Ihre Haltung, ihr Aussehen veränderte sich bis ins neue Jahrhundert hinein nicht. Die beiden sich einander so freundlich zuneigenden Herren zogen sich nur immer neue Jacken an, setzten sich neue Kopfbedeckungen auf und streiften dieselben wieder ab, ohne wirklich davon berührt zu sein.
Die Leser dankten ihrem ›Kladderadatsch‹, daß er ihre Welt witzig illustrierte und lustig kommentierte. 1873 erschien das Blatt in mehr als fünfzigtausend Exemplaren. Noch in der Zeit des Ersten Weltkriegs betrug die Auflage vierzigtausend Exemplare. Erst in den folgenden Jahrzehnten nahm die Popularität ab, bis die Zeitschrift, die für die neue Zeit zu sehr von der Pressetradition des 19. Jahrhunderts geprägt war, mit nur fünfzehntausend Exemplaren des Jahres 1936 weit hinter den Zahlen zurücklag, die die moderne Massenpresse mittlerweile aufzuweisen hatte.
In die erfolgreiche Zeit des ›Kladderadatsch‹ fiel auch die außergewöhnliche Expansion seines Verlages. Albert Hofmann, der Verleger, ging schon früh über die Herausgabe der täglichen Ausgaben seiner Zeitschrift hinaus. Er ließ den regulären Umfang erweitern, fügte zahlreiche Beiblätter hinzu und fand immer neue Anlässe für Sonderausgaben wie Carnevals-Nummern, Sylvester- oder Weihnachts-Nummern, Industrie-Nummern, Kriegs-Nummern.
Dieses Zeitschriftenprogramm wurde ergänzt durch gesonderte Hefte mit Reisen von Schultze und Müller, von denen bald 22 Titel, zum Teil mit mehreren Folgen, vorlagen. Texte und Illustrationen des

›Kladderadatsch‹ wurden nach bestimmten politischen Schwerpunkten zusammengefaßt, zum Beispiel zu einem ›Bismarck-Album‹, einem ›Zentrums-Album‹ oder einem ›England-Album‹. Diese Sonderausgaben, die in unterschiedlicher Aufmachung die Beiträge aus der Zeitschrift wiederholten, dienten nicht nur den wirtschaftlichen Interessen des Verlages, sondern waren auch Mittel massiver politischer Propaganda. Der Verlag machte in seinen Anzeigen keinen Hehl aus der politischen Zielgerichtetheit seiner Publikationen. In der Ankündigung des ›England-Albums‹ mit dem Titel ›Am Pranger‹ hieß es:

»Mit der Geschichte des Kladderadatsch eng verbunden ist sein schon in den frühesten Zeiten einsetzender Kampf gegen England. Diese Bekämpfung englischer Heuchelei und Niedertracht hat manche Mißstimmung erregt und dem Blatte oft den Vorwurf des Hasses und der Übertreibung eingetragen. Doch unbeirrt durch solche Anwürfe ist er seinem Empfinden gefolgt, und heute, wo dem ›perfiden Albion‹ die Maske vom Gesicht gefallen, wird man erkennen, wie recht er hatte mit seinen Angriffen, seinen Warnungen und seinem Haß. – Das England-Album umfaßt nur eine kurze Spanne Zeit, ca. 15 Jahre, deren Anfänge der heutigen Generation noch in guter Erinnerung sein dürften, aber diese kurze Spanne Zeit genügt, um dem Volke aus diesen an Witz und Satire so reichen Darbietungen klar zu zeigen, daß der gegen England jetzt aufgeloderte Zorn und Haß aus der geschichtlichen Vergangenheit dieses Volkes heraus vollauf berechtigt war und schon weit früher die deutschen Gemüter hätte erregen sollen. Vielleicht wäre dann manches anders gekommen. – In geeigneter Auswahl werden die schlagendsten und treffendsten Satiren des Kladderadatsch in diesem Album in Wort und Bild aus den letzten 15 Jahren vorgeführt. Männer wie Johannes

... Verantw. für d. Ins.-Theil [illegible] v. Wallaorski. — Verlag von A. Hofmann & Co Leipzigerstr. 135 I. — Druck von Hempel & Co. Sämmtlich in Berlin.

Verantwortlicher Schriftleiter: Paul Warncke in Klein-Glienicke bei Potsdam. — Verantwortlich für den Anzeigenteil: Gustav Gillhausen, Berlin-Pankow, Kavalierstr. 2. — Verlag von A. Hofmann & Comp., Berlin SW. 68. Zimmerstr. 8. — Druck von Hempel & Co. G. m. b. H., Berlin SW. 68. Zimmerstr. 7/8.

Trojan, Paul Warncke, Max Friedlaender, Max Brinkmann u. a. sind als Verfasser, G. Brandt, A. Johnson, L. Stutz, W. Krain, Ernst Retemeyer u. a. als Künstler in diesem Werk mit ihren besten Erzeugnissen vertreten.«

Mit den gleichen Tendenzen wie denen, die der ›Kladderadatsch‹ auf seinen Seiten vertrat, brachte Albert Hofmann zahlreiche andere Veröffentlichungen heraus, für die er auf den immer umfangreicher werdenden Anzeigenseiten seiner Zeitschrift fleißig warb. Dazu gehörten Rudolph Genées ›Bismarckiaden für's deutsche Volk‹ oder ›Auf der Walze. Des Deutschlands Werdegang von der Völkerwanderung bis zu unseren Tagen‹ mit Illustrationen des ›Kladderadatsch‹-Mitarbeiters Arthur Krüger. In dieser Wechselbeziehung zwischen politischen und wirtschaftlichen Interessen müssen auch die zahlreichen karitativen Bestrebungen von Albert Hofmann und seinem ›Kladderadatsch‹ gesehen werden. Im Deutsch-Französischen Krieg erschien gleich nach dessen Ausbruch ein ›Albumblatt des Kladderadatsch, dessen voller Ertrag (ohne irgend einen Kostenabzug) zum Besten der Verwundeten, so wie der Hinterbliebenen gefallener Krieger‹ zugute kommen sollte, wie in der Anzeige betont wird. Sobald irgendwo eine Naturkatastrophe an das Mitleid der Menschen appellierte, rief ›Kladderadatsch‹ zu Spenden auf. Albert Hofmanns Sohn und Nachfolger im Verlagsgeschäft bemerkt denn auch stolz in dem von ihm herausgegebenen Jubiläumsband über ›Kladderadatsch und seine Leute‹: »Ich möchte bei dieser Gelegenheit es nicht unterlassen, eine nahe liegende Pflicht zu erfüllen, und den Kladderadatsch als Wohltäter dem Leser bekannt zu machen, oder ins Gedächtnis zurückzurufen. Eine große Anzahl von amtlichen und nichtamtlichen Dankesschreiben liegt mir vor, welche über große Gaben des Kladderadatsch quittieren und ihren

Dank für seine hochherzige Mildtätigkeit und Unterstützung in warmen Worten ausdrücken.«[14]
›Kladderadatsch‹ und sein Verlag verstanden es stets, die Erfolge ihrer Arbeit publikumswirksam zu präsentieren. In Verlagsanzeigen die zum Teil wie redaktionelle Beiträge aufgemacht waren, veröffentlichten Redaktion und Verleger Auflagenzahlen und Hinweise, daß das Blatt »über die ganze Welt verbreitet« sei und »nicht nur eine große Zahl überseeischer Privatabonnenten« besitze, sondern auch »in allen deutschen Klubs und Vereinen des Auslandes« ausliege. Mit diesen gewieften Verkaufspraktiken bewies ›Kladderadatsch‹, daß er den Geist der bürgerlichen Gesellschaft vertrat und darüber hinaus die Marktmechanismen des vom Bürgertum getragenen Kapitalismus repräsentierte.
Mit dem Beginn der Ära Bismarck siegte endgültig dieses ›Positive‹ im ›Kladderadatsch‹. Damit konnte von Satire und Karikatur in diesem Blatt kaum mehr die Rede sein, publizistische und künstlerische Gefolgschaft der Herrschenden widerspricht diesen ›kämpferischen Ausdrucksweisen‹ grundlegend. Satire und Karikatur halten der Welt den Spiegel vor und entzünden deren Zöpfe, Talare, Königsmäntel und Schlafmützen wie mit einem Brennglas. ›Kladderadatsch‹ illustrierte nur noch, mäkelte zwar herum, wenn ihm etwas nicht gefiel, aber verlegte sich immer mehr auf humorige Kommentare zum Zeitgeschehen. Die Barone von Strudelwitz und Prudelwitz, die einst das Denken der reaktionären Aristokraten entlarven sollten, standen in dem von einem Junker beherrschten Deutschen Reich kaum mehr als Negativfiguren da. Wenn der ›Kladderadatsch‹ in seinen Zeichnungen mit der Deformation eines Gegners arbeitete – wie in bezug auf die Linke und auf ausländische Mächte – denunzierte er und verteufelte. Er baute auf den – allzu oft dazu noch hämischen –

Lacherfolg anstelle eines Lernerfolges beim Leser. Im Grunde waren Satire und Karikatur im eigentlichen Sinn schon in den fünfziger Jahren aus seinen Seiten geschwunden, als sich die Zeitschrift wie ihre betulichen Kollegen, etwa die ›Fliegenden Blätter‹, die ebenfalls das Ende der Revolution unbeschadet überstanden hatten, den neuerlichen Zensurknebeln beugte. Damals führte die Karikatur »ein Schattendasein: Sie bewitzelte die vielen kleinen Miseren des deutschen Alltags und war künstlerisch ebenso subaltern wie die Zeitschriften, in denen sie Unterschlupf fand.«[15]

Konnte man von den Karikaturen eines Félix Vallotton in der Pariser satirischen Zeitschrift ›Assiette du beurre‹ sagen: »Jede Linie ist ein Charakterzug der Epoche, jedes Detail eine Lektion«,[16] so gab es dazu im ›Kladderadatsch‹ keine Parallele.

Die Zeichenstile der Nachfolger von Wilhelm Scholz veränderten sich mit der Zeit und der Entwicklung von Malerei und Zeichnung. Auch im ›Kladderadatsch‹ nahm der Stil zu, der dem ›Simplicissimus‹ zugeschrieben wurde und der mit festem Strich, starken Farbflächen, aber auch der fließenden Linie des Jugendstils arbeitete. Doch die ›Kladderadatscher‹ blieben in ihren politischen Aussagen hinter dem ›Simplicissimus‹ zurück, der zwar auch im Ersten Weltkrieg zum blindwütigen publizistischen ›Vaterlandsverteidiger‹ wurde, aber in seinen ersten Jahren noch rücksichtslos gegen den Obrigkeitsstaat des deutschen Kaiserreiches angeschrieben und angezeichnet hatte. Und damit blieben sie auch in der bildlichen Gestaltung ihres Blattes hinter der Zeit zurück.

Sozialdemokratische und sozialistische Karikaturisten suchten in Zeitschriften wie dem Stuttgarter ›Wahren Jakob‹, dem Berliner ›Narrenschiff‹ oder dem ›Süddeutschen Postillion‹ nach zeitadäquaten bildlichen Aussagemöglichkeiten: »Es genügte ihnen nicht, die

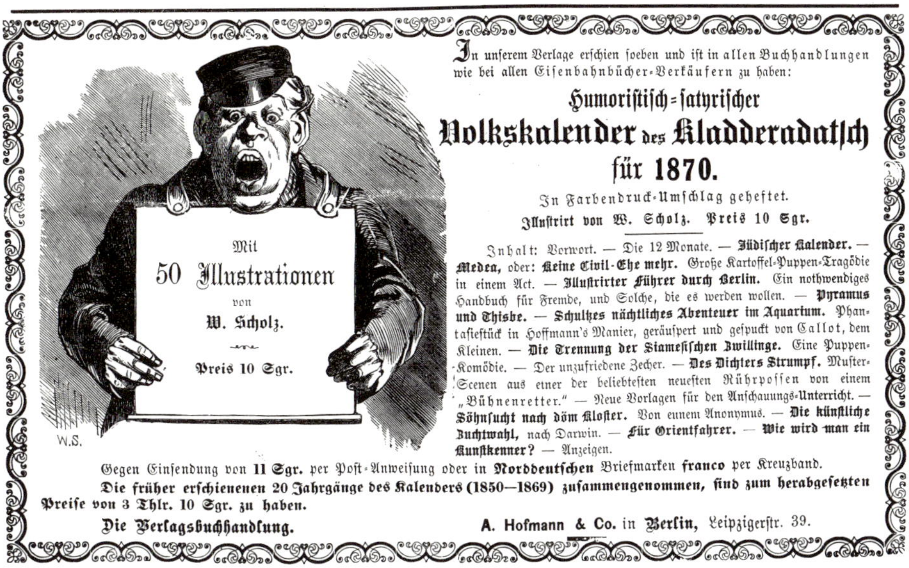

vielen Übelstände der Gesellschaft so geistreich zu verhöhnen, daß ihr Publikum schallend lachte: Sie strebten danach, Satire und Agitation miteinander zu verbinden und ihre Erkenntnisse so zu formulieren, daß die karikaturistische Form möglichst einfache und in gerader Richtung verlaufende Denkprozesse auslöste, deren Resultate im politischen und gewerkschaftlichen Kampf verwendet werden konnten. Ihre von bürgerlichen Kritikern bemängelte ›Grobheit‹ entsprach genau den Erfordernissen der sich mit jedem Tag verschärfenden großen Klassenschlacht, die nicht mit Galanteriedegen, sondern mit gröberen Waffen ausgetragen wurde.«[17]

Mit der fortschreitenden gesellschaftlichen Entwicklung in der bewegten Zwischenkriegs- und Zwischensystemzeit der Weimarer Republik veränderten sich auch die Bedingungen für Karikatur und Satire. Dadaismus als Totalkunst, Neue Sachlichkeit in Literatur und

Malerei, den Zielen des Sozialismus verpflichtete Satire und Karikatur – die Künstler der Zeit suchten die Wege des künstlerischen Ausdrucks und der gesellschaftlichen Wirkung, die dieser Zeit entsprachen. Wie vielschichtig die Probleme der Kunst geworden waren, deutet die Einschätzung an, die George Grosz 1925 formulierte: »Formale Revolution hat ihren Schreck natürlich längst verloren. Der moderne Bürger verdaut alles; einzig der – Geldschrank ist angreifbar. Der junge Kaufmann von heute ist ein anderer als der aus Gustav Freytags Zeiten: Eiskalt, distanziert, hängt er in seine Wohnung auch die radikalsten Dinge ... Sich rasch und bedenkenlos umstellen, ›nicht von gestern sein‹ ist die Parole. Auto – letzter, schnittiger Typ. Ohne Phrasen von Berufsmission, verpflichtendem Reichtum; nüchtern, sachlich bis zum Stumpfsinn, ungläubig, illusionslos, habgierig, hat er nur Verständnis für seine Ware, für alles andere einschließlich der Branchen Philosophie, Ethik, Kunst, für die ganze Kultur gibt es ja Spezialisten, die bestimmen die Moden und das wird dann akzeptiert.«[18]

›Kladderadatsch‹ war von solchen Ansichten weit entfernt, wie er auch seit langem von dem Anspruch der Gesellschaftsveränderung entfernt war. George Grosz schrieb als Konsequenz aus seiner Betrachtung der Situation der zeitgenössischen Kunst: »Der heutige Künstler, wenn er nicht ein Leerläufer, ein antiquierter Blindgänger sein will, kann nur zwischen Technik und Klassenkampfpropaganda wählen. In beiden Fällen muß er ›die reine Kunst‹ aufgeben. Entweder indem er als Architekt, Ingenieur oder Reklamezeichner sich einreiht in das – leider noch sehr feudalistisch organisierte – Heer, das die industriellen Kräfte entfaltet und die Welt ausbeutet, oder indem er als Schilderer und Kritiker das Gesicht unserer Zeit spiegelnd, als Propagandist und Verteidiger der revolutionären Idee

Der Kladderadatsch auf der Internationalen Ausstellung für Buchgewerbe und Graphik Leipzig 1914
Gruppe: Illustrierte Zeitschriften

und ihrer Anhänger sich einordnet in das Heer der Unterdrückten, die für ihren gerechten Anteil an den Werten der Welt, für eine sinnvolle, soziale Organisierung des Lebens kämpfen.«[19]

Für ›Kladderadatsch‹ existierten solche Überlegungen nur, um sie als schnödes Machwerk des ›roten Tatzelwurms‹ zu verhöhnen und zu bespucken. Schon in den zwanziger Jahren war das Blatt auf dem geraden Weg, der in die mühelose Gleichschaltung durch die Faschisten führte.

Auf der letzten Seite seines letzten Jahrgangs, 1944, nennt sich ›Kladderadatsch‹ selbst ein ›Spiegelbild der deutschen Geschichte‹. Angesichts seines Weges vom Revolutionsorgan über seine bruchlose Adaption von Nationalismus, Antikommunismus nach innen und Chauvinismus nach außen bis hin zum Faschismus — mit dessen militantem Antisemitismus die Zeitschrift sogar die eigene Vergangenheit als Gründung durch jüdische Künstler und Intellektuelle verleugnete — trifft diese Selbsteinschätzung in fataler Weise den Kern. Die Geschichte von hundert Jahren Deutschland spiegelt ›Kladderadatsch‹ in der Tat — wie es einem zeitbezogenen Presseorgan gemäß ist, in den Fakten der historischen Entwicklung, und vor allem in dem geistigen, ideologischen Werdegang der Gesellschaft und dessen praktischen Auswirkungen. Am ›Kladderadatsch‹ läßt sich in anschaulicher Weise ablesen, daß diese Geschichte nicht von den wenigen aufrechten Demokraten oder gar den noch selteneren Revolutionären im Land bestimmt worden ist. Es ist vielmehr die Geschichte der Lenkung des Bürgers von oben, einer Lenkung, die diesen Bürger nur in Ausnahmen aufmucken ließ. Und wenn dies einmal geschah, hatte es keine nachhaltigen Folgen.
Auch wenn das Blatt der Reaktion in die Hände arbeitete, waren seine Macher durchaus nicht alle Reaktionäre. Selbst die Mitarbeiter späterer Perioden waren nicht ausschließlich nationalistische Hetzer. Sogar in der Zeit des Nationalsozialismus fanden sich in den Reihen der Zeichner, Redakteure und Autoren ein in den zwanziger Jahren erfolgreicher Kabarettist, Fred Endrikat — das Kabarett war damals schließlich eine zumindest gemäßigte Form der Opposition — sowie ein ehemaliger Mitarbeiter der ›Weltbühne‹ und Freund Tucholskys, der Satiriker Hans Reimann. Sie ließen sich nie zu Sprachrohren der Faschisten degradieren, aber sie verweigerten

sich einem solchen, innerlich wie äußerlich gleichgeschalteten Blatt auch nicht.
So zeigt der ›Kladderadatsch‹ auch, und das bis in die Organisierung und Zusammensetzung seiner Redaktion und seines Mitarbeiterstabes hinein, daß sich über Jahrhunderte herangezogenes Untertanentum, selbst wenn die darin Verstrickten in der Lage sind, die Verhältnisse ihrer Zeit mit einer gewissen Distanz zu beobachten, nur allzu leicht und folgerichtig in Anpassung führt.
Selbstbestimmung, Zivilcourage und politischen Mut haben Untertanen nie gelernt.

1) Adolf Streckfuß: Berliner März 1848. Berlin: Das neue Berlin 1948, S. 24.
2) Eduard Fuchs: Die Karikatur der europäischen Völker vom Jahr 1848 bis zur Gegenwart. Berlin: A. Hofmann & Comp. (1903), S. 23
3) Zit. nach: Jost Hermand: Sieben Arten an Deutschland zu leiden. Königstein: Athenäum 1979, S. 59–60
4) Eduard Fuchs: Die Karikatur ... a. a. O., S. 13
5) Georg Lukács: Essays über Realismus. In: ders.: Werke. Bd. 4. Neuwied, Berlin: Luchterhand 1971, S. 160
6) vgl. Eugen Kalkschmidt: Deutsche Freiheit und deutscher Witz. Ein Kapitel Revolutions-Satire aus der Zeit von 1830–1850. Hamburg, Leipzig, Berlin: Hanseatische Verlagsanstalt 1928, S. 134
7) vgl. Georg Piltz: Geschichte der europäischen Karikatur. Berlin: Deutscher Verlag der Wissenschaften 1976, S. 121
8) Der Kladderadatsch und seine Leute 1848–1898. Ein Culturbild. Hrsg. Robert Hofmann. Berlin: A. Hofmann & Comp. 1898, S. 287–288
9) Klaus Schulz: Kladderadatsch. Ein bürgerliches Witzblatt von der Märzrevolution bis zum Nationalsozialismus 1848–1944. Bochum: Brockmeyer 1975, S. 92
10) Ludwig Thoma: Ein Leben in Briefen. München 1963, S. 49–50. Zit. nach: Georg Piltz: Geschichte ... a. a. O., S. 170
11) vgl. Klaus Schulz: Kladderadatsch ... a. a. O., S. 108
12) dt., S. 109
13) Jean Paul: Leben des Quintus Fixlein. 1796. Unter dem Stichwort die ›unheimlich Idylle‹ zitiert Hermann Glaser diese Passage auch in seiner wichtigen Untersuchung der ›Spießer-Ideologie. Von der Zerstörung deutschen Geistes im 19. und 20. Jahrhundert‹ (Freiburg: Rombach 1964)
14) Der Kladderadatsch ... a. a. O., S. 154
15) Georg Piltz: Geschichte ... a. a. O., S. 204
16) dt., S. 182
17) dt., S. 225–226
18) Georg Grosz: Die Kunst ist in Gefahr. Ein Orientierungsversuch. In: Georg Grosz/Wieland Herzfelde: Die Kunst ist in Gefahr. Drei Aufsätze. Malik-Bücherei Bd. 3. Berlin: Malik 1925, S. 30
19) dt., S. 32

Nr. 18, 3. Mai 1942

Nr. 28, 12. Juli 1942

Diese und ähnliche Hinweise in Wort und Bild tauchten in der Kriegszeit wiederholt im ›Kladderadatsch‹ auf. Bereits 1914 hatte das Blatt den Brief eines ›Zugführers und Kommandanten‹ abgedruckt, der schrieb:

»An die Redaktion des ›Kladderadatsch‹ richte ich folgende Bitte: Ich habe hier draußen die Erfahrung gemacht, wie wohltuend der Humor aus der Heimat uns ist, gerade jetzt, in diesem einzigen Kampf, wo er jubelnd erklingt, wo er so ganz andere Objekte und so viel Grund hat zum Lachen. Für mich und meinen Zug hab' ich durch Bestellung gesorgt; das zirkuliert dann noch weiter. Aber was bedeutet das gegenüber dem Bedürfnis; an der Front ist es gewiß noch viel stärker als hier beim friedlichen Landsturm. Eine nationale Mission ist zu erfüllen. Der Humor schlägt Schlachten. Im feuchten Schützenloch hilft er mit

Witzblätter an die Front!«

›Kladderadatsch‹. Ein Berliner Witzblatt von 1848 bis 1944

Nachdem das Jahr 1847 mit seiner wirtschaftlichen Krise, seinen Hungersnöten, die in vielen Teilen des Landes zu regelrechten Hungerrevolten geführt hatten, und die politischen Umstürze im benachbarten Ausland zu Beginn des Jahres 1848 das Signal auch für Deutschland gegeben hatten, hofften die vormärzlichen Oppositionellen, daß mit den Barrikadenkämpfen des März das ›Morgenrot der Freiheit‹ angebrochen sei, wie Adolf Glaßbrenner jubelte. Doch schon bald zeigte es sich, daß die Feinde aus den langen Jahrzehnten des Kampfes gegen die herrschende Aristokratie und gegen die Unmündigkeit des Bürgertums nur für kurze Zeit von der Bildfläche verschwunden waren. Bald traten sie erneut hervor, jetzt die Feinde der Revolution, mit denen sich die nun zu Politikern avancierten Vertreter des fortschrittlichen Bürgertums allmählich arrangierten. Wie seine satirischen Kollegen registrierte ›Kladderadatsch‹ schon früh nach seiner Gründung, die voller revolutionärer Euphorie erfolgt war, die zunehmenden Anzeichen der Rückkehr der alten Mächte. Diese Erkenntnis führte jedoch nicht zu einem stärkeren politischen Bewußtwerden oder gar zu einer Radikalisierung. Allzu geradlinig teilte ›Kladderadatsch‹ die Bevölkerung in Reaktionäre und Revolutionäre auf, wobei all diejenigen, die man zu den Fortschrittlichen, den Revolutionären, rechnete, mit dem Ehrentitel ›Das Volk‹ belegt wurden. ›Kladderadatsch‹ und seine Redakteure gehörten zu der Mehrheit unter den bürgerlichen Revolutionären, die für Volksvertretung waren, für deutsche Einheit, für eine Verfassung, die Farben schwarz-rot-gold als Abgrenzung vom alten Preußen. Dabei kämpften sie aber für einen neuen Staat, für dessen konkrete Organisierung sie jedoch nie eindeutig Partei nahmen. Überhaupt wich eine einheitliche politische Linie stets – meist auf den Seiten einer Nummer noch – dem spontanen Reagieren auf die Ereignisse des Tages. ›Kladderadatsch‹ sympathisierte offen mit den Aufständischen in Wien, die im Oktober 1848 noch einmal das Feuer der Revolution entfachten, polemisierte aber von Anfang an gegen die radikalen ›Wühler‹ unter den Revolutionären. Er registrierte früh spöttisch die Angst der Bürger vor der ›rothen Republik‹, stellte sie jedoch selbst bald als eine der größten Gefahren für die bürgerliche Ordnung hin. Er zitierte wiederholt die vorrevolutionären Gesellschaftsstrukturen und freute sich, daß diese nun überwunden schienen, erkannte aber nicht die Mechanismen des aufkommenden Kapitalismus. Dementsprechend blieb er im Ausdruck politischen Bewußtseins Welten entfernt von einer politischen Zeitschrift wie ›Der Volksfreund‹ in Berlin, der sich für die Belange der Arbeiter einsetzte und auf den Klassencharakter der Gesellschaft

hinzuweisen begann, oder gar von einer der bedeutendsten Publikationen dieses Jahres, der ›Neuen Rheinischen Zeitung‹ von Karl Marx.
Auch wenn bei der folgenden Erklärung die Taktik gegenüber der preußischen Zensur- und Polizeiverfolgung nach dem Ende der Revolution und dem ausgerufenen Belagerungszustand in Berlin eine Rolle gespielt haben dürfte, war ›Ein offenes Wort an unsere Leser‹ aus der Nr. 4 vom 28. Januar 1849 doch bezeichnend für das Selbstverständnis des Blattes. Darin hieß es, man wisse, »daß eine Zeitschrift, welche sich zum Organ des Witzes und Humors gemacht hat, niemals der Tendenz huldigen darf. Der Witz ist unmittelbar ohne Reflexion und der Humor ist harmlos; wo die Tendenz beginnt, da hört der Spaß auf«.

Texthinweise zu den Bildern

1,2 Nr. 2, 14. Mai 1848
Entsprechend dem Prinzip der satirischen Umkehr schildert hier ein Angehöriger der Oberschicht die ›Schrecken‹ der Revolution und damit deren Errungenschaften.

3 Nr. 4, 28. Mai 1848
Mit der revolutionären Errungenschaft der Versammlungsfreiheit schlossen sich eine ganze Reihe von politischen Clubs und Vereinen als Vorläufer politischer Parteien zusammen: vom Politischen Club zur ›Sicherung der Früchte der Revolution‹ über den gemäßigt liberalen Constitutionellen Club bis zum Patriotischen Verein als dem Vorläufer des reaktionären Preußenvereins.
Die gemäßigte Berliner ›Königlich privilegirte Zeitung von Staats- und gelehrten Sachen‹, nach ihrem Verlag kurz ›Vossische‹ genannt, wurde wegen ihres Opportionismus immer wieder beschimpft. Adolf Glaßbrenner nannte sie ›Vossische Zeitunke‹, Louise Aston schrieb ihr die Aussage zu: »Ich bin Linke, Rechte und Zentrum«.

4 Nr. 9, 2. Juli 1848
In diesem Text äußert sich ›Kladderadatsch‹ einmal zu seinen politischen Grundsätzen. Er spielt dabei mit den preußischen Farben, schwarz-weiß, und den deutschen, schwarz-rot-gold. Friedrich II., genannt der Große, wurde schon im

Vormärz immer wieder als historischer Zeuge gegen die Gegenwart Preußens aufgerufen – als ein Symbol des verständigen, volksverbundenen Herrschers, der in dieser Zeit dem Ideal einer konstitutionellen Monarchie entsprach.

5 *Nr. 13, 30. Juli 1848*
Im Juli 1848 wurde den Berliner Gendarmen eine neue Polizeitruppe zur Seite gestellt, die Konstabler. Varnhagen von Ense nannte sie in seinen Erinnerungen ein ›Fratzengesicht‹. Zuerst vorsichtig, griffen sie bald radikal durch.
In einer Zeit, in der es noch kein Urheberrecht gab, waren Autoren und Zeitschriften dem ›literarischen Diebstahl‹ ausgeliefert.

6 *Nr. 15, 13. August 1848*
Am 18. Mai trat die Deutsche Nationalversammlung unter dem Vorsitz von Heinrich von Gagern in der Frankfurter Paulskirche zusammen. Sie sollte eine Verfassung ausarbeiten und eine einheitliche Regierung vorbereiten. Im Juni wurde Erzherzog Johann von Österreich zum Reichsverweser gewählt.

7 *Nr. 20, 17. September 1848*
Wie in der von David Kalisch geschaffenen Figur des Zwickauer wird hier der ›Handels- und Schacherjude‹ zum Symbol wirtschaftlicher Interessen. Gleichzeitig waren stehende Figuren mit jüdischem Tonfall, wie Heimann Levy oder Isaac Moses Hersch, beliebte Plakatfiguren im revolutionären Berlin.

8 *Nr. 24, 15. Oktober 1848*
In der Nacht vom 6. auf den 7. Oktober brach in Wien erneut die Revolution aus, nachdem die dortige Hofkamarilla sich die Macht langsam aber sicher zurückerobert und alle Forderungen des Volkes verworfen hatte. Die Truppen des Generalfeldmarschall Windischgrätz schlugen den Aufstand blutig nieder.
Der linke Paulskirchen-Abgeordnete Robert Blum, der aktiv an den Barrikadenkämpfen beteiligt war, wurde gefangengenommen und standrechtlich erschossen. ›Kladderadatsch‹ Solidarität mit dem Volk von Wien ging soweit, daß er das für seine Verhältnisse äußerst radikale Lied der Akademischen Legion abdruckte, die den Aufstand angeführt hatte.
Die Dreigesichtigkeit verweist auf die politisch indifferente Haltung bei einer Reihe von Abgeordneten.

9 Nr. 28, 15. November 1848
Johann Jacoby, der Abgeordnete der Nationalversammlung, überbrachte dem preußischen König eine Mißtrauensadresse der Paulskirche, nachdem dieser das reaktionäre Ministerium Brandenburg einberufen hatte. Den Satz über der Illustration rief der gestandene Demokrat aus, der bereits im Vormärz für sein mutiges Eintreten gegen den spätfeudalen Absolutismus ins Gefängnis gewandert war, als sich der König weigerte, die Deputation der Nationalversammlung anzuhören.

10 Nr. 29, 19. November 1848
Am 8. November bestätigte der preußische König das reaktionäre Ministerium Brandenburg und ordnete die Verlegung der Nationalversammlung aus Berlin an. Die Abgeordneten der Nationalversammlung beschlossen in der Mehrheit, ›daß den Gewaltschritten der Krone nur passiver Widerstand entgegengesetzt werden‹ solle. Am 9. November beschloß die Mehrheit der Abgeordneten, die Beratungen auch weiterhin in Berlin fortzusetzen, da die Regierung das Parlament weder verlegen noch vertagen könne.

11, 12 Nr. 30, 26. November 1848
Drei Tage später reagierte die Obrigkeit mit ihren Mitteln auf den ›passiven Widerstand‹: die Truppen des General von Wrangel marschierten in Berlin ein und umstellten das Schauspielhaus, den letzten Tagungsort der Volksvertretung. Noch am selben Tag, dem 11. November, wurde die Bürgerwehr aufgelöst, und am 12. der Belagerungszustand verhängt. Damit war die Revolution besiegelt. Die politischen Vereine wurden geschlossen und acht politische Zeitschriften verboten, darunter kurzfristig auch der ›Kladderadatsch‹.

13 Nr. 31, 3. Dezember 1848
Friedrich Daniel Bassermann, der sich vom Führer der badischen Liberalen des Vormärz zum Mitglied des rechten Zentrums in der Paulskirche entwickelt hatte, wurde als Reichskommissar nach Berlin geschickt. Er ließ sich von der Reaktion täuschen. In seinem Bericht aus Berlin sprach er weniger von den antirevolutionären Tendenzen als vielmehr von Gestalten, die sich in der Nähe des Sitzungsgebäudes der Nationalversammlung aufgehalten hätten, »die ich nicht schildern will«.

14, 15, 16, 17 Extrablatt, erschienen nach Nr. 31 vom 3. Dezember 1848
Nach dem Verbot in Preußen wurden die Nummern 29 bis 32 des ›Kladderadatsch‹ bei Ernst Keil in Leipzig, dem späteren Gründer der berühmten Unterhaltungszeitschrift ›Gartenlaube‹ verlegt. Anfang Dezember konnten die emigrierten Redakteure nach Berlin zurückkehren. Das neuerliche Verbot vom 9. 1. 1849 wurde erst mit dem Ende des Belagerungszustandes aufgehoben (30. 7. 1849).

18 Nr. 1, 7. Januar 1849
Der Titelkopf der ersten Nummern des Jahres 1849, die in Leipzig verlegt werden mußten, ist geschmückt mit den Vertretern der Reaktion.

19, 20, 21 Nr. 1 und Nr. 2, 14. Januar 1849
In der ersten Nummer des ›Kladderadatsch‹ im Jahr 1849 erschien diese Anspielung auf die Situation im Belagerungszustand. Trotz ihres eher harmlosen Charakters zog sie das Verbot der Zeitschrift nach sich. In der ersten regulären Nummer des neuen Jahrgangs ging das Blatt auf dieses Verbot ein, nachdem es als Ersatz für die konfiszierte Ausgabe sofort eine ›Carnevals-Zeitung‹ herausgebracht hatte. In der Zeit des Verbotes für Preußen, das erst Ende Juli 1849 aufgehoben wurde, wurde die Zeitschrift von Ernst Keil in Leipzig verlegt, dem späteren Gründer der berühmten Unterhaltungszeitschrift ›Gartenlaube‹.

24, 25 Nr. 19, 13. Mai 1849 und Nr. 20, 20. Mai 1849
Zwischen Mai und Juli 1849 gab es in verschiedenen Teilen Deutschlands neue Volksaufstände. Zuerst in Sachsen, darauf im Rheinland, in der Pfalz und in Baden loderte das Feuer der Revolution erneut anf, nachdem die Landesherren die Annahme der Reichsverfassung abgelehnt hatten. Die Niederschlagung dieser Erhebungen wirft aber auch ein bezeichnendes Licht auf die Haltung des Bürgertums zu diesem Zeitpunkt: als Friedrich Engels im Mai nach Elberfeld kam, beschied ihm der dortige Sicherheitsausschuß, wie die Nr. 300 der ›Neuen Rheinischen Zeitung‹ berichtete: »Obwohl gegen sein Betragen durchaus nichts zu sagen sei, so sei doch die Elberfelder Bourgeoisie durch seine Anwesenheit im höchsten Grade alarmiert, sie fürchte jeden Augenblick, er werde die rote Republik proklamieren, und wünsche allgemein, er möge sich entfernen.« ›Kladderadatsch‹ kommentiert die Vorgänge flapsig-distanziert, ganz im Sinne des bourgeoisen Lesers.

26 Nr. 31, 29. Juli 1849

Offene Sympathie mit den Revolutionären von Rastatt diktiert den Titelbeitrag des ›Kladderadatsch‹. Am 23. Juli hatten annähernd 5600 von den Truppen des Prinzen von Preußen eingeschlossene revolutionäre Kämpfer bedingungslos kapituliert. Nach Angaben von Franz Mehring wurden 28 Freiheitskämpfer standrechtlich zum Tode verurteilt.

27 Nr. 45, 4. November 1849

In der Verkleidung eines Lobes auf die Regierung der Reaktion formulierte ›Kladderadatsch‹ die Ablehnung und Enttäuschung der Revolutionäre von 1848.

№ 2. Sonntag, den 14. Mai 1848.

Kladderadatsch.

Wochenkalender.

Montag den 15. Mai.
Schießübungen in der Hasenhaide. Resultat: Zwei Verwundete.

Dienstag den 16. Mai.
Ein Rentier unter den Linden sagt mehre Male des ~ges: die verdammten Taugenichtse wollen nicht arbeiten.

Mittwoch den 17. Mai.
Im Königstädtischen Theater zum letzten Male: Die Dänen in Holstein. — Das Publikum, aus zwei Gensd'armen und vier leichtsinnigen Logenschließern bestehend, muß geduldig bis 9 Uhr Abends dem Treiben der Dänen ohne Widerstand zu leisten, zusehen.

Wochenkalender.

Donnerstag den 18. Mai.
Die vereinigten Holzhauer tragen darauf an, daß den Berliner Bürgern auch im Sommer eingeheizt werde.

Freitag den 19. Mai.
Mehrere hochgestellte Personen gewöhnen sich die Redensart an: Mon Dieu, wie wird das noch werden.

Sonnabend den 20. Mai.
Gegen Abend erscheint Kladderadatsch Nr. 3 mit dem Namen des Redakteurs. Allgemeine Entrüstung.

Organ für und von Bummler.

Dieses Blatt erscheint täglich mit Ausnahme der Wochentage für den Preis von 1½ Sgr. Es kann jeden Sonnabend von fünf Uhr ab aus sämmtlichen Buchhandlungen abgeholt werden. Abonnements für 13 Nummern vierteljährlich werden mit 17½ Sgr. in allen Buchhandlungen und bei den Königl. Postämtern angenommen. **(Für die Monate Mai, Juni wird das Blatt mit 13½ Sgr. für 9 Nummern von den Königl. Postämtern geliefert.** — Beiträge erbittet unter Adresse der Verlagshandlung

Die Redaktion.

Ach, Berlin! wie siehst du jetzt aus?

Welch' traurigen, welch' kläglichen Anblick gewährt Berlin seit dem achtzehnten März dieses unheilvollen Jahres?!

Ist das noch die Stadt, welche den Reichen und Fremden so lieb und werth war? Ist das noch der Thiergarten mit seinen romantischen Villen, — seinen duftenden Blumengärten und freundlichen Sommerhäusern? Sind das noch die Linden mit ihren prächtigen Läden, ihren glänzenden Cafés — und ihren spiegelscheibenreichen Restaurants?

O!

Keine noble Equipage — keine elegante Reiterin — keine schillernde Atlasmantille — kein buttergelber Glacéehandschuh — keine silberne Bediententresse — keine rothe Kutscherhose — erfreuen unter diesem blauen, wolkenlosen, brandenburgschen Himmel, in der mittäglichen Frühlingssonne dieser breiten schattigen Alleen, das Auge des Wandelnden durch ihr buntes Farbenspiel!

Droschken rumpeln klirrend mit zerbrochenen Scheiben — Handlungsbeflissene auf knickbeinigen Leihrossen als Garde national à cheval — grüne Blousen mit den Bajonetten der königlichen Mousqueten durch die grünen, saftigen Baumblätter raschelnd — ambulanter Buchhandel mit tödtendem Geschrei „Ex ex!“ — „ewige Lampe!“ — „der Papst heirathet!“ — „Kladderadatsch!“

Statt duftiger Blummensträuche — stänkeriger Kneller — statt Patchouly, Spring flowers und eau de mille impertinences — der gelbe Dampf sauerkrautiger Pfennigcigarren, in welchen sich armselige Scribler hüllen, unter der Kranzlerschen Vestibüle ihre Correspondenzgroschen in nie geahndetem Mocca zu verschlürfen!

O mein Berlin! mein schönes Berlin!

Wo findet man jetzt in den Straßen reine Luft,? — wo begegnet man ruhigen Gestalten und behaglichen Schritten Wer nicht lächerlichen Eigendünkel oder sorglose Dummheit zur Schau trägt, dem lagert das Unglück und die Trauer auf dem Antlitz! Die aber, welche weder lachen noch weinen können, blicken so matt und blasirt, daß wahrhaftig die Pflastersteine der Straßen, durch die Menge der erlittenen Tritte mehr Physiognomie haben, als diese glatten menschlichen Gesichte!

Wo sind an den Ecken die lustigen Plakate geblieben? Wo sind diese lebensfrischen Affichen von Bällen, Conzerten, Schauspielen — Reunions und Frühlingsgenüssen? Löschpapierne Anzeigen ausgeschriebener Dienstbotenversammlungen — Aufforderungen zu Almosenempfängerassociationen haben die Straßenwände usurpirt, und wo sonst der maiprächtige Corso mit adlichem Geschäker durch frisch-gesprengte Baumgänge sich bewegte, da wiegeln jetzt heisere Rednerstimmen Volk und Staub auf!

O Berlin, Wien, München und Stuttgardt! O Lobenstein, Ebersdorf und Rudolstadt! All' Ihr großen und mächtigen Königreiche, Fürsten- und Herzogthümer, was seid Ihr jetzt! Welchen Reiz hätte es noch über Euch zu herrschen, in Euren Hauptstädten zu residiren!?

Ja, Satan! wenn Du jetzt zu mir kämest, wie einst zu unserem Herrn und Meister, um mir die Königreiche dieser Erde zu zeigen und zu sagen: „Dieses Alles gehört Dir, wenn Du mich anbeten willst!" — Ich würde Dir antworten! Deine Macht ist vernichtet, armer Teufel, — denn die Königreiche dieser Erde sind jetzt so häßlich und schrecklich, daß es keiner Tugendhaftigkeit bedarf, sie auszuschlagen! — Bettina.

Vereinigtes Deutschland.

Charlottenburg, vom 10. Mai. Gestern geruhten unser verehrter Mitbürger Herr Dr. Bruno Bauer, Berliner stellvertretender Abgeordneter, die Glückwünsche der Minister des königlichen Hauses so wie die mehrerer Gesandten deutscher Mächte huldvoll entgegen zu nehmen. Se. Wohlgeboren Herr Bruno Bauer sprachen sich sehr gnädig über ihr früheres Verhältniß zum christlichen Staat und dito Kirche aus, und entließen die hohen Besucher nicht ohne die beruhigende Versicherung, für Charlottenburg und Umgegend das Möglichste für Aufrechthaltung der Gesetze und der Ordnung veranlassen zu wollen. —

Plötzensee, vom 8. Mai. Auch bei uns herrscht Ruhe und Friede. Die Elite unserer Gesellschaft besteht meist aus alten und jungen Rehbergern, die hier in Liebe und Eintracht die Früchte unserer glorreichen Revolution genießen. Es ist erhebend die Einigkeit dieser gemüthlichen Gäste zu beobachten, die sich durch heitere Spiele und freundschaftliche Trinkgelage die Zeit zu verkürzen wissen, wofür sie täglich von einem wohllöblichen Magistrat in Berlin 15 Sgr. Leibrente beziehn. Beatus ille qui procul negotiis!

Schöneberg, vom 11. Mai. Auch unsere Saison verspricht eine höchst glänzende zu werden. Herr Franz Moser früher Generalintendant des Hunkelschen Hoftheaters in Alt-Schöneberg wird in einem neu gebauten „Théatrereçu pluspain" auf dem „Boulevard du soleil," mit den vorzüglichsten Künstlern Neu-Brandenburgs — denen auch von Neustadt-Eberswalde ein außerordentlicher Ruf vorangeht, — einen Cyclus von Vorstellungen nächstens beginnen. Dagegen hat Herr Spielberger, früher Ober-Regisseur der Königsstadt, das Théatre Variété bei Mons. Dittner, früher Restaurant de maison de Piff, paff, pouff! mit „Zopf und Schwerdt" eröffnet. Die nächste Novität ist: „Gustav Hesse oder eine Berliner Barrikadenfamilie." Originalstück von Fr. Adami, womit dieser geehrte Schriftsteller diesmal gewiß nicht „zu früh" kommen wird. Herr Moser soll bereits wieder Madame Schante, geborne Stutz für seine Bühne gewonnen haben. Ou peut-on être mieux qu'au sein de sa famille!

Kreuzberg bei Berlin, vom 12. Mai. Auch unser freundliches Thal erfreut sich in kluger Besonnenheit unserer stillen Errungenschaften. Wir Leute in den Gebirgen sind schon von Natur ein anderer Schlag Menschen, und der frische Wind auf unsern Höhen, würde jede Stickluft scheuchen, die von Berlin herüber wehen wollte. Auf den Bergen wohnt die Freiheit! — Hurrah! —

Amtlicher Theil des Kladderadatsch.

Gutzkow soll gesagt haben:

Statt daß sie die Zustände kennen müßten, um Minister zu sein, scheinen sie Minister sein zu wollen um die Zustände kennen zu lernen.

Humboldt soll gesagt haben:

Die Hecker-Struvel-Peterwitze der „deutschen Zeitung" über die Niederlage der badischen Republikaner sind die rohen Späße alter Professoren bei dem Leichnam eines jungen Mädchens auf der Anatomie!

Hofrath Webecke

dem doch gewiß ein richtiger Blick in die Zukunft zuzutrauen ist, bemerkte, als von den vielen Angriffen gegen Prinz von Preußen die Rede war: Se. Königl. Hoheit machen sich vorläufig Knoten in's Schnupftuch

Was der Bürgermeister Krausnick

nach dem Lesen des Staats-Anzeigers vom 12. d. M. gesagt haben soll, können wir amtlich erst in Nr. 3. mittheilen

Berliner Clubbs.

Der politische Clubb.

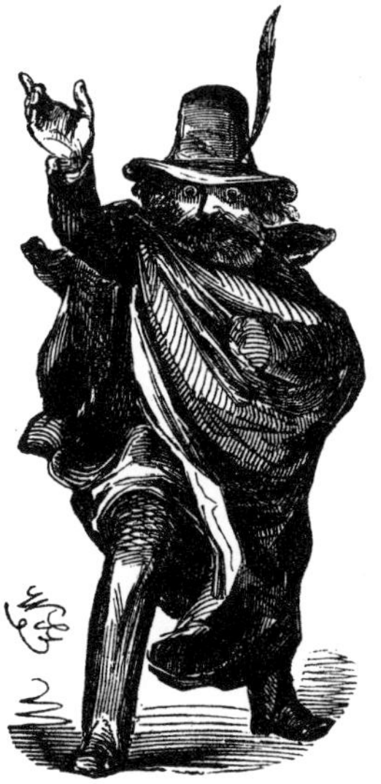

Wir haben eine **Revolution** gemacht!

Der Constitutionelle Clubb.

Man hate eine Revolution **gemacht!**

Der patriotische Verein.

Na, wer **hat** denn man eigentlich die Revolution gemacht?

Neues Lied von der alten Tante Voß.

Mel: Lott is todt

In Berlin, in Berlin,
Wo die Freiheit will erblüh'n, —
Breite Straße — nah' am Schloß —
Wohnt die alte Tante Voß!

Löschpapier ist ihr Gewand —
Groschengeil ihr Anverwandt' —
Schwenzellessing ihr Genoß —
Vivat hoch die Tante Voß!

Tante Voß, die edle Frau,
War in ihrer Jugend schlau,:
Stand im freundlichen Verkehr
Nur mit Herrn von's Militair!

Jetzt, wo jene Zeiten fern,
Geht sie Nachts mit der Latern',:
Sammelt Lumpen, nimmt in Schutz
Unsres ganzen Landes Schmutz!

Unsrer Freiheit Frühlingsluft
Pestet sie mit ekelm Duft,:
Bringt von Hans und bringt von Hinz —
Allen Unrath der Provinz!

Buhlt wie vor mit jenem Troß,
Der uns mit Kartätschen schoß —
Breite Straße — nah am Schloß: —
Vivat hoch! die Tante Voß!

Beranger.

Briefkasten.

Brennöhl in Amerika. Sie wünschen auswärtiges Mitglied des patriotischen Vereins zu werden und bitten um unsere Empfehlung? Wir wollen sehen, was sich thun läßt.

Polizeirath Dunker. Ob Sie schon kommen können? Jetzt noch nicht. Warten Sie noch 8 Tage.

Schultze. Willkommen!

J. V. Non!

Unter Verantwortlichkeit der Verlagshandlung: A. Hofmann & Comp. in Berlin, Gr. Friedrichsstraße 172. — Druck von J. Draeger.

Politische Bummeleien.

Wir wollen Schwarz auf Weiß, wenn erst Alles „schwarz auf weiß" d. h. eine preußische Constitution auf den breitesten Grundlagen gegeben sein wird.

Vorläufig behalten wir Schwarz, Roth, Gold!

Wir wollen aber keinen schwarzen Absolutismus,

auch keine rothe Republik,

sondern die goldne Mittelstraße einer Regierung wie die Friedrich des **Großen**, herrlichen Andenkens.

Dieser geniale Mensch, der auch zufällig König von Preußen war, hat aber, u. a. gesagt:

Die verfluchten Pfaffen soll der Teufel holen!
Th. 3. S. 146.

(Wir bemerken ausdrücklich, daß wir uns die Herren Sydow und Jonas hierbei nicht gedacht haben.)

In meinem Staate kann jeder nach seiner Façon seelig werden! (Th. 2. S. 28.)

(Keine Anspielung auf Ansichten höchster Personen!)

Mit jedem Spione, wenn man ihn gebraucht, an den Galgen! (Th. 2. S. 281.)

(Keine Idee an den Assessor Ullrich, Präsident des Vereins für constitutionelles Königthum und Schwiegersohn des Herrn Blesson.)

Die Ansichten Friedrich des II. sind die Unseren. Es lebe Friedrich der Große.

Höflichkeit eines Constablers.

Entschuldigen Sie gütigst, meine Herren, wenn Sie sich prügeln oder sonst 'nen kleinen Ufloof machen wollen, haben Se doch die Jüte und kommen se nach mein Revier. Ick bin schonst acht Tage Constabler und habe noch keenen eenz'gen Scandal erlebt! —

Unfehlbares Mittel, jeden Straßenauflauf sofort, ohne Anwendung von Gewaltmaaßregeln, zu zerstreuen.

Warnung vor literarischem Diebstahl!

Eine Menge deutscher Blätter, namentlich der Hamburger „Freischütz" u. a. m., füllen ihre Spalten in jeder Nr. mit den Originalartikeln des Kladderadatsch. Wir werden dieser angenehmen und bequemen Manier Zeitschriften herauszugeben durch sofortige Anstellung der nöthigen Klage wegen litterarischen Diebstahls „Einhalt zu thun gedenken", verweisen übrigens auch auf „die Prangerstellung litterarischer Gauner" in unseren nächsten Nummern. Die Redaktion.

Unter Verantwortlichkeit der Verlagshandlung: A. Hofmann & Comp. in Berlin, Gr. Friedrichsstraße 172. — Druck von J. Draeger.

Frankfurter Einigkeits-Messe am 6. August 1848.

Melodie Was fang ich armer Teufel an.

1 Beim heil'gen Paùl in Frankfurt soll
Sich Deutschland neu gestalten;
Doch Jeder nimmt das Maul zu voll
Und will's allein verwalten.
O, schütz' uns d'rum, Apostel Paul,
Denn all'weil steht's noch oberfaul!
O Jerum, Jerum, Jerum,
O Jerum, Jerum, Jerum!

2 Der Preuße stehet mit Scandal
An der Krakehler Spitze,
Er bläst zuerst sein Lärmsignal,
Und schreit: „Sind schlechte Witze!"
Wenn ich nicht oben stehen kann,
Was geht mich dann das Aufgehn an?
O Jerum, Jerum, Jerum, u. s. w.

3 Was thust Du Ferd'nand, tapfrer Mann,
Uns an für Schabernacke?
Denn wärst Du hier, wir hätten dann
Ganz Deutschland schon im Sacke;
Doch so klagt Oestreich leidentbrannt:
Wo steckt nur Kaiser Ferdinand?

4 Der Baier bläst ein Hoch mit Klang
Den Bier-Erfindungsfürsten,
Auch Braunschweig will den ersten Rang
Von wegen Mumm' und Würsten,
Ja selbst von Köthen der stimmt ein:
Der Erste muß ein Köther sein!

5 Der Schwabe schreit: mei Köni hat,
Der hatsch Regiren dicke!
De Kronprinsch musch an seine Statt,
An Teitschlands Schpitze ricke:
Stehn wir nit an de Schpitz vom Reich,
Dasch wär a tummer Schwabe-
schtreich.

6 Hannover auch schlägt durch den Staat
Den blinden Lärm schon zeitig,
Denn weil es nur ein Auge hat,
Sieht's jedes Ding einseitig,
Und Sachs' und Hesse lärmt mit drein:
Wir wollen Landeskinder sein!

7 Prinzipienritter Lobenstein,
Die Ob'r und Unter-Lippe,
Ein Jeder will für sich nur schrein,
Und sieht sich auf der Kippe. —
Das nennen „deutsche Harmonie"
Die deutschen Katzenmusici.

8 Der Reichsverweser stehet bleich
Und hört es an mit Trauern:
Er denkt: es wird das deutsche Reich
Wohl nicht gar lange dauern;
D'rum sing' ich still in mich gewandt:
Wo ist des Deutschen Vaterland?
O Jerum, Jerum, Jerum,
O Jerum, Jerum, Jerum!

Unter Verantwortlichkeit der Verlagshandlung: A. Hofmann & Comp. in Berlin, Gr. Friedrichsstraße 172. — Druck von J. Draeger.

Abschied.

Anfang und Ende eines Monologs.

Leb' wohl, o „ew'ge Lampe!" Du mein Leben!
Ihr „Kladderadatsch," „Krakehler" lebet wohl!
Kühlwetter wird nun Stoff Euch nicht mehr geben —
Kühlwetter sagt Euch ewig Lebewohl!
Ihr Redakteure meiner stillen Freuden
Euch lass' ich hinter mir auf immerdar!
Nicht kann sich Euer Spott an mir mehr weiden —
Ihr seid jetzt eine schreibelose Schaar!
Doch wird ein größ'rer Trost mir meinen Leiden:
Ich habe mein Gehalt für's ganze Jahr!
So scheide leichter ich, — als Ihr vielleicht vernommen —
Weil schwerer ich nun jetzt, als damals ich gekommen!

Trost im Winter.

Wenn der Winter kommt und der erste Schnee;
Da kann man sich leicht erkälten —
Und friert erst feste zu die Spree,
Geh ik nich mehr „untern Zelten,"
Da thu' ich mir Eenen kosen: —
Und krieche hintern Ofen!

Wenn der Winter kommt und 's wird erst kalt;
Da kann man leicht erfrieren —
Da könn' mer de Republicke halt
Im Freien nicht proklamiren!
Da thu' ich mir Eenen kosen: —
Und krieche hintern Ofen!

Wenn aberst wieder der Frühling kommt —
Und grün erst wieder de Linden —
Da woll'n an Kranzlers Ecke wir
Uns höllisch wiederfinden —
Da kriech ich vor vom Ofen:
Und thu' mir **Eenige** kosen!

Erklärung.

Nach meiner Ansicht verstehe ich unter Majoritäts-Beschluß jeden Beschluß, den die Majore der Bürgerwehr fassen werden.

Ueberrumpler.

Bei seinem nahe bevorstehenden Abgange von Berlin empfiehlt sich Freunden und Bekannten

Das neu zu bildende Ministerium.

(Eingesandt.)

Herr Kladderadatsch!

Nich wahr, es is man blos en schlechter Witz, deß Schreckenstein Jouverneur von Berlin werden soll? Ick bleibe in juter Hoffnung.

Ihre Abonnentin Bohnhammel.

Heimann Levy's Ansichten,

über die neuesten Ereignisse.

Was fer e Johr! Gott meiner Väter,
Revelution, wohin man sieht!
Dos is der Zaitgeist, der Attentäter,
Der nach de ruß'sche Grenze ßieht!
S'is e Franzause, sprecht alle Zungen,
Kimmt von Peris und braacht kan'n Paß,
Is über de Berge und Flisse gesprungen,
Is nicht gestulpert und wurde nischt naß!
Hot illimmnirt wo's duster gewesen —
Und as e sonderlich proprer Mann —
Hat de Welt er gefegt mit seinem Besen,
Daß ma se kaum noch erkennen kann.
Fegt aas de Schweiz de schlauen Jeswiten,
Stellt Louis Philipp ßur Disposission,
Weckt den Michel aas sainem Brieten,
Doß er schrait nach Konstetission!
Rumort in Italjen in Ungern und Polen,
Gaiht aach nach Wien ßu Metternich,
Soogt em ganz leise — aber unverholen:
„Sain se so gut und dricken se sich!"
Main! Wer hätte das glaaben süllen,
Revelution in Wien und Berlin!
Alles schrait: „Wir wüllen, wir wüllen!"
Statt: „Majestät, wir bitten Ihn'n!"
Sympethieen für Schleswig und Polen, —
Urwählerei und Preßfreiheit, —
Vulksbewaffaung mit Bichs' und Pistolen —
— Allens das Werk vüm Gaist der Zait!
Blut, is geflossen an allen Orten —
Warüm? — für an fire Idee!
Vün de Freiheit giebt's doch deverse Sorten,
Warüm wüllten se nicht — de Freiheit in spe?
Is doch egal, wir waren mit ßefrieden,
Von de Freiheit — wüllten wir gar nischt mehr; —
Wir hotten's Geld, wos fehlte uns Jüden, —
Ach wenns doch beim Alten geblieben wär!
De neie Freiheit, was thu ich dermit,
Se kann mer doch gor nischt nicht nützen,
Dos is nor so was fer a hitzig Gemieth,
Dos nich stillstaihn kann und nich sitzen!
Gerechter! Wie allens noch kümmen wird,
Ich hoob' dervon kaan Gedenken,
De Poletik is a so grausig verwirrt,
Ma könnt e Verstand sich verrenken!

Großes Oestreichisches Vogelschießen im Jahre 1848.

I.

Gar meisterlich geleimet
Zusammen und geflickt,
Hat Oestreich's Adler trutzig
Hinab in's Land geblickt.

Und als das Volk noch gläubig
Zur Kinderschule ging,
Da hielt es jenen Adler
Für gar ein schrecklich Ding.

Jetzt merkt es: nur die Höhe —
Die war des Adler's Stolz,
Die Kronen sind nur Flitter,
Die Fänge sind von Holz.

Der trotz'ge Adler wurde
Ein lustig Schützenspiel,
Es ist das Herz des Adlers
Der sichern Pfeile Ziel.

Seht! wie die Fetzen fliegen!
Da — Flügel, Kron' u. Rumpf,
Bald fällt von seiner Höhe
Noch ab der letzte Stumpf.

II.

Euch ist die alte Sage
Vom Phönix wohl bekannt,
Der nach 500 Jahren
Zurückfliegt in sein Land;

Der dort im eignen Neste
Sich weiht dem Flammentod,
Um neu verklärt zu schweben
Empor in's Morgenroth.

Der Freiheit Phönix kehrte
Zurück — schon blitzt es auf —
Bald steigt er aus den Flammen
Verklärt zum Licht hinauf.

Die Adler sind ihm Feinde
Seit alten Zeiten schon,
Die ein- und doppelköpf'gen
Mit Scepter, Klau' und Kron';

D'rum auf, ihr wackern Schützen!
Und scharf auf's Ziel geseh'n!
**Es muß der Adler fallen,
Wo Phönix soll erstehn!**

Illustrirte Phrasen aus dem Jahre 1848.

Der früher mit 16 Gesellen arbeitende bedeutende Schlächtermeister und noch unbedeutendere Deputirte Piper. —

„Meine Herren!" — Ich bin nicht von der Rechten, sondern ich bin Rechts, ich bin Links, ich bin Centrum. —

(69. Sitzung der Berliner-Nationalversammlung vom 7. October 1848.)

Unter Verantwortlichkeit der Verlagshandlung: A. Hofmann & Comp. in Berlin, — Druck von J. Draeger.

Der Abgeordnete Johann Jacoby

in der Audienz auf Sanssouci.

Das ist das Unglück der Könige, daß sie die Wahrheit nicht hören wollen.

Die Ihr den Mann verleugnet, Euch zur Schmach
Einlegend schnell demüthige Verwahrung,
Ihr wußtet nicht: was jener Edle sprach,
Ist der Geschichte ew'ge Offenbarung.

Weh' Jedem, der der Wahrheit Wort verdammt!
Der Sturm durchsaust die Wipfel schon im Grimme.
Weh' Jedem, wenn der Blitz herniederflammt,
Der nicht gehöret des Propheten Stimme!! —

An unsere Abonnenten.

Der Ernst des gegenwärtigen Augenblicks gestattet uns nicht, Humor und Witz für diesmal walten zu lassen. — Wir glauben vollkommen durch die Gewalt der Umstände entschuldigt zu sein. —

Die Redaktion.

Unter Verantwortlichkeit der Verlagshandlung: A. Hofmann & Comp. in Berlin. — Druck von J. Draeger.

Die Camarilla.

An dem Hofe von Sevilla —
Auf dem Sopha von Manilla —
Sitzt die Bestie Camarilla!

Pest'ge Beulen ihre Brüste —
Bürgermord ihr höchst Gelüste —
Ihre Zukunft — Blutgerüste — !

An dem Strange von Manilla
Laß einst hängen in Sevilla
Du mein Gott! die Camarilla!

Gestern Abend ist Vater Stein, Vorsitzender des democratischen Clubbs, durch Militair verhaftet worden. Das Berliner Volk sagte zu dem command. Offizier: Du hast den Dicksten! —

Steck' die Nase in das Buch,
Lerne, Esel! Welthistorie!
Ewig trifft des Himmels Fluch
Wer den Mord sich wählt zur Glorie!

Man spricht von einem Vermittelungs-Ministerium, in welches unter andern Simson in Königsberg eintreten soll. Da es dem antiken Simson Wrangel mit der Eselskinnbacke nicht gelungen die Philister zu schlagen, will man durch den modernen Simson die Philister gewinnen.

Von den Wrangelschen Postbeamten sollen nicht blos Briefe, sondern auch Austern aufgemacht worden sein, und deßhalb wollen wir unsre Geschäftsfreunde bitten, Gegenstände, die zum Erbrechen geeignet sind, gleich direct an das Ministerium zu addressiren.

Steuerverweigern? — Na, det nutzt noch nichts, weil davon blos der Bier und der Schnaps billiger werden, aber nicht der Champagner!

Nach 10 Uhr darf sich Niemand mehr —
In China's Straßen blicken lassen!
Und wer erscheint (—) das Militair
Hat Ordre ihn sofort zu fassen! —

Dessau vom 10. November 1848.

In Erwägung, daß sich seit dem Belagerungszustande Berlins die Bevölkerung der vereinigten Staaten Dessaus um 24,685 jüdische Seelen vermehrt, beschließen wir hiermit:

1) Die jüdische Religion wird zur Staatsreligion erhoben.
2) Der Dr. Stern aus Berlin wird sofort zum Erzbischoff von Dessau ernannt.
3) die dessauische Flagge ist sofort vom Schlosse abzunehmen und ein schwarz-roth-goldenes Arbe-Kampfes aufzuhissen.
4) Der Telegraph spielt fortan nur loschen kaudisch.
5) Die nöthigen Beschneidungen der Bürgerwehr sind ohne Verzug vorzunehmen und bei etwaigen Widersetzlichkeiten die Stadt sofort in Belagerungszustand zu erklären.

gez. **Kladderadatsch.**
Contrasign. **Krakehler.**

10,000 Thaler Belohnung

für eine einzige Barrikade!

Berlin, **M. A. N. Lucifer.**

Ein Berliner

der

passiven Widerstand leistet.

Ich bin ein Deutscher, der für's Vaterland —
Und seine Freiheit stets bereit zu sterben —
Doch will ich Andern nicht das Spiel verderben —
Drum leist' ich nur passiven Widerstand!

Unter Verantwortlichkeit der Verlagshandlung: **Er. Keil & Comp.** in Leipzig. — Druck von **Alexander Wiede** in Leipzig.

Berlin im Belagerungszustande.

Scenen aus der Metropole deutscher Cultur und Intelligenz im Jahre des Herrn 1848.

[Ein Offizier mit einer Compagnie Grenadiere erscheint vor dem Hause der Familie Rimpelmeier. Es wird mit den Kolben an die Hausthür geschlagen.]

Lieutenant. Aufgemacht! oder die Bude wird in 'n Brand gesteckt!

Rimpelmeier [in der Nachtmütze zum Fenster hinaus] Mein Jott, was is denn, wo brennt's denn Herr Nachtwächter?

Lieutnant. Mach' auf, Bürgerhund! oder ich lasse dich wie einen Canarienvogel auf die Bajonette spießen.

Rimpelmeier. Ach Gnade, gnädigster Herr Offizier! gleich! gleich! [macht die Hausthür auf, erscheint mit einem Lichte in der Hand im Hemde und empfängt einen Kolbenstoß in den Unterleib.]

Lieutnant Du hast Waffen verborgen verfluchter Spießer! 'raus damit! wo sind sie?

Rimpelmeier. Ach liebster Herr, das ist eine nichtswürdige Denunciation, ich habe ja keine einzige Degenspitze in meinem ganzen Hause!

Officier. Soldaten! Marsch! Vorwärts!

(Das Militär dringt in die Zimmer der Familie Rimpelmeier. Madame Rimpelmeier so wie ihre jungfräulichen Töchter werden von den Grenadieren auf's strengste untersucht, ob sie Waffen bei sich haben.)

Die Familie Rimpelmeier liegt in Ohnmacht.

Lieutnant. Ich sehe, daß Sie keine Waffen besitzen. Entschuldigen Sie meine Damen, **aber ich habe nur als Soldat meine Pflicht gethan.**

Kladderadatsch.

Feuilleton.

Der geistreiche Bassermann soll in Frankfurt gesagt haben:

„Ich habe nirgends so gut gegessen wie in Sanssouci."

Darauf soll der **geistreiche Schmerling** gesagt haben:

„In Potsdam ißt man noch besser."

Bis dann endlich der **geistreiche Welker** gesagt hat:

„**Ich** möchte wohl einmal in Sanssouci oder Potsdam essen!"

Gott segne die Männer des Vaterlandes! —

Herr von Schmerling sagte bei Gelegenheit der Ermordung unseres edlen Blums, sich die Zähne ausstochernd:

„Wer sich in Gefahr begiebt kommt darin um!"

Welches Deutschen Herz bebt nicht bei diesem Schandworte eines deutschen Reichsministers! Aber wartet nur! Es hat sich Mancher bereits in die Gefahr begeben und . . . .

[siehe Kladderadatsch No. 583.]

Schreiben des Baron von Strudelwitz an den Baron von Prudelwitz.

Berlin am 12. November 1848.

Mein lieber Baron!

Gestern um 3 Uhr sind wir in Berlin einmarschirt. Jott verdamm' mich! der Augenblick war schön. Wir glaubten die Canaille würde Barrikaden bauen, aber das Lumpenpack stand rechts und links wie versteinert, als wir unserer 10,000 Mann Jarden mit Paukenschlag und Kling und Klang durch das Brandenburger Thor nach dem Schlosse zogen! War 'ne Mordlust, als wir bei Kranzler wieder vorüberzogen. Bei Krause's winkten Julie und Louise mit weißen Schnupftüchern, — Jott verdamm' mich! Mächens! Soll wieder ein Mordjubel werden! Lange genug gefastet! Als wir an die neuen Wachen kamen, präsentirten die Bürgerlumpen! Haha! Nach 'ner Viertelstunde hatten wir sie bereits 'rausjeschmissen und die Wachen besetzt! Die Gesichter! — Baron, Jott verdamm' mich! Die Jesichter hätten Sie sehen müssen. Das Bürgerpack dachte, wir würden uns wie die Linie mit den Thorwachen begnügen! Wartet nur, Lumpenhunde! wollen Euch schon zu Paaren treiben! — Aber mit unter doch ganz eckliche Fisignomien — Kerle wieder auf den Straßen wie vor dem 18ten, als meine Ordonnanz den Bäckermeister in'n Rücken schoß; der Bursche ist jetzt Unteroffizier. Jott verdamm mich, die Jarde ist gut! Jeder Mann täglich seinen Speck, ein Quart Schnaps und 5 Sgr. Zulage! Das Bürgergesindel will sich jetzt mit aller Gewalt beliebt machen, und schleppt Essen und Trinken auf die Wachen. Haben aber eingeredet, daß Gift drin ist! Jottvoller Jedanke! Baron! Die Kerle, gehetzt wie die Bluthunde, lassen kein Kind im Mutterleibe! Muß ein Massakre werden wie bei — bei Saragossa — oder wie das Ding heißt — Jott verdamm mich! — Um 5 Uhr zogen wir in's Schauspielhaus und blieben über Nacht. Morgens 9 Uhr kommt der Präsident, der Unruh, mit seinen 260 Abgeordneten im langen Zuge und will in den Sitzungssaal! Hahaha! Jottvoll! hatten die Thür verrammelt und ließen ihn nicht 'rein, da stellt sich der Mensch — der Unruh hin und schreit laut: „Im Namen von sechzehn Millionen Preußen fordere ich Sie auf, diese Thür zu öffnen! Sechzehn Millionen! Lächerlich! Kolossal lächerlich! Dabei gar keine Antwort und der Mensch — der Unruh, mußte abziehen! Famos! Lieber Baron! nicht wahr! Famos! Jott verdam' mich! Morgen mehr!

Ihr

Baron von Strudelwitz.

№ 31. Sonntag, den 3. December. 1848.

Kladderadatsch.

Blumenlese aus

Montag den 4. Decbr.

Hamlet. Der König bringt die Nacht
am Schenktisch hin.
Trinkt zu, und wind'ge Hofgunstpilze
taumeln —
Horatio. Ist das der Brauch?

Dienstag den 5. Decbr.

Hamlet. Aber, bei unserer lieben Frauen, dann muß er Kirchen stiften sonst muß er sich gefallen lassen, daß man nicht an ihn denkt.

Mittwoch den 6. Decbr.

König. Mein Wort strebt auf, doch
unten bleibt mein Herz:
Gebet ohn' Andacht dringt nicht himmelwärts.

Shakespeares Hamlet.

Donnerstag den 7. Decbr.

Hamlet. Ja, solche Beamte thun dem Könige zuletzt die besten Dienste. Er verwahrt sie wie ein Affe in seiner Maultasche; zuerst in den Mund gesteckt, um zuletzt verschlungen zu werden.

Freitag den 8. Decbr.

Hamlet. — O, von Stund an trachtet
Nach Blut, Gedanken, oder seid verachtet!

Sonnabend den 9. Decbr.

„Wohl geziemt ein Blick
Wie der dem Schlachtfeld; hier ist's
Mißgeschick!
Geht! heißt die Truppen schießen!

Shakespeare.

Organ für und von Bummler.

Was kann aus Frankfurt Gutes kommen?

Im Monate August war Frankfurt das Betlehem unsrer Hoffnungen: von hier sollte die neue Erlösung der Menschheit beginnen. Die Pharisäer und Schriftgelehrten hatten es also prophezeit. Und wir wallfahrten dorthin, dem Sterne der Begeisterung folgend, der über uns aufgegangen. Doch der Stern war ein Irrlicht und Frankfurt nicht Bethlehem, denn wir fanden dort nur einen Stall — nicht den Erlöser; wir sahen Ochsen, Esel, Schafe, Mist, Stroh und Heu — aber nicht den Heiland, den wir trotz der Nachstellungen der deutschen **Herodesel** geboren wähnten.

Der neue Johannes ist ein deutscher Hansmichel und reactionärer Pop-Hans und sein neuer Jordan ein abgestandenes Sündenwasser; statt der **Apostel** sahen wir nur Apostaten der Freiheit: denn es kommt immer nur ein ehrlicher Jünger auf elf Judasse, die um 3 mal 30 Silberlinge des Tags den neuen Erlöser verrathen, noch ehe er geboren ist.

In Berlin spricht man Hohn und speit ins Angesicht der heiligen, deutschen Freiheit — was thut Frankfurt? — Es sendet seine Boten aus, die mit denen des Evangeliums nichts gemein haben, als daß sie einfältige Leute sind.

O heilige Einfalt! o Bassermann! — O Bassermann! o heilige Einfalt!

Bassermann kommt nach Berlin. — Angesoffene Preußenvereiner mit rothen Nasen wanken hohngrinsend über die Straßen — seine Kniee schlottern. Drei Rehberger mit rothen Halstüchern stehn gemüthlich Ecke — die Haare seiner Perrücke sträuben sich zu Berge. — Lindenmüller mit dem rothen Barte amüsirt den souveränen Lindenklub — Bassermanns Verstandskasten geht aus dem Leime. Richtige Berliner Jungens rufen dem General Wrangel zu, er solle nicht über das Gras stolpern — Bassermann verdreht die Augen. Fliegende Buchhändler bieten ihm den Kladderadatsch zum Verkauf an — er sieht hinein und will wahnsinnig werden. Buddelmeier mit en jroßen Bart wird ausgerufen — er wird irre. Bummler ergötzen sich an der Ecke über den Traum eines rothen Republikaners — Bassermann wird tobsüchtig! — — Was er sieht — nur rothe Republik! was er hört — blutrothe Lieder! was er riecht — Gestank rothen Auswurfes! was er schmeckt — blutiges Beefsteak! was er spricht — Wahnsinn! Jedes Plakat — Hochverrath, jeder Spießbürger — ein Rebell, jeder Bärtige ein

Mit hoher obrigkeitlicher Bewilligung

Extrablatt

des

Kladderadatsch.

Alter Text zu

„In Jahresfrtst!" verschwor sich Ritter Fein,
Muß mancher Fürst gehangen sein!
Es wär' gewiß nach seinem Schwur gegangen,
Hätt' man ihn selbst zuvor nicht aufgehangen! Lessing.

Als ein Reaktionär auf dumpfes Heu sich streckte,
Stach ihn ein Scorpion. Was meint ihr, daß geschah?
Er starb am Stich? — Ei ja doch, ja!
Der Scorpion verreckte.

Wer sagt daß Dr. Sommer Schandverse auf Euch schreibt?
Wer nennt geschrieben daß, was ungelesen bleibt?

neuen Namen.

Ein Volk das hündisch dumm und feig
Verdient mit Recht die Peitsche!
Mein Kind das ist ein Fingerzeig —
— — — — — — — —
(Eigene Censurlücke).
Deutsche!

Nur an sich selbst muß Alles man probiren!
Dann wird erst das Verdienst der Andern klar!
Jetzt wo wir selbst uns müssen nun censiren!! —
Da seh'n wir erst was sonst ein Censor war!

Kladderadatsch.

Organ für und von Bummler.

Weihnachten kommt! was Monarchisten!
— Was Demokraten! — Republik!
Weihnachten kommt für alle Christen
Zum Waldteufel! mit der Politik!
Was Meinung und Partei geschieden,
Ist jetzt für eine Nacht liirt:
Denn an dem Tag der Pyramiden
Berlin einstimmig illum'nirt!
Weihnachten kommt! und Reich' wie Armen
Erglänzt der Friedensgöttin Haupt!
Selbst Wrangel fühlte ein Erbarmen:
Und hat den „Kladd'radatsch" erlaubt!

14 *Extrablatt, erschienen nach Nr. 31 vom 3. Dezember 1848*

Weihnachtsausstellung des Kladderadatsch.

A. Bilder.

1) Der **ruinirte Held** oder die **verbotene** Weihnachts**ausstellung.**
Jammer-Gruppe in Marmor. Eigenthum Sr. Excellenz des Herrn Minister Manteufel.

2) Die **Trottoirs** am Königl. **Schloß** nach dem **18. März.** Aquarelle.

3) **Berliner Litteraten, Bowle trinkend.** Phantasiebild im Besitz der Redaktion des Kladderadatsch.

B. Raritäten.

1) Ein **Signal-Horn,** aus den Zeiten Aschhofs im Jahre I. der Berliner Schreckenherrschaft, womit 126 mal Generalmarsch geblasen worden. Noch ganz gut erhalten!

2) Das **Taschenfutter** eines **Scharfschützenrockes** aus dem **Jahre 1848.** Man sieht noch die Ueberbleibsel einer ehemals darin befindlich gewesenen Käseschrippe. Wird unter Glas gezeigt.

C. Große transparente Zeitbilder
mit entsprechender Musikbegleitung

1) **Der uckermärkische Agitator Ferchtemeier** während der Erklärung des Belagerungszustandes unter den Linden, in die dustere Einsamkeit eines Viktualienkellers in der großen Frankfurterstraße eingehüllt.

Links eine Schnapsflasche. Rechts eine Schinkenstulle.

Musik-Begleitung aus Norma:

Du bist ein Römer,
Und scheust Gefahren?

2) **Doktor Andreas Sommer** einen Artikel für die Vossische Zeitung schreibend.
Rechts eine preußische Kassenanweisung von fünf Thaler. Links Hunger und Durst.
Musikbegleitung aus „Lumpacivagabundes."

3) **Friederike Knochenhauer,** verwittwete Jägerin von Anno 13 mit vier ebenfalls unverletzten Jungfrauen, an einen Faden für die Potsdammer Garnison beschäftigt.

Im Hintergrunde ein Garde-Uhlan.

Entsprechende Musik-Begleitung:

Ich saß und spann vor meiner Thür
Da kam ein schlanker Mann gegangen!

4) **Der Berliner Magistrat.** Metamorphose.

Entsprechende Musik-Begleitung:

Eingehüllt in feierliches Dunkel
Sind die Wege, Herr, die Du uns führst!

Zur Feier der wieder eingezogenen Garde!

BAL SÉCRET

In dem bekannten Lokal unter den Linden. Entrée 1 Friedrichsd'or.

Nur Herren in Offiziermänteln haben Zutritt.

Bis 12 Uhr helle Beleuchtung des Saales, der Foyers und der Cabinets à souper.

Von 1 Uhr ab sind bereits sämmtliche Cabinets vergeben —

Stöckeritz. v. Schlabernborff. Heloise de Tennet-ti.

Kladderadatsch und die Berliner.

Der Berliner ist kein stolzer Spanier der nie vergiebt — das heißt:

— der Kladderadatsch ist wieder erlaubt —

Der Berliner ist kein rachsüchtiger Italiener, der nie vergißt — das heißt:

— der Kladderadatsch ist wieder erlaubt —

Der Berliner ist kein tollkühner Franzose, der für die Freiheit singend stirbt — das heißt

— der Kladderadatsch ist wieder erlaubt —

Der Berliner ist kein starrsinniger Engländer, der sein Vermögen einer Idee opfert — das heißt:

— der Kladderadatsch ist wieder erlaubt —

Der Berliner ist aber auch kein Russe der die Knute küßt die ihn gezüchtigt, das heißt:

— der Kladderadatsch ist wieder erlaubt —

und wird sich auch wieder so viel erlauben wie möglich: —

Entschuldigen Sie — der Kladderadatsch wird sich also mäßigen? — Entschuldigen Sie, er war nie etwas anders als ein Abklatsch der Berliner Stimmung auf Löschpapier! Und ob jetzt die Berliner mäßig sind? Mäßig? Die deutsche Sprache hat kein Wort für die edle **Haltung der großherzigen Bevölkerung dieser schönen Residenz! — die Berliner sind:**

Kladderadatsch

oder frei übersetzt: passiver Widerstand.

Feuilleton.

Aus den Buchstaben gewisser Namen lassen sich folgende Worte zusammenstellen:

Teufel, Brand, Sünde, Elend, Noth, Blut, Reue!

Fast eben so frappant wie das bekannte Akrostichon: „Galgen!"

Vermischte Anzeigen.

Einige gesinnungsvolle Demokraten

sind während des Belagerungszustandes wegen Mangel an Raum billig abzulassen. Das Nähere in der Hausvogtei.

Junge Leute

die keine Beschäftigung haben, können den Winter über gegen ein geringes Honorar noch mit eingesperrt werden. Wo so? erfährt man in der Stallschreibergasse 186.

90,000 Exemplare

der Verfassung, welche mir leider übrig geblieben verkaufe ich à tout prix.

Armweich, Buchdrucker.

Ein junger Pole,

der fünf Jahre in Sibirien gelebt, erbietet sich in der Kunst den Belagerungszustand zu ertragen, gegen ein billiges Unterricht zu ertheilen. Wo? sagt das 1. Pestilenz-Comtoir.

!!! Ein Litterat !!!

welcher fertig französisch, englisch und italienisch spricht, mehrere deutsche Universitäten besucht und namentlich viel naturwissenschaftliche Studien gemacht hat, fertig Flügel spielt, im Gesang und in der Mathematik Unterricht ertheilen kann, ein nicht unangenehmes Aeussere und die besten Empfehlungen besitzt, wünscht verhältnisswegen baldigst aus Berlin ausgewiesen zu werden. Constabler und Polizeicommissarien die hierauf reflectiren wollen, erhalten eine angemessene Belohnung. Nähere Auskunft ertheilt mit Vergnügen **Die Redaktion des Kladderadatsch.**

Gegen Demokraten helfen nur Soldaten!

Difficile est, satyram non scribere.

„Ganz Deutschland zu belagern,"
„Thut's noth, mit Russenmacht!"
Das hat der Herr von Gagern
In Frankfurt ausgedacht!:
„Dann schlagen aus die Bäume" —
„Blüht wieder auf der Strauß —"
„Vorbei die Winterträume"
„Dann schlägt ganz Deutschland aus!"
„Drum hübsch bei Zeit berathen,"
„Uns helfen nur Soldaten!"

„All' deutscher Kammern Linke"
„Zum März das Letzte wagt!"
So hat's der Herr von Vinke
In Frankfurt ja gesagt!
„Es rücken die Franzosen"
„Dann sicher über'n Rhein,"
„In Schlesien und in Posen"
„Muß dann der Russe sein!"
„Drum hübsch bei Zeit berathen" —
„Uns helfen nur Soldaten!"

„Wenn sich der Kampf erneut"
„Ist's aus mit unserm Sitz!"
Hat warnend prophezeiet
Der Herr von Radowitz!
„Statt unsrer wird dann tagen"
„Die rothe Republik"
„Dann setzt es rothe Kragen"
„Und manches Ungelück!"
„Drum hübsch bei Zeit berathen"
„Uns helfen nur Soldaten!" —

Geschrieben hat's der Hecker
Schon lange nach Berlin!
Jetzt hat's gedruckt Herr Decker,
Die Hof-Buch-Officin:
„Es kann uns nichts mehr retten,"
„Als unser gutes Gold: —"
„Mit dem die Bajonette"
„Wir halten noch im Sold!"
Denn gegen Demokraten
„Da helfen nur — Dukaten!"

Der Magistrat von Schiefelstein.

Auch ein Polkoständchen.

Kommet doch, kommet doch, kommt Berliner!
Bringt ein Ständchen, zart und fein!
Unseren würdigen Fürstendienern: —
Dem Magistrat von Schiefelstein!

Unter allen Magistraten —
Ist am besten er berathen —
Wenn 10,000 Mann Soldaten —
Ziehen ein in Schiefelstein!

Bringet Katzen mit, und Hunde!
Denn ein Ständchen, zart und fein!
Bringen wir in nächt'ger Stunde, —
Dem Magistrat von Schiefelstein!

Sich vor Anarchie verstecken —
Doch ist erst vorbei der Schrecken
Kannst du wieder Speichel lecken
Magistrat von Schiefelstein!

Komm' Waldteufel, schnurre. schnurre!
Kätzlein, komm' miaue fein!
Komm' mein Pudel, knurre, knurre!
Dem Magistrat von Schiefelstein!

(sentimental gesungen).
Miau, miau, miau, Jschwei miundi!
Tenkt, tenkt, tenkt, tenkt schniauf,
Strick, Strick, Strick, Strick tschibund
Hau, Hau, Hau, Hau tschivnf!
Mian, miau ꝛc.
Wie klingi das zart und fein!
Strick, Strick ꝛe.
Dem Magistrat von Schiefelstein!

Unter Verantwortlichkeit der Verlagshandlung: A. Hofmann & Comp. in Berlin. — Druck von J. Draeger.

17 *Extrablatt, erschienen nach Nr. 31 vom 3. Dezember 1848*

№ 1. Sonntag, den 7. Januar 1849. II. Jahrgang.

Kladderadatsch.

Wochenkalender.

Wassermaus und Kröte —
Gingen eines Abends spüte —
Einen steilen Berg hinan.

Kennst Du auch den Herrn von Sethe?
Sprach die Wassermaus zur Kröte,
Und sie ging den Berg hinan.

Wochenkalender.

Ja in Potsdam bei der Fête,
Sah ich ihn, sprach drauf die Kröte
Und sie ging den Berg hinan!

Fritz der Große blies die Flöte —
Dieß Gedicht ist nicht von Göthe —
Doch geht's noch so ziemlich an!

Organ für und von Bummler.

Dieses Blatt erscheint täglich mit Ausnahme der Wochentage für den Preis von 1¼ Sgr. Es kann jeden Sonnabend von fünf Uhr ab aus sämmtlichen Buchhandlungen abgeholt werden. Abonnements für 13 Nummern vierteljährlich werden mit 17½ Sgr. in allen Buchhandlungen und bei den Königl. Postämtern angenommen. — **Beiträge erbittet unter Adresse der Verlagshandlung.**

Die Redaktion.

Das freie Wahlrecht
während
des Belagerungs-Zustandes.

Da den Berlinern die Vorversammlungen zu den Wahlen nur unter Aufsicht von Polizei-Beamten gestattet, und politische Debatten streng verboten sind, so stellen wir unter polizeilicher Aufsicht folgende Wahlcandidaten für die erste Kammer auf.

I. Den Major a. D. Herrn F. v. Bülow,

da derselbe sicher sein dreißigstes Lebensjahr vollendet hat! —

II. Den Doktor Andreas Sommer,

dessen Aufsätze in der Vossischen Zeitung nach genauer Berechnung ihm täglich 18 bis 22 Thaler Insertionsgebühren kosten, und der daher sicher ein jährliches Einkommen von 500 Thaler nachweisen kann.

III. Den alten Churfürsten auf der Langen-Brücke,

da derselbe sicher seit sechs Monaten seinen Wohnsitz in Berlin hat!

IV. Kladderadatsch,

da derselbe keinesfalls Unterstützung aus öffentlichen Mitteln erhält.

Mitbürger! Die Wohlfahrt des Vaterlandes hängt davon ab. Also prüfet und wählet! Civis. Ein Patriot.

№ 1. Sonntag, den 14. Januar 1849.

Carnevals-Zeitung

Carnevalistische Reime 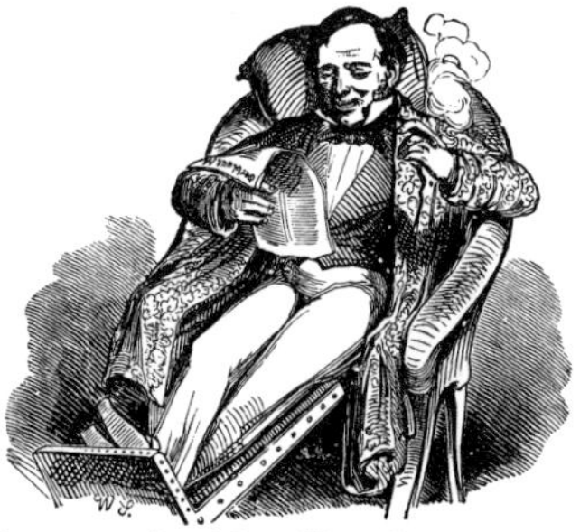 **für den Leser.**

Wenn ein Flüchtling vor den Schergen —
Der Gewalt sich will verbergen,
Wandelt er — sei's auch umständlich —
Nam' und Kleider, Haar und Bärte;
Merkt kein Feind dann seine Fährte,
Doch den Freunden bleibt er kenntlich.

Auch der Witz läßt sich nicht bangen,
Glaubt drum nicht, er sei gefangen,
Laßt die Sorgen, die enormen!
Feinden darf ich mich nicht nennen,
Doch der Freund wird gleich erkennen
Alten Freund in neuen Formen.

Für Berlin und Umkreis von 2 Meilen.

Da unsere Zeitschrift „Kladderadatsch" für Berlin während des Belagerungszustandes verboten ist, so erlauben wir uns unsern geehrten Abonnenten obige Zeitschrift, für die Dauer des Verbots, wöchentlich zu übersenden.

Die Redaktion.

Kladderadatsch ist wieder einmal verboten!!

Handel und Gewerbe sollen **in keiner Weise** gestört werden! — Ein Wrangel hat noch nie sein Wort gebrochen! — Und doch ist

Kladderadatsch wieder einmal verboten?!?

Und warum ist Kladderadatsch verboten? Wer fragt nach Gründen? Es ist Belagerungszustand — voilà tout. Belagerungszustand! Ein lustiger Carnevalsscherz! Maskenspiel, Mummenschanz, Tändelei in allen Formen und Gestalten. In dem Geruder begegnen sich zwei komische Figuren. Die eine ist Kladderadatsch, und die andere — — — Rathet einmal! — Kladderadatsch, gestützt auf das historische Recht der Maskenfreiheit, erlaubt sich einige Späße, die gar nicht bitter sind — die andere komische Figur versetzt ihm Eins mit der Hanswurstpritsche und

Kladderadatsch ist verboten!

Kladderadatsch ist ein guter Bürger. Den allerpassivsten Widerstand im Herzen, weicht er nur der ebenso unausstehlichen als unwiderstehlichen Gewalt der haarscharf geschliffenen Säbel und der Kugeln im Lauf und zieht sich für die Zeit des Belagerungszustandes (den Gott und die Stadtverordneten uns noch lange erhalten mögen!) auf seine Besitzungen außerhalb des zweimäuligen Umkreises der Residenz zurück. Damit aber sein gesegnetes Wirken für die lieben Berliner selbst auch in dieser Zeit ihrer Thränen und Noth nicht einen Augenblick nnterbrochen werde, hat er darauf angetragen, vorläufig seinen Stellvertreter einzuberufen; und als solcher präsentirt sich einem hohen Adel und dem gebildeten Publikum

☞ Die Carnevals-Zeitung. ☜

Sie ist **nicht** der Kladderadatsch. Sie hat sich von jenem nur die lachende Maske, das Gesicht des Jean qui rit, geborgt, — und auch das nur für die Zeit des Carneval, denn spätestens mit diesem wird die ganze Komödie des Belagerungszustandes zu Ende gehen — Kladderadatsch selbst hat für jetzt sein Lächeln verlernt — sein Antlitz trägt die Züge verhaltenen Grimmes — er ist jetzt der Jean qui pleure — er ist die „klagenden Juden," welche an Wasserflüssen

Ein Soldat vertheilt seine vom „Unterstützungs-Verein für Soldaten des stehenden Heeres" erhaltene Weihnachtsgeschenke an hungernde Weberfamilien –

**Was nicht der Verstand des Verständigen sieht –
Das übet in Einfalt ein kindlich Gemüth. –**

In der hier noch immer weilenden großen Menagerie findet während des Belagerungs-Zustandes die Fütterung der Raubthiere um 3 Uhr Nachmittag statt! –

№ 2. Sonntag, den 14. Januar 1849. II. Jahrgang.

Kladderadatsch.

Organ für und von Bummler.

Ausgabe für die Provinzen.

Kladderadatsch

ist zum Zweitenmale verboten worden, und zwar weil er in No. 1 die bildliche Darstellung gebracht:

Wie ein Soldat, seine vom „Unterstützungs-Verein für Soldaten des stehenden Heeres“ erhaltene Weihnachtsgeschenke an hungernde Weberfamilien vertheilt!

Das Verbot ist gerecht. Es giebt unter der weisen Regierung Hinkeldey's keine hungernde Weberfamilie in Berlin <u>Wehe ihnen</u>! wenn sie sich auf der <u>Straße</u> erblicken <u>ließen</u>! Es <u>giebt</u> ferner unter dem edlen Regimente Wrangels keinen Gardisten, der es ungestraft wagen dürfte seine Weihnachtsgeschenke an armes Lumpengesindel zu vertheilen Kladderadatsch hat gelogen!

Es giebt keine Armuth, kein Elend, keine Noth mehr in Berlin! Hund! du wagst zu sagen dich hungert! Zehn Peitschenhiebe!

Hund! du wagst zu sagen, daß man dir Brodt genommen, — dein Lokal geschlossen, dich ruinirt, an den Bettelstab gebracht hat — und daß der Magistrat dennoch von dir die hohen Steuern fordert?

Bürger-Hund! du wagst überhaupt zu sprechen! In's Loch mit der Canaille!

Geduld! Geduld! wenn's Herz auch bricht!

Friedrich von Schiller sagt:

Wir wollen trauen auf den höchsten Gott!
Und uns nicht fürchten vor der Macht der Menschen!
— — Jetzt gehe Jeder seines Weges nur —
Und werb' im Stillen Freunde für den Bund!
Was noch bis dahin muß erduldet werden,
Erduldt's! Laßt die Rechnung der Tyrannen
Anwachsen, **bis ein Tag** die allgemeinen
Und die besondere Schuld auf Einmal zahlt.
Bezähme jeder die gerechte Wuth,
Und spare für das Ganze seine Rache!
Denn Raub begeht am allgemeinen Gut,
Wer selbst sich hilft in seiner eignen Sache!

№ 9. Sonntag, den 4. März 1849. II. Jahrgang.

Kladderadatsch.

Wochenkalender.

Montag den 5. März.

Der Alterspräsident Lensing wird 65 Jahr 3 Monat alt.

Dienstag den 6. März.

Der Commerzienrath Carl empfängt ein Stück Buckskin aus Luckenwalde.

Mittwoch den 7. März.

Der Graf Renard zeigt in der Breslauer-Zeitung an, daß das Springen seiner Hengste durch die Kammerverhandlungen keine Unterbrechung erleidet.

Wochenkalender.

Donnerstag den 8. März.

Herr von Kleist-Retzow kauft sich eine neue Perrücke.

Freitag den 9. März.

Herr Harkort sehnt sich nach Mäusebach.

Sonnabend den 10. März

Herr von Manteuffel legt gegen jeden Wechsel Protest ein.

Organ für und von Bummler.

Dieses Blatt erscheint täglich mit Ausnahme der Wochentage für den Preis von 1¼ Sgr. Es kann jeden Sonnabend von fünf Uhr ab aus sämmtlichen Buchhandlungen abgeholt werden. Abonnements für 13 Nummern vierteljährlich werden mit 17½ Sgr. in allen Buchhandlungen und bei den Königl. Postämtern angenommen. — **Beiträge erbittet unter Adresse der Verlagshandlung.**

Die Redaktion.

Bis zum 18. März 1848

herrschte in Berlin die rothe Republik

wenn wir bedenken wie wir jetzt

im März 1849,

im fünften Monat des Belagerungszustandes

trotz kirchhofähnlicher Ruhe in der guten Stadt Berlin

gebajonettet, geknutet, gewrangelt, gehinkeldeyt, gereitpeitscht, gemathisst, gehundejungt, gewarschaut, gewindischgräzt, getreten, gestoßen und geniederträchtigt werden!

Haha! lächerlich! auf Ehre und Seeligkeit lächerlich!

ruft des Excellenzenvolk, die dicken Durchlauchts, Hoch- und Hochwohlgeboren der Rechten in beiden Kammern, diese ranzigen Austernbäuche mit dunkelrothen Champagnerlarven, diese Pferde-Aepfel-parfümirten Landjunker, das Bedientenvolk der Geheim-Räthe und Majors a. D. mit zugeknöpften Röcken und Herzen, mit Sporen an Füßen und in den Köpfen!

Aber Ihr erbärmlichen Thoren! Ihr wißt nicht wie dünn die Decke ist, unter welcher in Berlin Rache und Schrecken **schlummern**, und die, wenn sie bricht, — keine Macht der Erde wiederflicken kann!

Laßt Eure glänzenden Equipagen anspannen und Euch aus den Geheimrathsvierteln in die Armenviertel fahren, — Sie Excellenz Manteuffel können mitfahren! Aber nach dem Diner! Denn wenn Sie, Herr Minister des Innern, in das Innere dieser Wohnungen des Elends und der Verzweiflung blicken, die Agonie des Hungers sehen, diese Flüche und Verwünschungen hören würden — die Quint-Essenz-Bouillon dürfte weniger schmecken!

Reactionaire Physiognomien.

Im März 1848. | **Im März 1849.**

Diplomat.

Rettet, o rettet, sonst bin ich verloren!

Lust und Freude, sie kehren wieder —

Bureaukrat.

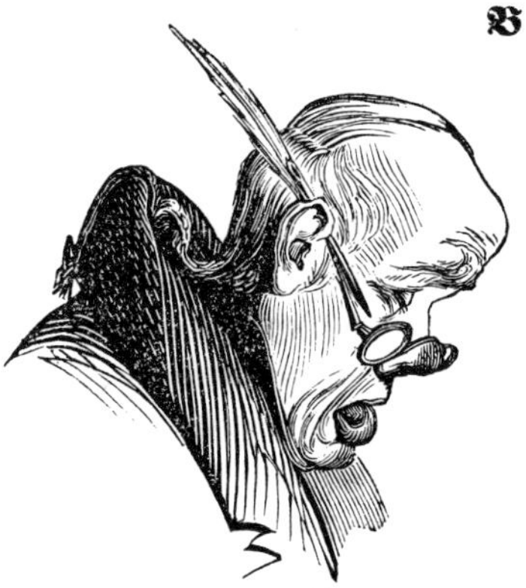

Und wenn du traurig bist und weinst! —

O! ich bin klug und weise —

Aristokrat.

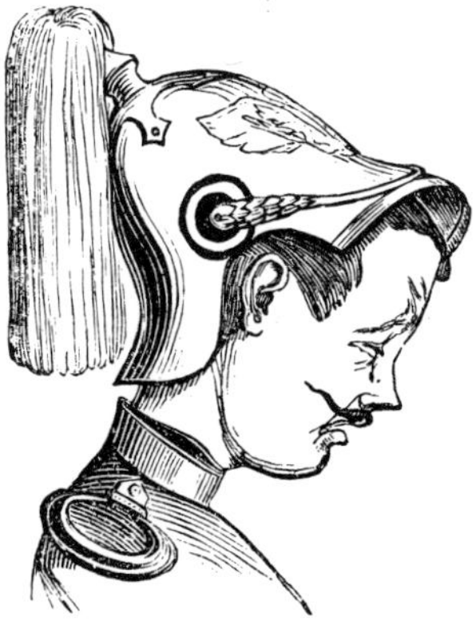

Ford're Niemand mein Schicksal zu hören!

Erschießet sie, mordet sie, piff paff puff.

Scenen aus der großen Leipziger Revolution,

woraus erhellet, welche Heldensöhne das deutsche Volk in der Leipziger Communalgarde besitzt und wie binnen spätestens 14 Tagen die Freiheit und Einigkeit Deutschlands hergestellt sein wird.

Der deutsche Verstand so gründlich —
Das deutsche Gemüth so kindlich —
Die deutsche Treue so mächtig —
Das deutsche Volk — **niederträchtig!**

Grimma'sche Straße in Leipzig.

Erster Republikaner. Mer missen Waffen haben — Waffen missen mer haben!

Volk. Mer missen Waffen haben — Waffen missen mer haben!

Zweiter Republikaner. Wenn mer jetzt keene Waffen nich kriechen, so kreifen wir zu de Waffen!

Volk. Parrikaten! Parrikaten!

(Zwei Bretter einer Meßbude werden quer über die Straße gelegt.)

Erster Republikaner (tritt auf das eine schwankende Brett). Wer Muth hat, vorsch Badderland zu sterben uf de Parrikaten, der trete hier ran!

Volk (in der Entfernung): Uf de Parrikaten!

Zweiter Republikaner. Hat denn Keener keen'n Muth nich?

Volk. Ne!!

Erster Republikaner. Wiesemützke, wo stecken se denn — es is ja keen Mensch uf de Parrikade!

Zweiter Republikaner. Machen Se doch nich so'n Skandal! Ich hab' ja bloß een rothes Schnupptüchel zu de Fahne geholt! (Entrollt ein schmutziges Taschentuch) Es lebe de große europäische Repoblicke!

Volk. Vivat de Repoblicke! Mausicke! Mausicke!

Ein Schusterjunge (kommt gelaufen): Ach, Herr Jäses! de Communalgarde! de Communalgarde!

Volk. De Communalgarde! de Communalgarde (alles verlauft.)

Zweite Scene.

Heldenmuth der Leipziger Communalgarde.

Barrikade im Thomasgäßchen.

Bürgerlieutenant (mit dem blanken Schwerte vorbringend) Bergers! Menschen! Brüder! Des Eegendum is in Gefahr! Vorwärts mit Kott vor unsen König uf'n Königstein! Wer nich vor sein König sterbt, kommt in' Arrest!

Die Communalgarde: Horrah! Es lebe unser gude König! Horrah!

Bürgerlieutenant. Dambuhr! schlagen Se den Werbel! daß de Ufrührersch wissen, daß mer da sind!

Tambour. Ach, mein kuder Herr Leutnant Krampelmeier, es is ja bloß en Inschurgente uf de ganze Parrikate, Schneitermeister Schwendler's Junge, und der will nich runder gehn!

Bürgerlieutenant (vordringend mit entschlossener Stimme) Herr Inschurgente! Herrn Schwendlersch Junge! wollen Se wohl kleich vun de Parrikade nunder.

Müller junior (von der Barrikade): Hären Se, Herr Krampelmeier! Sie haben mir gar nischt nich zu sagen!

Bürgerlieutnant. Was, das Volk widersetzt sich! Ganze Compagnie! Legt an! Na! was ist denn Herr Kubalsky? warum legen Se denn nich an?

Kubalsky. Das werd ich Sie gleich sagen! Ich schiesse nich uf's Volk! es is gegen meine Ueberzeigung.

Lieutenant Krampelmeier. So werden Sie sich sofort in den Arrest verfügen.

Kubalsky. Mit dem größten Vergnügen! aber een Schuft der uf's Volk schissen dhut! (Geht in den Arrest).

Sämmtliche Communalgardisten (ihre Gewehre absetzend) Ja, des is wahr! Mer schissen nich uf's Volk!

Müllers Junge (von der Barrikade) Fifat die Communalgarde! Fivat de Berger!

Krampelmeier. Meine Herren! Sie werden sämmtlich in'n Arrest gehen!

Sämmtliche Communalgardisten. Ei, Herr Jäses! recht gerne! Herr Lieutenant, recht gerne! —

(Sie gehen sämmtlich in den Arrest).

Die Revolution ist beendet.

Feuilleton.

Wäre es nicht zweckmäßig, wenn in Bezugnahme auf §. 110 der Verfassung von den Ministern selbst die künftigen Volksvertreter ernannt würden? Die Mitglieder des Preußenvereins sind zur Annahme der Mandate gern bereit.

Schultze. Warum sind denn die Nachrichten aus Dresden vom Ministerium des Innern bekannt gemacht und nicht vom Auswärtigen?

Müller. Weil sie sich am meisten im Innern geboßt haben.

Eine Elberfelder Barrikade.

In Elberfeld haben viel tausend Mann
Auf die Reichsverfassung geschworen.
Der Tanz geht los! der Feind rückt an!
Die Preußen stehn vor den Thoren!

In Elberfeld giebt's harten Strauß,
Und Prügel giebts nach Noten;
Die Preußen ziehn zur Stadt hinaus
Mit fünf drei Viertel Todten.

In Elberfeld geht's lustig her:
Die Rheinischen Lazzaroni
Bau'n Barrikaden von Golde schwer,
Von Silber und Mahagoni.

Und all die blanke Herrlichkeit,
Bildsäulen, Spiegel und Lüstre,
Die liefert Herr Daniel von der Heydt,
Der Bruder vom Handelsminister.

Herr Daniel rauft sich das Haar und heult:
Weh! Wollt ihr mich denn nicht schonen?
Ich habe ja an die Rebellen vertheilt
Schon an die tausend Patronen!"

Da kömmt ein Proletarier her
Und bietet ihm eine Prise:
„Wenn ihr Bruder nur kein Minister wär'!
Und wenn er nicht August hieße!!"

Redakteur Dr. R. Löwenstein. Druck und Verlag von C. Müller in Neustadt-Ebw.

No. 31. Sonntag, den 29. Juli 1849. **II. Jahrgang.**

Kladderadatsch.

Liberale Anfänge liberaler Correspondenzen

1846.

Auch in unserm Städtchen hat sich eine deutschkatholische Gemeine gebildet, ꝛc.

1847.

Auch wir haben unseren Kartoffelkrawall gehabt, ꝛc.

1848.
(Im Sommer.)

Auch bei uns hat die Fortschrittspartei bei den Wahlen den entschiedensten Sieg davon getragen, ꝛc.

aus liberalen Provinzialstädten.

1848.
(Im Winter.)

Auch bei uns zu Lande ist die Stimmung entschieden gegen das Ministerium der rettenden That und für die Steuerverweigerung, ꝛc.

1849.

Auch bei uns war die entschiedenste Majorität für Nichtwählen, ꝛc.

1850.

Auch wir haben unsern guten Landrath aufgehängt, ꝛc.

Organ von und für Bummler.

Die Revolution ist begraben!

Die Revolution ist todt! Im Sturm erzeugt, in Wehen geboren, hat sie ein übertägiges Dasein schmählich geendet. Geschwächt von ihren Feinden, verkauft von Verräthern, verkannt von ihren Freunden, ist sie, gefolgt höchstens von der feigen Trauer eines thatenlosen Volkes, in ein frühes Grab getragen. In Frankreich, in Italien, in Preußen, in Oesterreich, in Sachsen, am Rhein und Neckar geschlagen, ist sie in Rastatt jetzt auch noch in ihrem letzten Nachglimmen erstickt und vernichtet. Rastatt hat sich auf Gnade und Ungnade ergeben. Die Besatzung gefangén, entwaffnet und in die Kasematten gesperrt, harrt ihres Schicksals. Verzeihung den Verirrten! Gnade den Verblendeten! So hören wir schon von allen Seiten die gutmüthigen, weichen, lappigen deutschen Kleinbürger heulen und winseln. Wir aber kennen und ehren unsre Freunde besser. Keine Verzeihung! Keine Gnade! so rufen wir, sondern Vergeltung und Rache! Sie waren bereit zu sterben. Sie mögen sterben! Jede Gnade wäre Feigheit und Schwäche nach beiden Seiten. Die Elemente beginnen sich zu sondern, die Gegensätze treten schärfer hervor, die Feinde lernen einander kennen, die Wunde der Gesellschaft klafft stets schreiender auseinander. Und wenn der Schmerz unüberwindlich und der Riß unheilbar geworden ist, dann wird sich's zeigen, daß nur in Blut und Tod die Heilung und die Versöhnung liegt.

Die Revolution ist begraben! Auch der Keim wird in die Erde gesenkt, um als mächtiger Baum aus ihr sich zu entfalten. Der Saame der Zukunft ist unter dem Boden der Gegenwart begraben. Laßt ihn ruhig wühlen und Wurzel schlagen. Wenn seine Zeit erfüllt ist und er's da unten nicht mehr aushalten kann, dann sprengt er die Decke mit unwiderstehlicher Gewalt und bricht zu neuem Leben hervor.

Die Revolution ist todt!

Es lebe die Revolution!

Kladderadatsch.

№ 45. Sonntag, den 4. November 1849. II. Jahrgang.

Kladderadatsch.

Wochenkalender.

Montag den 5. November.

Das Kroll'sche Local wird zu dem am 9. November bevorstehenden Zweckessen schwarz-weiß decorirt.

Dienstag den 6. November.

Der Magistrat und die Stadtverordneten sagen ihre Theilnahme an dem Feste zu.

Mittwoch den 7. November.

Das Ministerium Brandenburg-Müller verspricht zu erscheinen, wenn das Weißbier von Herrn Schluder, Linienstraße 44, geliefert wird.

Wochenkalender.

Donnerstag den 8. November.

Fräulein Kroll erkundigt sich bei Herrn Schluder, Linienstraße 44, welche Sorte Weißbier Herr Müller am liebsten trinkt.

Freitag den 9. November.

Zweckessen. Obligate Begeisterung. Banale Phrasen. Herr Müller trinkt Deutschlands Wohl in Weißbier, und macht die so beliebte Nagelprobe. Es ist lauter Schaum.

Sonnabend den 10. November.

Allgemeiner Katzenjammer. Herr Schluder heirathet Fräulein Kroll.

Humoristisch-satyrisches Wochenblatt.

Dieses Blatt erscheint täglich, mit Ausnahme der Wochentage. — Man abonnirt mit 17½ Sgr. vierteljährlich bei allen Buchhandlungen sowie bei den Königl. Postanstalten des In- und Auslandes. Jede einzelne Nummer kostet 1½ Sgr. **Die Redaktion.**

An unser geliebtes Jahreskind,

das Ministerium

Brandenburg-Müller.

Heut ist es ein Jahr, daß Du unter Schreien und Weherufen das Licht der Welt erblicktest; daß Vater Pfuel, in Schmerzen von Dir entbunden, sein ministerielles Dasein aufgab, und Dich im Gewühl einer verderbten Welt allein Deinem Geschick überließ.

An Deiner Wiege standen nicht die Grazien, nicht die Musen, nicht einmal der Webestuhl eines Vaters, sondern nur Herr Rimpler mit der Berliner Bürgerwehr.

Niemand hat in treuer Liebe Dein gewartet, Niemand war, der Deine Blößen zudeckte, Niemand der Dich aufnehmen und sich Dir hingeben wollte.

Verschwarzt nnd verwaist, ja selbst schief gewickelt, wie Du lagest, schienst Du Dein Ende nicht überleben zu können.

Aber! — aber!! — aber!!! —

Du hast Alle getäuscht! Du bliebest — Du lebtest fort — Du wuchsest — Du führtest Dich anständig auf — Du ließest Dich nie abhalten — zu thun was Dir beliebte — Du machtest in Windeln — schon dem Vaterlande Ehre — Du wurdest groß — Du schossest auf — Demokraten — ja selbst Rebellen haben sich vor Dir gebeugt — Du wußtest aber auch Deinen Feinden zu vergeben — — — und durch Milde — Begnadigungen — — und eine Weiße —

bist Du plötzlich ein Mann des Volkes geworden.

Darum lebe fort und gedeihe als ein Dorn für liberale Schwätzer — ein Strohhalm für ersaufende Reactionäre — eine Schonung der aufwuchernden Demokratie und — ein regelmäßiger Abonnent

des

Berlin, den 3. November 1849. **Kladderadatsch.**

Zu seinem fünfjährigen Bestehen reimte die ›Sylvester- und Neujahrszeitung des Kladderadatsch‹:

»Mancher, der mit uns zugleich begann,
Hat ein Ende genommen höchst kläglich;
Wir aber standen wie ein Mann,
Einträchtig und einträglich.
Und wenn Alles umher zusammenfällt:
Dem Muthigen gehört die Welt!«

Mit Mut trat ›Kladderadatsch‹ immer wieder der erneut drückenden Zensur entgegen, wurde konfisziert, sein verantwortlicher Redakteur Ernst Dohm wanderte ins Gefängnis. Doch verengten sich die Verhältnisse nach der Zerschlagung der Revolution bald wieder so sehr, daß schon harmlose personenbezogene Witzeleien ausreichten, um verfolgt und mit empfindlichen Strafen belegt zu werden. Damit traf letztlich auch auf die Zeitschrift zu, was Friedrich Engels 1865 schrieb: »Die preußische Bourgeoisie, die als der entwickelste Teil der ganzen deutschen Bourgeoisie hier ein Recht hat, diese mit zu repräsentieren, fristet ihre politische Existenz durch einen Mangel an Mut, der in der Geschichte, selbst dieser wenig couragierten Klasse, seinesgleichen nicht findet.«
Die politische Ausrichtung des ›Kladderadatsch‹ wurde in diesen Jahren geprägt von der wiederholten Kritik an der ›Schlafmützigkeit‹ des Deutschen Bundes, an der preußischen Nationalversammlung wie dem Deutschen Bundestag in Frankfurt, sowie dem Eintreten für die Ziele des ›Deutschen Nationalvereins‹, der sich 1859 in Frankfurt am Main nach dem Grundsatz konstituiert hatte: »Nationale Einigung unter Führung Preußens, eines liberalen Preußens womöglich, eines wie immer beschaffenen Preußens im Notfall.« In diesem Zusammenhang, mit dem sich das Blatt der Mehrheit im deutschen Bürgertum annäherte, war es zukunftsweisend, daß die Doppelnummer 21, 22 des Jahres 1859 ein Gedicht mit dem Titel ›Dem Helden der Zukunft‹ enthielt, in dem es hieß:

»Der Held ist's, der am Deutschen Land
Fest hält mit einem Deutschen Herzen.
Ohnmächtiger Zerstückelung Schand'
Und Schmach mit kühnen Thaten auszumerzen.

Die Stund' ist da! Das Feuer flammt!
Wo weilt der Held, dem die Geschichte
Hat anvertraut das Rächeramt,
Und daß ein einig Deutschland er errichte?«

Hauptzielscheibe der Satire und Kritik, die sich in Zeiten der Unterdrückung stets auf Außenpolitisches konzentrieren muß, wurde in diesem Jahre der französische Kaiser Napoleon III., der 1852 die Macht übernommen hatte, und den das Blatt bald nur noch mit ›ER‹ titulierte.
Nachdem Bismarck 1862 die preußischen Staatsgeschäfte übernommen hatte, war er zuerst noch den permanenten Angriffen des ›Kladderadatsch‹ ausgesetzt. Er war den ehemaligen Achtundvierzigern noch gut als Vertreter der äußersten Rechten in Erinnerung, der sich in der reaktionären ›Kreuz-Zeitung‹ verbreitet hatte. Er wurde als Scharfmacher hingestellt und seine Blut-und-Eisen-Politik lächerlich gemacht. Immer wieder wurde er mit Napoleon III. verglichen und oft genug als in dessen Bann dargestellt. Im Zuge des Konflikts um Schleswig-Holstein und vor allem im Krieg gegen Österreich im Jahr 1866, in dem das Blatt zum erstenmal um des nationalen Interesses willen auf den Witz verzichtete, näherte es sich Bismarck allmählich an. Nach dem Erfolg Preußens in diesem Krieg kündigte sich Bismarck unaufhaltsam als der ersehnte ›Held der Zukunft‹ an.

Texthinweise zu den Bildern

28 Nr. 45, 4. November 1849
Im November 1849 tauchte Fürst Otto von Bismarck zum ersten Mal in einer Karikatur des ›Kladderadatsch‹ auf, der Junker und Mitbegründer der reaktionären ›Kreuz-Zeitung‹ als einer der zu bekämpfenden Vertreter der Rechten.

29 Nr. 3, 19. Januar 1850
»Da schlagen sie und nagen sie / An Wurzel, Stamm und Krone...« Schon knapp zwei Jahre nach Ausbruch der Märzkämpfe begräbt ›Kladderadatsch‹ die von ihm mitgetragene Hoffnung auf die Revolution. Der Baum der Freiheit ist in der Krone gekappt und wird von den Vertretern der Kirche und des Staates an der Wurzel abgeschlagen.

30 Nr. 6, 10. Februar 1850
Am 20. März 1850 wurde das Erfurter Parlament eröffnet, in dem Preußen versuchte, eine Union Deutschlands unter Ausschluß von Österreich zustandebringen. Dies war der erste offene Schritt zu einer Einigung Deutschlands von oben.

31 Nr. 7, 17. Februar 1850
Dem ›Wühler‹ aus dem Revolutionsjahr ist nun der Chinese mit dem langen Zopf gefolgt, der schon im Vormärz eines der beliebtesten Bilder für die Reaktion war. Am 31. 1. 1850 trat in Preußen die oktroyierte Verfassung in Kraft, die eine Absage an das parlamentarische System bedeutete. Mit ihr wurde das Zweikammernsystem etabliert, das aus Herrenhaus und mittels Dreiklassenwahl ermitteltem Abgeordnetenhaus bestand.

32 Nr. 11, 17. März 1850
›Kladderadatsch‹ erinnert sich an den ruhmvollen 18. März 1848, erklärt aber zugleich, daß dieser Tag vorbei sei und bezieht damit seine ›liberale‹ Position.

33 Nr. 21, 26. Mai 1850
Die Versuche deutscher Einigung und deutschen Parlamentarismus ebenso wie ihre Protagonisten wurden vom ›Kladderadatsch‹ mit Hohn betrachtet.

34 Nr. 23, 9. Juni 1850
Im offenen Konflikt zwischen Österreich und Preußen um das preußische Durchmarschrecht in Kurhessen wird Zar Nikolaus I. als Schiedsrichter angerufen – im Rundumschlag kommentiert ›Kladderadatsch‹ die außenpolitischen wie die innenpolitischen Probleme der Zeit.

35 Nr. 28, 14. Juli 1850
Die langersehnte Pressefreiheit war nur von kurzer Dauer. Die Verfassung vom Januar 1850 verbot zwar nach wie vor die Zensur, doch es gab genug andere Wege, die Flügel des freien Wortes zu kappen. Am 1. Juli 1850 hatte Preußen wieder den Kautionszwang für politische Publikationen eingeführt, auf den sich ›Kladderadatsch‹ hier bezieht. Das Pressegesetz vom 12. 5. 1851 legte dann die Pflicht zur Konzession fest, die nur ›unbescholtene‹ Antragsteller erhalten konnten und bestätigte die Kaution.

39 Nr. 15, 13. April 1851
Zwischen Zuversicht und Resignation: ›Kladderadatsch‹ taucht seine Feder weiter in die Teufelstinte, während seine Pressekollegen ob der bevorstehenden Verabschiedung eines neuen Pressegesetzes den Kopf hängen lassen. In der Asservatenkammer für die Parlamentsarbeit türmen sich die Mittel und Mittler der Revolution – Literatur, Publizistik, Vormärzler, Freiheitskämpfer – sowie die Hunde, die sich gegenseitig auffressen als Symbole der Vergeblichkeit.

40, 41, 42 Nr. 25, 22. Juni 1851; Nr. 29, 20. Juli 1851; Nr. 40, 5. Oktober 1851
Drei Szenen aus dem Jahr 1851: Die Flut der Revolution hatte die Repräsentanten der alten Macht hinweggeschwemmt, 1851 ist die ›Ordnung‹ wiederhergestellt, sind die ›Exilianten‹ wieder im Lande. In dieser Ordnung spricht man in Preußen nur noch durch die Blume, flüstert man in Bayern und schweigt in Österreich vollends angesichts der allgegenwärtigen Spitzel. Daß das ›rothe Gespenst‹ nur eine Vogelscheuche und ein Pappkamerad ist, davon sind die grinsenden Bürger – unter ihnen ›Kladderadatsch‹ – überzeugt.

46 Nr. 49, 7. Dezember 1851
Noch nicht Präsident der Französischen Republik, träumt Louis Napoleon bereits von der Kaiserkrone, die er erst ein Jahr später erhält.

49 Nr. 4, 25. Januar 1852
Was dem ›Kladderadatsch‹ nach innen an Parteinahme fehlt, richtet er nach außen. Er projiziert es auf die Situation in Frankreich, indem er dem neuen Präsidenten der Französischen Republik den Proletarier entgegenstellt, der an die Verwirklichung der Ideale von 1789 in der Zukunft glaubt – noch ist das Wort Brüderlichkeit nicht ausgestrichen.

50 Nr. 4, 25. Januar 1852
Bis in die fünfziger Jahre hinein ließ ›Kladderadatsch‹ immer wieder Hoffnung auf ein Wiederaufleben der Revolution einfließen, was sich jedoch nie an konkreten politischen und gesellschaftlichen Sachverhalten festmachen ließ. Und so eindeutig wie in dem Leitartikel im Mai 1850 äußerte sich das Blatt immer seltener. Unter der Überschrift ›Im wunderschönen Monat Mai‹ hieß es dort: ». . . Da ist's in Frankreich und bei uns/ Schon wieder nicht losgegangen.«

52 Nr. 35, 22. August 1852

Schlagwortartig registrierte ›Kladderadatsch‹ immer wieder die Maßnahmen der Reaktion. Im August 1852 wurde unter der Überschrift ›Die Gegenwart der Presse in Europa‹ auf einer Illustration ›Kladderadatsch‹ von zwei Constablern vermessen. Der Text dazu ist bezeichnend für die Situation dieser Zeit:

»Zu lang, zu breit nicht, noch zu scharf,
Damit wir Niemand kränken!
Und was der Mensch nicht sagen darf,
Das darf er sich doch denken!«

53 Nr. 49, 14. November 1852

Der Kampf zwischen Preußen und Österreich war der große Konflikt des Jahres 1852. Zuerst triumphierte Preußen über Österreich: der deutsche Zollverein blieb bestehen – ›Kladderadatsch‹ beschwor in seiner Karikatur die Rückkehr zur Kleinstaaterei mit der Beschränkung jeglicher Freizügigkeit.

55 Nr. 12, 11. März 1855

Außerhalb der Zeiten konkreter militärischer Auseinandersetzungen sprach sich ›Kladderadatsch‹ von Anfang an für den Frieden als einem moralischen Prinzip aus.

57 Nr. 33, 15. Juli 1855

»Es würde mich ängstigen, wenn wir vor dem möglichen Sturm dadurch Schutz suchten, daß wir unsre schmucke und seefeste Fregatte an das wurmstichige alte Orlogschiff von Österreich koppelten . . .«, Bismarck 1854 an Otto Theodor Freiherr von Manteuffel, den reaktionären preußischen Minister für auswärtige Angelegenheiten, zur Frage der Aufrüstung. ›Kladderadatsch‹ stimmte mit großen Teilen des liberalen Bürgertums in seinen vorsichtig formulierten Vorbehalten gegen verstärkte Ausgaben für militärische Zwecke überein.

58 Nr. 28, 19. Juni 1859

›Kladderadatsch‹ stellte sich selbst als charmanter Vermittler dar im Krieg zwischen Italien und Österreich, in dem sich Louis Napoleon an die Seite Italiens stellte.

59 Nr. 44 und Nr. 45, 25. September 1859
Mit der Zipfelmütze in der Hand, die der ›Kladderadatsch‹ hier als Symbol für die Staaten des deutschen Bundes darstellt, muß sich der Deutsche Michel entscheiden, ob er sich die preußische Pickelhaube aufsetzen läßt oder den österreichischen Doppeladler.

62 Nr. 16, 6. April 1862
In den großen Fragen des Jahres 1862, dem Regierungswechsel und Verfassungsstreit in Preußen um die Heeresreform, deutete ›Kladderadatsch‹ bereits fünf Monate vor dessen Berufung zum Ministerpräsidenten und Außenminister die zukünftige tragende Rolle Otto von Bismarcks in der preußischen wie der deutschen Politik an.

63 Nr. 29 und Nr. 30, 29. Juni 1862
›Kladderadatsch‹ erkennt die Ängste Frankreichs und die potentielle Macht Preußens: Napoleon III. in der Gestalt des Mephistopheles gaukelt dem noch nicht erwachten Faust (Bismarck) Traumbilder einer politischen Karriere und einer historischen Entwicklung vor. Bemerkenswert ist die Zeichnung vor allem, weil der Zeichner Wilhelm Scholz mit Sehergabe das spätere, berühmte Bismarck-Denkmal dargestellt hat.

64, 65 Nr. 22 und Nr. 23, 18. Mai 1862; Nr. 31, 6. Juli 1862
Der Elberfelder Industrielle von der Heydt symbolisiert für den ›Kladderadatsch‹ die politische Anpassungsfähigkeit deutscher Parlamentarier.

66 Nr. 33, 20. Juli 1862
Höhnischer Spott für das Imponiergehabe des kleinen Louis Napoleon. ›Kladderadatsch‹ warnt vor kriegerischen Abenteuern und weiß sich darin einig mit dem Geist von Napoleon, der als Figur des Scheiterns auch indirekt auf die Schlagkraft des preußischen Staates verweist.

67 Nr. 14 und Nr. 15, 28. März 1869
›Kladderadatsch‹ sieht den Norddeutschen Bund als waffenstarrendes Bollwerk inmitten einer feindlichen Umwelt. Im Schatten der Palme schwirrt allerlei Kreatürliches: der Landtag, der Zolltag, das Herrenhaus und der Reichstag.

68 Nr. 28, 20. Juni 1869
Noch ist Bismarck nicht der ›Held der Zukunft‹ für den ›Kladderadatsch‹, zu stark scheint er das preußische Pendant zu Napoleon III. zu sein.

69, 70 Nr. 33, 18. Juli 1869; Nr. 34, 25. Juli 1869
Im August 1869 gründeten August Bebel und Wilhelm Liebknecht in Eisenach die ›Sozialdemokratische Arbeiterpartei‹, die sich in Abgrenzung zu Lassalles ›Allgemeinem Deutschen Arbeiterverein‹ auf den Boden des Klassenkampfs und des internationalen Sozialismus stellte. Noch beschränkte sich ›Kladderadatsch‹ darauf, die Sozialdemokratie als lächerlich und harmlos hinzustellen.

Der neue Peter von Amiens und die Kreuzfahrer.

Es hält Sankt **Stahl** des Esels Zaum, Sankt **Gerlach** führt die Truppen,
Zur Seite steht Herr **Bismark** treu, der **Erz**schelm, in Panzer und Schuppen.
Und die sich als Lanzknechte dort mit ihren Mähren quetschen,
Das ist Herr **Wagner**-Don Quixote mit Sancho Pansa-**Gödschen.**

Briefkasten.

Herr X. in Greifswald; Für dies Mal zu spät; in einer der nächsten Nummern werden wir Gebrauch davon machen. — Herrn .... in der Stadtvoigtei: Für unser Blatt zu lang; doch werden wir mit Ihrer Erlaubniß es anderswo veröffentlichen. — Herrn Y: Der „blanke Degen“ wird im „Aufwiegler“ eine Stelle finden.

Verantwortlicher Redakteur: E. Dohm — Verlag von A. Hofmann & Comp. in Berlin, Unterwasserstraße 1. — Druck von J. Draeger in Berlin.

Die Reaction am Baum der Freiheit.

Da schlagen sie und nagen sie
An Wurzel, Stamm und Krone.
Vernichtet hätten sie gern den Baum —
Die lustigen Patrone!

Und Blatt um Blatt und Zweig um Zweig,
Sie fallen und verdorren.
Und von dem frischen Baum blieb nichts
Als ein entlaubter Knorren.

Nun ist er einmal faul — drum laßt
Sie ruhig fällen und roden!
Ein neuer Same keimt bereits
Im gut durchwühlten Boden.

Und wenn der Schnee von den Bergen geht,
Und es Frühling wird auf Erden,
Dann sprengt er die Decke und bricht hervor,
Ein neuer Baum zu werden.

Und wird auch der zum zweiten Mal
Zerfressen und gestohlen:
Dann seid ihr ein Jammergeschlecht, und dann
Mag euch der Teufel holen!

Verantwortlicher Redakteur: E. Dohm. — Verlag von A. Hofmann & Comp. in Berlin, Unterwasserstr. 1. — Druck von J. Draeger in Berlin.

E r f u r t.

Ein wunderlich Gebäude —
Begonnen in der Luft!
So bauen sie in Deutschland
Der Freiheit eine Gruft.

Was Ihr mit **Wind** gebauet,
So keck und wahnbethört,
Das wird, habt Acht, ihr Herren,
Durch **Sturmes** Macht zerstört.

Das Dach, das habt ihr fertig,
Nun fügt die Balken dran;
Wie wollt ein Haus ihr bauen,
Und fangt von **Oben** an?!

Ein Dach — von Stroh! — Nichts weiter,
Kein Haus, kein Fundament, —
Das nennt man heutzutage
Ein Deutsches Parlament!

Zwei zeitgemäße Vorlagen.

Wahlurne für die Nationalversammlung in Frankfurt 1848.

Wahlurne für das Volkshaus in Erfurt 1850.

Ein Steuerverweigerer in Berlin und sein Schatten.

Verantwortlicher Redakteur: E. Dohm. — Verlag von A. Hofmann & Comp. in Berlin, Unterwasserstr. 1. — Druck von J. Draeger in Berlin.

№ 11. Sonntag, den 17. März 1850. III. Jahrgang.

Kladderadatsch.

Wochenkalender.

Montag, den 18. März.

Noch nicht, aber den 6. April.

Dienstag, den 19. März.

Dies Jahr keine Volksjustiz.

Mittwoch, den 20. März.

Etsch! Etsch! Preußen geht doch nicht in Deutschland auf.

Wochenkalender.

Donnerstag, den 21. März.

Keine Bürgerwehr im Schlosse, und kein Staatsschatz, um von ihr bewacht zu werden.

Freitag, den 22. März.

Herr Sydow hält keine Rede. Schade!

Sonnabend, den 23. März.

Es ist zunehmender Mond, sonst nichts los. Um 4 Uhr aber erscheint Nr. 12 des **Kladderadatsch.**

Humoristisch-satyrisches Wochenblatt.

Dieses Blatt erscheint täglich, mit Ausnahme der Wochentage. — Man abonnirt mit 17½ Sgr. vierteljährlich bei allen Buchhandlungen sowie bei den Königl. Postanstalten des In- und Auslandes. Jede einzelne Nummer kostet 1½ Sgr. Die Redaktion.

Der achtzehnte März ist todt!

Im Sturm gezeugt, im Schmerz geboren, kam er, wild, schön und groß, ein ächtes Kind verbotener Leidenschaft, zur Welt. Grollend wie Donnerwetter und zündend wie der Blitz, fuhr er in siegreich vernichtender Majestät durch das geängstete Land, um schnell wie der Blitz an seinem eignen Feuer zu sterben.

Der achtzehnte März ist todt!

Was thut's? Sein Leben ist vernichtet, aber die Vernichtung ist sein Leben, und was er zerstört, ist ewig und unwiederbringlich verloren. Ein Kind des Hasses, war er mächtiger denn die Kinder der Liebe; und was die fromme Liebe aufgebaut — der gewaltige Haß, in einer Nacht hat er es niedergerissen.

Der achtzehnte März ist todt!

Aber mit ihm ist dahin, auf ewig unwiederbringlich dahin die spröde Jungfräulichkeit seiner Mutter, der Nation; und für immer zerrissen der Schleier, der bis dahin die Majestät den Augen des Volkes verbarg. Wir sind geschlagen; aber daß wir geschlagen sind, daß wir erst geschlagen werden mußten, das ist schon unser Sieg. Daß die Regierungen nicht mehr wie sonst, ein Zeus in olympischer Ruhe, über dem leicht bewegten Wolkenhimmel thronen; daß sie unwillkürlich herunter und hinein gerissen sind in den tosenden Strudel der Bewegung; daß sie, um ihr Dasein zu erhalten, gezwungen sind, selbst Partei, den andern Parteien gegenüber zu treten, an ihrem Treiben Theil zu nehmen und diese erst zu schlagen — das ist der Sieg des achtzehnten März.

Der achtzehnte März ist todt!

Schaaren wir uns um sein Grab. Wir weinen aber nicht um unsre Todten. Wir freuen uns, sind guter Dinge und lachen. Ja! lachen wir, so lange wir lachen können! Nur wer lacht der lebt, und — nur der Lebende hat Recht.

Die Revolution ist todt — es lebe Herr von **Manteuffel!** Berlin ist todt — es lebe **Breslau** und **Magdeburg!**

Der achtzehnte März ist todt!

Es lebe der sechste April!

Kladderadatsch.

Finale aus der tragischen Oper:
Die drei Leichensteine.

Wo Beseler, Rießer, Gagern schrein,
Kann nimmer Deutschlands Wohl gedeih'n.

Briefkasten.

Herrn X. in Frankfurt: Kaiser? Ist bereits abgethan. — Dr. N. in Fr.: Dank nächstens. — Deutscher Michel: Das Ganze ist zu viel; Einzelnes werden wir mit Dank benutzen. — L. W. in Breslau: Hübsch, aber nicht scharf genug. — J. in R.: Vielen Dank für die Distichen; die Form aber ist zu gelehrt.

Verantwortlicher Redacteur: E. Dohm. — Verlag von A. Hofmann & Comp. in Berlin, Unterwasserstr. 1. — Druck von J. Draeger in Berlin.

№ 23. Sonntag, den 9. Juni 1850. III. Jahrgang.

Kladderadatsch.

Sprüchwörter auf alle Tage der Woche.

Montag, den 10. Juni.
In Polen ist nichts zu holen.

Dienstag, den 11. Juni.
Gleich und gleich gesellt sich gern.

Mittwoch, den 12. Juni.
Eine Krähe hackt der andern die Augen nicht aus.

Donnerstag, den 13. Juni.
Aus Liebe frißt der Wolf das Schaaf.

Freitag, den 14. Juni.
Pack schlägt sich, Pack verträgt sich.

Sonnabend, den 15. Juni
Aller Tage Abend ist noch nicht gekommen.

Kladderadatsch.

Humoristisch-satyrisches Wochenblatt.

Dieses Blatt erscheint täglich, mit Ausnahme der Wochentage. — Man abonnirt mit 17½ Sgr. vierteljährlich bei allen Buchhandlungen sowie bei den Königl. Postanstalten des In- und Auslandes. Jede einzelne Nummer kostet 1½ Sgr. Die Redaktion.

Es wird mobil in Deutschland!

Die Messer werden haarscharf geschliffen, die Constitutionellen werden über den Löffel barbirt, die alten Zöpfe und Perrücken hervorgesucht, die Demokraten geschoren und die Festungen rasirt — **es wird mobil!**

Ein Krieg ist im Anzuge, die Truppen werden zusammengezogen, die Steuern eingezogen und das Volk aus — gehoben — **es wird mobil!**

Die **Noten** sind ausgeschrieben, **Kreuz** ist vorgezeichnet, **Dur** die Tonart, bald blasen die Trompeten zur **Ouverture** und — die **Paukerei** geht los — **es wird mobil!**

Der **Russe** bläst das Signal: schlagt die Polen todt!

Die **Kreuzzeitung** die Fanfare: schlagt die Juden todt!

Der Warschauer Congreß zum Avanciren: schlagt die Franzosen todt!

Polen, Juden und Franzosen, merkts euch: **es wird mobil!**

Der Oesterreichische Doppelaar und der Preußische Adler gehen bereits an's Werk, sie treibens wie alle die scharfklauigen Vögel: sie beißen sich erst, ehe sie sich paaren — **es wird mobil!**

Die hohen Priester halten die Opfermesser bereit, um zu feiern das Paschahfest der Contrerevolution und abzuschlachten den Sündenbock der Revolution, der auch genannt wird das Opferlamm. Und der Präsident der Sündenböcke ist gut und dumm genug zum Opfer-Lamme. **Es wird mobil!**

Bald schleudert man, gebt Acht, den Fehdehandschuh!
Von Rußland kommt das Heil! Heil sei dem Kantschu!

Kladderadatsch.

Die Berliner Zeitschriften
am 15. Juli 1850!

Geduld! Geduld, wenn's Herz auch bricht!
Geborgt ist noch geschonken nicht!
Des Geldes sind wir ledig —
Staatsanwalt sei uns gnädig!

Verantwortlicher Redacteur: E. Dohm. — Verlag von A. Hofmann & Comp: in Berlin, Unterwasserstr. 1. — Druck von J. Draeger in Berlin.

№ 47. Sonntag, den 24. November 1850. III. Jahrgang.

Kladderadatsch.

Großes Preuß. Trompeten-Concert.

Montag, den 25. November.
Die Artillerie: Frisch auf, Kameraden, auf's Pferd, auf's Pferd!

Dienstag, den 26. November.
Die Infanterie: Wenn der Muth in der Brust seine Spannkraft übt.

Mittwoch, den 27. November.
Die Cavallerie: Was blasen die Trompeten, Husaren heraus!

Großes Preuß. Trompeten-Concert.

Donnerstag, den 28. November.
Die Landwehr:
Nun ade, Lowise, wisch ab dein Gesicht,
Eine jede Kugel trifft ja nicht.

Freitag, den 29. November.
Die Cadetten: Mein Arm wird stark und groß„mein Muth.

Sonnabend, den 30. November.
Die vereinigten Truppen:
Sind wir wieder 'mal beisammen gewest,
Haben uns wieder 'mal lieb gehabt.

Kladderadatsch.

Humoristisch-satyrisches Wochenblatt.

Dieses Blatt erscheint täglich, mit Ausnahme der Wochentage. — Man abonnirt mit 17½ Sgr. vierteljährlich bei allen Buchhandlungen sowie bei den Königl. Postanstalten des In- und Auslandes. Jede einzelne Nummer kostet 1½ Sgr. **Die Redaktion.**

Krieg ist doch eklig!

Alles schreit jetzt: **Krieg!** Die Liberalen, die Conservativen, die Constitutionellen, die Demokraten, die Anarchisten, die Kreuzreiterretterritter und wie die ganze Jugend von anno 13 und 14 heißen mag. Ja, die liebe **Jugend!** Die ist schnell fertig mit dem Wort; aber **Kladderadatsch** weiß, was **Krieg** zu bedeuten hat. **Kladderadatsch** besitzt drei Theile von Becker's Weltgeschichte; **Krieg** ist zuweilen sehr störend! **Krieg,** das ist nicht **so! Krieg,** das ist keine **Wachtparade** mit **„schöne Musike",** oder „'n **Matratzenball,"** oder 'n **patriotisches Concert"** oder 'n **„wohlthätiges Abendbrodt"** im Bundeshause, oder „mimisch-plastische Darstellungen **ohne** Schleier" oder sonst ein **unschuldiges Vergnügen. Krieg ist eklig, sehr eklig!** Da heißt's nicht: „Ich gehe auf vierzehn Tage nach Neustadt oder Freienwalde, bis der Schwindel vorüber ist!" oder: „Ich ziehe in'n Thiergarten, da ist's ruhig!" Gott bewahre! **Krieg ist gar nicht ruhig!** Du stehst zum Beispiel ganz gemüthlich des Morgens auf, zündest Deine Cigarre an, trinkst Kaffee und liest die Vossische Zeitung. Kommt plötzlich so'n **Czeche** oder **Slave** 'rein und sagt ganz kurz: **„Ju'n Morjen!"** Du denkst, 'sist Dein Barbier, blickst gar nicht auf und rufst: **„Heute nicht rasiren!"** Ja, Prost die Mahlzeit! Eh' Du Dich's versiehst, hat er Dir 'n **Kopf abrasirt,** setzt sich an Deiner Stelle auf's Sopha und liest die Vossische weiter, wo Du stehen geblieben bist. Oder Du bist Abends ganz behaglich in Deiner Stube und machst mit Deiner Frau und Deinem Hauslehrer eine Partie Whist à trois. Du hast eben elf Atouts und keine Beikarte und denkst vergnügt: Kinder! Ihr seid gemacht! Geht die Thüre auf, und 'rein kommt ein beliebiger **Croate** oder **Pandure,** schlitzt Dir mit seinem Pallasch den Leib auf, ruft: „cinq honneurs en main!" nimmt Deine Karte und spielt ruhig weiter. **Er** legt an, und **Du** bist gemacht. Ja, **Krieg** ist nicht **so** — **Krieg** ist zuweilen **sehr störend!** Namentlich im Winter. In **Filz-Parisern** kann man auch nicht immer fechten, und **jedes Schlachtfeld** ist auch nicht zum Einheizen, obgleich es an **„Holze"** nicht fehlen wird. Darum denke ich, wir lassen's bis **nach Weihnachten!** Ich habe so meine Miethe noch nicht zusammen.

Kladderadatsch.

№ 3. Sonntag, den 19. Januar 1851. IV. Jahrgang.

Kladderadatsch.

Wie die „Eigentlichen" benamset

1847.

Die Männer des „besonnenen Fortschritts" und der „gesinnungsvollen Opposition."

1848.

Die Partei der „wahren Freiheit."

1849.

Die „edelsten Männer Deutschlands."

in verschiedenen Zeitläuften wurden.

1850.

Die „Wölfe in Schafskleidern, welche sich seit zwei Jahren gegenseitig die edelsten Männer Deutschlands nennen." — Die „Revolutionaire in Frack und Glacéhandschuhen."

1851.

Die „Revolutionaire in Schlafrock und Pantoffeln."

1852

wird man sie gar nicht mehr nennen.

Humoristisch-satyrisches Wochenblatt.

Dieses Blatt erscheint täglich, mit Ausnahme der Wochentage. — Man abonnirt mit 17½ Sgr. vierteljährlich bei allen Buchhandlungen sowie bei den Königl. Postanstalten des In- und Auslandes. Jede einzelne Nummer kostet 1¼ Sgr. **Die Redaktion.**

Brechen wir
mit der
Revolution.

Das versteht sich! Was soll denn das ewige Revolutioniren? Was hat man davon? — Gar nichts hat man davon! — Da war schon damals — anno Tobak — **der Kain,** der eigentlich Constitutionelle. Der Narr ärgerte sich, daß **Abel** zum Ordensfeste eingeladen war und er nicht. Ging hin und schlug los! **Nur nicht gleich schlagen!!!** Denn was hat er davon gehabt? — Gar nichts hat er davon gehabt! — Von seinem eigenen Sohn Lamech ist er erschossen worden! — Dann später der **Brutus!** Auch so'n Schafskopf! — Las den ganzen Tag weiter nichts, als die Leitartikel der Römischen Urwählerzeitung. Was that er? Geht hin und sticht auf den **Cäsar** los, wie nicht gescheidt. **Nur nicht gleich stechen!** Denn was hat er davon gehabt? — Gar nichts hat er davon gehabt! Auf seine eigenen Kosten und Gefahr in sein eigenes Schwerdt hat er sich stürzen müssen! — Und zuletzt der Louis Philipp, der seinen eigenen Vetter vom Thron gestoßen! — **Nur nicht gleich stoßen!!** Denn was hat er davon gehabt? — Gar nichts hat er davon gehabt. — Gestorben ist er in London und noch dazu an Entkräftung. Und einen gräßlicheren Tod giebt's nicht als Entkräftung. Das sehen wir an der zweiten Kammer. Also **brechen** wir mit der Revolution so lange — bis wir uns übergeben müssen!

Kladderadatsch.

№ 9. Sonntag, den 2. März 1851. IV. Jahrgang.

Kladderadatsch.

Wochenkalender.

Montag, den 3. März.

Letzte Soiree bei dem Ministerpräsidenten Herrn von Manteuffel.

Dienstag, den 4. März.

Kein Maskenball bei Kroll. Keine freien Conferenzen — aber Kappenfest.

Mittwoch, den 5. März.

Keine Kammer, aber doch Katzenjammer.

Wochenkalender.

Donnerstag, den 6. März.

Saure Häringe und nüchterne Diplomaten.

Freitag, den 7. März.

Nur die Deutsche Reform bleibt im Dusel.

Sonnabend, den 8. März.

Was sich Sonnabend thut, wird man lesen in der nächsten Nummer des

Kladderadatsch.

Humoristisch-satyrisches Wochenblatt.

Dieses Blatt erscheint täglich, mit Ausnahme der Wochentage. Man abonnirt mit 17½ Sgr. vierteljährlich bei allen Buchhandlungen sowie bei den Königl. Postanstalten des In- und Auslandes. Jede einzelne Nummer kostet 1½ Sgr. Die Redaktion.

Deutsch-Reformirter Bandwurm,

wie er seit 3 Jahren bei den verschiedenen Mondwechseln abgetrieben zu werden pflegt.

1848 Indem sich Preußen an die Spitze der Bewegung stellt und die Rechte Deutschlands unter dem dreifar-
1848 bigen Banner zu schirmen begonnen hat, unterliegt es keinem Zweifel, daß aus der Vereinbarung mit
1848 der Nationalversammlung und aus dem Verfassungswerke zu Frankfurt die lang ersehnte Einheit ent-
1848 stehen wird; sollten jedoch die Berliner Vertreter zu weit gehen, und sich die Regierung in die Noth-
1849 wendigkeit versetzt sehen, nach Zurückberufung der Frankfurter durch segensreiche Octroyirungen und
1849 Niederwerfen revolutionärer Gelüste den legitimen Rechtszustand in Baden, Baiern und Sachsen wieder-
1849 herzustellen, so wie im eignen Lande die gewährten Freiheiten wieder zurückzunehmen, nichts desto weniger
1849 aber den anmaßenden Gelüsten Oestreichs in keiner Weise nachzugeben gesonnen sein, so wird sie sich durch
1850 Begründung der Union nach aufgehobener Reichsverweserschaft durch das provisorische Interimistikum hindurch
1850 zu einem interimistischen Provisorium gelangend, gewiß nur durch unabweisbare Umstände bewegen lassen,
1850 von der im Süden und Norden innegehabten festen Stellung, und höchstens nur in so weit abzugehen,
1850 als es für das Gleichgewicht Europa's bei den dermaligen drohenden Zeitläuften unvermeidlich ist,
1850 und da namentlich Oestreich nichts für wahre Freiheit thun kann, sondern dies der Punkt ist, wo es
1850 sterblich ist, nicht dulden, daß eine Intervention in Kurhessen oder Holstein, dort die Verfassungstreuen,
1850 hier die Kämpfer für deutsches Recht niederwerfen, zunächst also wird sie die Etappenstraße mit allen
1850 zu Gebot stehenden Mitteln zu vertheidigen und die Preußische Ehre zu wahren wissen; indem sie
1851 jedoch der Revolution in Pantoffel und Schlafrock sich widersetzt, sieht sie sich in der Nothwen-
1851 digkeit, nach dem in Olmütz verabredeten Pakt, um überall mitsprechen zu dürfen, von der bisher
1851 eingehaltenen Bahn abgehend, die Brücke bei Boytzenburg zu schlagen und selbst bei der Resultat-
1851 losigkeit der früher sehnlichst begehrten Conferenzen, von denen kein vernünftiger Staatsmann ernstlich
1851 etwas erwartet hat, des Beifalls und der Unterstützung gewiß zu sein Sr. Majestät des Kaisers
1852 von Rußland.

Kladderadatsch.

Das Schwerdt des Damokles.

Parlamentarisches Handwerkszeug.

Verantwortlicher Redacteur: E. Dohm. — Verlag von A. Hofmann & Comp. in Berlin, Unterwasserstr. 1. — Druck von J. Draeger in Berlin, Adlerstr. 9.

Das rothe Gespenst des Jahres 1852.

Kennst du dies Bild? — Wenn du's nicht kennst,
Mit Schaudern dann erfahr' es:
Es ist le spectre rouge, das Gespenst,
Das rothe des nächsten Jahres.

Das rothe Gespenst vom nächsten Jahr,
Es wird mit blutigen Schrecken
Der feigen Schläfer sorglose Schaar
Aus ihren Träumen wecken.

Mit seinen Schrecken — der Republik,
Dem rothen Socialismus,
Dem tricoloren Bürgerkrieg
Und blassen Terrorismus.

Und Barricaden und Bürgerwehr,
Und Fahnen, blutroth von Farbe —
Und ein racheschnaubend Rebellenheer
Unter Held, Mazzini und Karbe.

Es fallen unter dem Schreckensjoch
Die Köpfe und die Course;
Und statt „Jn'n Morjen!" hört man nur noch
Den Gruß: „La vie ou la bourse!"

Auf jedem Markt steht über Nacht
Eine kleine Dampfguillotine;
Aus dem Staub erhebt sich in neuer Pracht,
Ein Phönix — die Zeltentribüne.

Und keine Zucht in Kirch' und Schul',
Pensionen und Gymnasien:
In jedem Thorweg ein Ludwig Buhl
Mit einigen Aspasien.

An jeder Eck' ein Tribunal
Zur Volksjustiz versammelt;
Und selten nur ein Laternenpfahl,
An dem nicht Einer bammelt.

So wird's geschehen im nächsten Jahr,
Viel toller als je es gewesen.
Herr Romieu sagt's, und dann ist's wahr,
Ich hab's gedruckt gelesen.

Sollt's aber vielleicht doch nicht geschehn,
Uns, lieber Leser, dann schilt nicht.
Denn unser Wahlspruch heißt: Jo nich sehn!
Und: Bange machen gilt nicht!

Kladderadatsch.

Verantwortlicher Redacteur: E. Dohm. — Verlag von A. Hofmann & Comp. in Berlin, Unterwasserstr. 1. — Druck von J. Draeger in Berlin, Adlerstr. 9.

1848.

Während der Sündfluth.

1851.

Nach der Sündfluth.

Verantwortlicher Redacteur: E. Dohm. — Verlag von A. Hofmann & Comp. in Berlin, Unterwasserstr. 1. — Druck von J. Draeger in Berlin, Adlerstr. 9.

Redefreiheit im Jahre 1851.

Amerika.

England.

Frankreich.

Schweiz.

Preußen.

Bayern.

Oesterreich.

Italien.

Rußland.

Verantwortlicher Redakteur: E. Dohm. — Verlag von A. Hofmann & Comp. in Berlin, Unterwasserstr. 1. — Druck von J. Draeger in Berlin, Adlerstr. 9.

№ 41. Sonntag, den 12. October 1851. IV. Jahrgang.

Kladderadatsch.

Wochenkalender.

Montag, den 13. October.

Der Englische Premierminister Palmerston erhält von der continentalen Diplomatie den Namen: Lord Feuerbrand.

Dienstag, den 14. October.

In Wien beschließt man den Empfang Kossuth's zu rächen. Alle Englischen Doggen werden todtgeschlagen und den Spitzeln vorgeworfen.

Mittwoch, den 15. October.

Sämmtliche Mitglieder des Berliner Treubundes verpflichten sich kein Englisches Gas zu consumiren.

Wochenkalender.

Donnerstag, den 16. October.

Es wird ferner beschlossen, sich des englischen Pflasters nicht mehr zu bedienen, und Alles bluten zu lassen.

Freitag, den 17. October.

Mehrere Mitarbeiter der „Zeit" tragen weder reine Wäsche, noch putzen sie sich die Zähne, um nicht für Engländer gehalten zu werden.

Sonnabend, den 18. October.

Es stellt sich endlich heraus, das Lord Palmerston ein Pole, sämmtliche Bewohner Londons Literaten und Juden sind

Kladderadatsch.

Humoristisch-satyrisches Wochenblatt.

Dieses Blatt erscheint täglich, mit Ausnahme der Wochentage. — Man abonnirt mit 17½ Sgr. vierteljährlich bei allen Buchhandlungen sowie bei den Königl. Postanstalten des In- und Auslandes. Jede einzelne Nummer kostet 1½ Sgr. **Die Redaktion.**

Du stolzes England freue dich!

Freue dich, du langweiliges Volk der Beefsteakesser, Sonntagsmucker, Porterschlucker und Kattundrucker! Freue dich und schwelge noch eine kurze Spanne Zeit in dem flüchtigen Siegesrausche über Sitte, Zucht, Gerechtigkeit und Glauben des bombenfesten Continents!

Jauchze und juble, daß es dir gelungen, dem christlichen Europa gegenüber mit den heidnischen Türken den Bund zur **Befreiung** und zum Triumph der Revolution zu schließen!

Noch ein Vierteljahr

nur wollen wir warten, um das Maß deiner Sünden voll werden zu lassen!

Noch ein Vierteljahr

wollen wir dich in den glücklichen Wahn einwiegen lassen, daß du, auf deine Erbweisheit, deine einsame Lage im weiten Meer, deine Land- und Seemacht gestützt, dem vereinten Willen der festländischen Großmächte trotzen könntest!

Noch ein Vierteljahr!

Aber dann! Du glaubst, wir haben keine Flotte und können nicht an dich heran? Du hast Recht! Wir brauchen auch keine!

Noch ein Vierteljahr!

Dann ist es Winter, und im Winter ist es kalt. Und wenn die Nordsee und das Kattegat und das Skager Rak und der große Sund und der kleine Sund und der große Belt und der kleine Belt und der Canal zugefroren und mit Eis bedeckt sind — dann! Dann borgt uns Herr von Hülsen die **Schlittschuhe** aus dem **Propheten**; dann wird's uns wohl und wir gehen aufs Eis und laufen zu dir hinüber und essen alle deine Beefsteaks auf und trinken all' dein Porter aus und hängen, der Oesterreichischen Diplomatie zu Gefallen, deinen **Lord Feuerbrand** und machen aus deiner ganzen Herrlichkeit einen einzigen großen

Kladderadatsch.

№ 48. Sonntag, den 30. November 1851. IV. Jahrgang.

Kladderadatsch.

Wochenkalender.

Montag, den 1. December.

Der Republikaner Lagrange schwört, er werde die Republik im Stiche lassen nur mit dem Bayonnet im Leibe.

Dienstag, den 2. December.

Hierauf versetzt Louis Napoleon, auch er werde die Republik im Stich lassen nur mit dem Bayonnet im Leibe — einiger Volksvertreter.

Mittwoch, den 3. December.

Hierauf versetzt Lagrange, er hoffe dem Präsidenten zuerst die Spitze bieten zu können.

Wochenkalender.

Donnerstag, den 4. December.

Hierauf versetzt der Präsident, daß das ihn gar nicht berühren werde.

Freitag, den 5. December.

Hierauf versetzt das Französische Volk Louis Napoleons Hoffnungen den Todesstoß.

Sonnabend, den 6. December.

Hierauf versetzt Louis Napoleon alles was er noch besitzt, und läßt die Republik im Stich, allein ohne ein Bayonnet noch sonst etwas Warmes im Leibe zu haben.

Kladderadatsch.

Humoristisch-satyrisches Wochenblatt.

Dieses Blatt erscheint täglich, mit Ausnahme der Wochentage. — Man abonnirt mit 17½ Sgr. vierteljährlich bei allen Buchhandlungen sowie bei den Königl. Postanstalten des In- und Auslandes. Jede einzelne Nummer kostet 1½ Sgr. **Die Redaction.**

Die Preußische Verfassung

ist zu einem Abschluß gekommen, der als rechtliche Basis festzuhalten ist! Sie bedarf aber, wie jedes Menschenwerk, einer ferneren **Entwickelung** und **Verbesserung**, die, wo das Bedürfniß hierzu hervortritt,

☞ nur durch den Kladderadatsch herbeizuführen ist. ☜

Denn **der Kladderadatsch** allein hat eine geschichtliche Bestimmung **für sich, für Deutschland** und für **Europa.**

1. Für sich. Der Kladderadatsch, durch den Ursprung seines Begründers aus Maurisch-Berberisch-Arabischem Blute, hat die Fähigkeit, in seiner schwarzbraun und olivenfarbigen Individualität, den schwarzweißen, schwarzrothgoldnen und rothen Confessionen dieses Landes gegenüber wahrhaft paritätisch zu sein!

2. Für Deutschland. Der Kladderadatsch als das einzig politische Witzblatt ist auch die einzig wirkliche Großmacht Deutschlands. Sie steht seit vier Jahren über allen andern großen und kleinen Mächten; denn sie hat sich in dieser Zeit ungestört

über sie lustig gemacht!

3. Für Europa. Der Kladderadatsch allein hat seit seiner Erschaffung in diesem Welttheil seine Unabhängigkeit und Ehre zu wahren gewußt, auf dieser einzig sichern Basis keine Alliancen nach traditionellen oder abstrakten Prinzipien geknüpft, sondern lediglich

durch den Ruin jeder Autorität

sich selbst zu einer in diesem Jahrhundert nicht mehr zerstörbaren Autorität erhoben.

Der **Kladderadatsch** hat stets einen großen (Jas?) Mund gehabt — er wird ferner den (Jas?) Mund nicht halten!

Der vierteljährliche Abonnementspreis aber beträgt nach wie vor 17½ Sgr. **Kladderadatsch.**

Die Berliner Blätter am 27. November 1851.

Sie sind da! Sie sind da! Sie sind wieder da!
Wir haben wieder Stoff! Halleluja!

Eine Parade in Wien.

(Illustrirte Zeitungsnotiz.)

Die Parade zu Ehren des hier anwesend gewesenen Großfürsten Constantin am Glacis hat, wie man hört, für viele Officiere unangenehme Folgen gehabt, indem sie häufig den tiefen Schneelachen auszuweichen suchten, welche die Fläche des Glacis bedeckten, eine Vorsicht, die bei der Heiklichkeit der hellblauen Pantalons und der ohnedem durch häufigen Adjustirungswechsel sehr in Anspruch genommenen kargen Börse des Subalternofficiers allerdings erklärlich, aber gleichwohl ganz unmilitairisch ist und mancherlei Schwankungen bei den Evolutionen erzeugen muß, indem die Mannschaft dem Beispiel der Officiere zu folgen pflegt und gleichfalls ihr Schuhzeug schonen möchte. Man erzählt, daß der Kaiser dieses Vorkommniß strenge rügen ließ und in Folge davon eine namhafte Anzahl von Officieren Profosenarrest erhielt.

(Nationalzeitung Nr. 542 vom 19. Novbr. 1851.)

Verantwortlicher Redakteur: E. Dohm. — Verlag von A. Hofmann & Comp. in Berlin, Unterwasserstr. 1. — Druck von J. Draeger in Berlin, Adlerstr. 9.

Ein Straßenkampf in Berlin,

oder:

Gegen die Elemente läßt sich nicht kämpfen.

Ach! wenn Du wärst mein eigen!

Ach! wenn Du wärst mein eigen!
Wie lieb sollt'st Du mir sein!
Wie wollte ich Euch zeigen —
Ihr Wühler groß und klein!
Wie schmiß ich fort den schwarzen
Clacque!
Trotz Changarnier, Thiers,
Cavaignac.
Wenn Du erst bist mein eigen:
Dann schlag' der Teufel drein!

Ach! wenn Du wärst mein eigen!
Du goldne, süße Last —
Ich wollt' gewiß verschweigen
Wie Du gepumpt mir hast —
Daß die Armee Champagner
soff: —
Durch Dich Mathilde Demi-
doff!
Ach! wenn Du wärst mein eigen!
Ich wollt' verschwiegen sein!

Verantwortlicher Redakteur: E. Dohm. — Verlag von A. Hofmann & Comp. in Berlin, Hausvoigteiplatz 3. — Druck von J. Draeger in Berlin, Adlerstr. 9

№ 1. Sonntag, den 4. Januar 1852. V. Jahrgang.

Kladderadatsch.

Neujahrs- **Gruß.**

Achtzehnhundert zweiundfunfzig!
Dich zu grüßen war verboten —
Weil noch damals die Zukunft sich
Wölbte zum Gespenst, dem rothen!
Deiner damals, sturm- und drangreich,
Sich zu freuen war erlaubt nicht,
Weil des demokrat'sche Frankreich
Damals hatte noch kein Haupt nicht!
Anders ist das jetzt geworden:
Jeder Schwindel ist dort aus!
Louis ließ die Bummler morden —
Dank Dir, heil'ger Nikolaus!
Ausgefegt ist jeder Winkel:
Jeder Rothe machte weg sich;
Kossuth spielt fidel mit Kinkel
In New-York jetzt Sechsundsechzig.

Froh sind alle Gutgesinnten;
Nur mit unheilschwangern, düstern
Mienen hört man leis dort hinten
Gotha's Söhne ängstlich flüstern:
„Nah ist's von Calais nach Dover;
Louis ist ein Abenteurer,
Und der Rothspohn in Hannover
Wird auch bald vier Groschen theurer!
Und auf solchem faulen Grunde
Soll'n wir Staatsgebäude bauen!
Sollen selbst zu dieser Stunde
Immer pred'gen noch: Vertrauen!" —
Maul gehalten! Deutschlands würdig
Seid Ihr nur, wißt Ihr zu dulden!
— — — — — — — — —
Zweiundfunfzig! revanchir' dich!
Und bezahle uns're Schulden!

Kladderadatsch.

Humoristisch-satyrisches Wochenblatt.

Dieses Blatt erscheint täglich, mit Ausnahme der Wochentage. — Man abonnirt mit 17½ Sgr. vierteljährlich bei allen Buchhandlungen sowie bei den Königl. Postanstalten des In- und Auslandes. Jede einzelne Nummer kostet 1½ Sgr. **Die Redaction.**

Unser Programm für das Jahr 1852.

Freiheit! Gleichheit! Lüderlichkeit!

Bürger!

Ein **gemeines** Jahr ist abgethan! Ein neues Jahr hat sich an die Spitze der Bewegung gestellt und mit unwiderstehlicher Gewalt die Zügel der Herrschaft ergriffen. Fügen wir uns dem Fait accompli!

Die Bedürfnisse der Gegenwart sind gedeckt. Der **Hauswirth** ist vertröstet. Die **Pfandscheine** sind prolongirt. **Alte Schulden** sind vergessen, andre bereits gemacht. **Neue Schneider** sind gewonnen, und **fremden Schusters** ungewohnter Druck preßt blut'ge Thrän' aus frischem Hühnerauge.

Die Bedürfnisse der Gegenwart sind gedeckt — **denken wir an die Zukunft!**

In Todeskrämpfen ringend lag die Gesellschaft. **Sie ist gerettet!** „Dieu est avec le président" — **schaaren wir uns um den Retter!**

Freies Wahlrecht in **ehrlichster** und **unbeschränktester Anwendung** — das war sein Programm. Es soll auch **das unsre sein!**

Freie Wahl sämmtlicher Staatsbehörden, vom Minister bis zum Nachtwächter herauf — freie Wahl der Nationalität, des Geburtsortes, des Alters und Standes — freie Wahl des Geschlechts und der Getränke — freie Wahl der Aeltern und Großältern bis aufwärts zur Urgroßmutter — das sind die Garantien der Freiheit, welche unser System verheißt. Da wir aber wissen, daß die **Freiheit** ohne **Ordnung** nicht bestehen kann, so verlangen wir als nothwendige Garantie der Ordnung die **Einführung der Polizeistunde um elf Uhr** — des nächsten Tages.

Dies sind die Grundzüge unsres Programms, dies die Wünsche, deren Erfüllung im nächsten Jahre das Ziel unsres ernstesten Strebens sein soll. Wem dies Programm genügt — und wem sollte es nicht?! — der eile seinen Namen auf einem königlichen Postamt oder in einer soliden oder unsoliden Buchhandlung einschreiben zu lassen.

Viribus unitis — Eintracht macht stark!

Bis dat qui cito dat — später können die früheren Nummern nicht immer sicher nachgeliefert werden!

Freiheit oder Ordnung!

Um der **Freiheit** willen leset, um der **Ordnung** willen aber **abonnirt schleunigst auf den**

Kladderadatsch.

Die Wolfsschlucht.

Der Brei ist gaar, der Brand geschürt,
Die Blasen beginnen zu schießen,
Nur noch ein wenig umgerührt,
Dann könnt Ihr den Brei genießen.

Prosit Neujahr!

Verantwortlicher Redakteur: E. Dohm. — Verlag von A. Hofmann & Comp. in Berlin, Hausvoigteiplatz 3. — Druck von J. Draeger in Berlin, Adlerstr. 9.

№ 4. Sonntag, den 25. Januar 1852. V. Jahrgang.

Kladderadatsch.

Wochenkalender.

Montag, den 26. Januar.

In München weist der Abgeordnete von Arnold nach, daß sich die Zahl der im Jahre 1541 in Baiern vorgekommenen unehelichen Geburten auf 29,000 belaufe. „Wo ist des Deutschen Vaterland?"

Dienstag, den 28. Januar.

In Wien ist der ehemalige Redacteur der Berliner Constitutionellen Zeitung, Dr. Weil, als Hülfsarbeiter in dem Ministerium der auswärtigen Angelegenheiten angestellt worden. „Ich bin ein Jüdche, kennt ihr meine Farben?"

Mittwoch, den 28. Januar.

In London fortwährende Rüstung als Lehre für Louis Napoleon.

Wochenkalender.

Donnerstag, den 29. Januar.

In Paris Leere um Louis Napoleon als Beweis fortwährender Entrüstung.

Freitag, den 30. Januar.

In Berlin Anträge in den Kammern: 1) Erhöhung des Militairbudgets um 7 Millionen, 2) Aussetzung von 1000 Thalern an das Cultus-Ministerium für arme Literaten.

Sonnabend, den 31. Januar.

Die Anträge in den Kammern werden in folgender Gestalt angenommen: 1) Erhöhung des Militairbudgets um tausend Thaler, 2) Aussetzung von 7 Millionen für arme Literaten. Von diesen kommen 2 Thaler 17 Sgr. 6 Pf. auf die Mitarbeiter des

Kladderadatsch.

Humoristisch-satyrisches Wochenblatt.

Dieses Blatt erscheint täglich, mit Ausnahme der Wochentage. — Man abonnirt mit 17½ Sgr. vierteljährlich bei allen Buchhandlungen sowie bei den Königl. Postanstalten des In- und Auslandes. Jede einzelne Nummer kostet 1½ Sgr. **Die Redaction.**

Weg mit dieser Verfassung!

„Die Unterzeichneten machen keinen Anspruch darauf, Staatsmänner zu sein, „aber sie fühlen sich als einfache, schlichte Bürger gedrungen auszusprechen, was „Tausende und abermals Tausende in Preußischen Gauen gleich ihnen glauben, „hoffen und empfinden."

Seitdem wir die Verfassung haben, können wir schreiben was wir denken, denken was wir wollen, und wollen was wir schreiben. Aber **Glück, Reichthum** und **Zufriedenheit** sind deßhalb bei uns nicht eingekehrt.

Seit dem heillosen Jahre 1848 sind die Unterzeichneten bereits im Besitz eines Viertelloses der Preuß. Klassenlotterie. Wenn aber eine hohe Regierung sich in dem Wahne befindet, wir wären auch nur ein einziges Mal mit unserem Einsatz herausgekommen,

so ist das nicht die wahre Meinung des Preußischen Volkes!

Darum:

Wozu diese Verfassung?

Wo ist das **Glück**? Wo **Reichthum**? Wo **Zufriedenheit**? Was kömmt bei diesem **constitutionellen Wesen** heraus? Nicht einmal lumpige hundert Thaler, und bei allen Klassen dieselbe Unzufriedenheit! Also:

Weg mit dieser Verfassung!

Die Gelehrten des Kladderadatsch.

Neueste Politik.

Ick sage dir, dein Auswischen hilft dir nischt Louis! — Mit de Zeit kommt et doch wieder vor, un denn freu dir mein Junge!!

Wie die alten Adler mit ihren Jungen einen neuen Bekannten in Paris besuchen.

Verantwortlicher Redakteur: E. Dohm. — Verlag von A. Hofmann & Comp. in Berlin, Hausvoigteiplatz 3. — Druck von J. Draeger in Berlin, Adlerstr. 9.

Die Deutschen Grundrechte

als lebende Bilder bei Carnevalsfesten.

I. Das Versammlungsrecht ist garantirt.

II. Die Preßfreiheit
darf unter keinen Umständen beschränkt werden.

III. Der Deutsche kann seinen Aufenthalt und Wohnsitz nehmen, wo und wie er will.

IV. Es steht Jedem frei, seinen Beruf zu wählen und sich für denselben auszubilden, wo und wie er will.

51 *Carnevals-Schwindel, erschienen nach Nr. 9 vom 29. Februar 1852*

Die Gegenwart der Presse in Europa.

England.

Das Bischen Beefsteak möcht ick schauen,
Wenn Einer jeden Morgen,
Um sie beim Frühstück zu verdauen,
Die Times sich läßt besorgen!

Frankreich.

Die freiste Presse, die ich kenne,
Hat Frankreich doch, und zweifelst Du
Daran, so mach' mit Strümpf und Schuh
Dich reisefertig nach — Cayenne.

Italien.

Beim Schreiben wie beim Setzen ist
Der Pfaffe nur betheiligt:
So wird die Presse, lieber Christ,
Und auch der Druck geheiligt.

Rußland.

Es soll und muß das Volk sich kuschen,
Und braucht Geschreibsel nicht zu lesen;
So wissen Wir mit Dr . . und Besen
Die Weltgeschichte zu vertuschen.

Oesterreich.

Das Standrecht ist nicht aufgehoben,
Ein Bischen noch hinausgeschoben,
Das Beste kommt ja stets von Oben —
Ihr sollt den Herrn ob solcher Zeitung loben!

Preußen.

Zu lang, zu breit nicht, noch zu scharf,
Damit wir Niemand kränken!
Und was der Mensch nicht sagen darf,
Das darf er sich doch denken! **Kladderadatsch.**

Verantwortlicher Redacteur: E. Dohm in Berlin. — Verlag von A. Hofmann & Comp. in Berlin, Hausvoigteiplatz 3. — Druck von J. Draeger in Berlin, Adlerstr. 9.

Deutschland

nach Aufhebung des Zollvereins.

(Nach einem Daguerreotyp aufgenommen.)

Verantwortlicher Redacteur: E. Dohm in Berlin. — Verlag von A. Hofmann & Comp. in Berlin, Hausvoigteiplatz 3. — Druck von J. Draeger in Berlin, Adlerstr. 9.

Nr. 8 u. 9. Berlin, den 18. Februar 1855. **8. Jahrgang.**

Kladderadatsch.

Commandoworte für die nächste Woche.

Montag, den 19. Februar.
Stillstand — aller Geschäfte!

Dienstag, den 20. Februar.
Richtet euch — nach Oesterreich!

Mittwoch, den 21. Februar.
Links um — ihr Kammern!

Donnerstag, den 22. Februar.
Marsch — mit allen Sonderinteressen!

Freitag, den 23. Februar.
Halt — dem Osten!

Sonnabend, den 24. Februar.
Rührt euch — ehe es „zu spät" ist!

Kladderadatsch.

Humoristisch-satyrisches Wochenblatt.

Dieses Blatt erscheint täglich, mit Ausnahme der Wochentage. — Man abonnirt mit 21 Sgr. vierteljährlich für 15 Nummern bei allen Buchhandlungen sowie bei dep Postanstalten des In- und Auslandes. Jede einzelne Nummer kostet 1½ Sgr. Die Redaction.

Stoßseufzer eines Pflastertreters.

Eines schickt sich nicht für Alle.
Sehe Jeder wie er's treibe,
Sehe Jeder wo er bleibe,
Und wer steht, daß er — **nicht falle!**

Berlin! Berlin! Was gehst du jetzt für Wege?
Wie hat verändert dich der Zeiten Lauf?
Sonst wandeltest du die gewohnten Stege,
Und ruhig, fest und sicher tratst du auf.
Und jetzt? Und jetzt? Hört man an jedem Tage
Von Einem nicht, der argen Fehltritt that?
Von aller Welt ertönt nur eine Klage:
Berlin, wie glatt und schlüpfrig ist dein Pfad!

Sonst konnte Jeder seinen Weg marschiren
Und rechts und links ganz sicher gehn und stehn;
Jetzt gilt's nur, in der Mitte klug laviren
Und jedem **Wagen** aus dem Wege gehn.

Leicht kommt zu Fall, wer auf die eine Seite,
Ob rechts, ob links, mit festem Fuße trat;
Ein schlimmer Bruch ist oft des Falls Geleite —
Berlin, wie glatt und schlüpfrig ist dein Pfad!

Und trug die Schuld auch nur ein Mißverständniß
Der Wirthe, die im Dienst sich übereilt:
Es wird durch ein verspätetes Bekenntniß
Kein Fall vermieden und **kein Bruch geheilt.**

Berlin! Berlin! Willst wieder du gesunden,
So weiß ich dir nur einen guten Rath:
Leg' **neues Pflaster** auf die alten Wunden,
Und wandle künftig einen sichrern Pfad!

Kladderadatsch.

Der Drache der Gegenwart.

Friede ernährt, Unfriede verzehrt!

Englische Zustände.

Dieser verdammte Roebuck!!

Verantwortlicher Redacteur: E. Dohm in Berlin. — Verlag von A. Hofmann & Co. in Berlin, Hausvoigteiplatz 3. — Druck von J. Draeger in Berlin, Adlerstr. 9.

Nr. 21 u. 22. Berlin, den 6. Mai 1855. 8. Jahrgang.

Kladderadatsch.

Wochen=Lieder.

Montag, den 7. Mai.
Wer weiß, wie nahe mir mein Ende.
Palmerston.

Dienstag, den 8. Mai.
Fordre Niemand mein Schicksal zu hören.
Raglan.

Mittwoch, den 9. Mai.
Wundert euch, ihr Freunde nicht, wie ich mich geberde; wahrlich, es ist allerliebst auf der schönen Erde. Darum schwör' ich feierlich und ohn' alle Fährde, daß ich mich nicht freventlich wegbegeben werde. N.

Wochen=Lieder.

Donnerstag, den 10. Mai.
Mir ist Alles eins, mir ist Alles eins, ob i Geld hab' oder keins. Bruck.

Freitag, den 11. Mai.
Ich weiß nicht, wie mir ist! Ich bin nicht krank, bin nicht gesund, ich bin blessirt und hab' keine Wund'. Ich weiß nicht wie mir ist! Ein Neutraler.

Sonnabend, den 12. Mai.
Ich hab' mein' Sach' auf Nichts gestellt; Drum ist so wohl mir in der Welt.
Kladderadatsch.

Humoristisch=satyrisches Wochenblatt.

Dieses Blatt erscheint täglich, mit Ausnahme der Wochentage. — Man abonnirt mit 21 Sgr. vierteljährlich für 15 Nummern bei allen Buchhandlungen sowie bei den Postanstalten des In= und Auslandes. Jede einzelne Nummer kostet 1¼ Sgr. Die Redaction.

Ausbruch der höchsten Verzweiflung.

Für verständige Menschen gibt es keine Dummheit. **Es ist keine Kunst,** geistreich zu sein, wenn es erlaubt ist. Es ist schwer, **groß zu erscheinen,** wenn man sich beugen muß. Es ist leicht zu gefallen, **wenn man nur allein** mit dem Publicum zu thun hat. Eine Zeit wie diese, wo man **Alles sprechen darf und** sagen kann, ist nie dagewesen. Unsinn, du siegst, wenn **Alles Andere schweigen muß!** Ein schönes Weib ist mehr werth als ein ganzes Herrenhaus! **Es ist kein Verdienst,** Musterknaben zu erziehen, sagte Malmène. **Andere zum Schweigen zu bringen,** ist schwer, wenn man nicht die Kunst der Rede besitzt; **wenn man den Muth hat,** der ganzen Welt die Wahrheit zu sagen, hat man Veranlassung, **kein Mittel zu scheuen,** um bald ins Tollhaus zu kommen. Wir wissen Vieles; **was aber eigentlich mit** uns einst vorgehen wird, wissen wir so wenig, als was mit **diesem Unsinn gemeint ist,** der an Kühnheit Alles überträfe, wenn nicht eben, und **das versteht sich wohl am** Ende von selbst, die Verzweiflung ihn dictirt hätte. Gott sei Dank, wir sind zu **Rande!**

Kladderadatsch.

Nr. 33. Berlin, den 15. Juli 1855. 8. Jahrgang.

Kladderadatsch.

Zwei National-Hymnen.

Was eine Kerze ohne Glanz,
Was die Kanone ohne Wischer,
Und was ein Pudel ohne Schwanz —
Das wäre Lippe ohne **Fischer.**

Es braucht ein jedes Land zum Glück
Doch Einen mindstens zum Minister —
Heil, Lippe drum! Denn neu zurück
Gegeben dir zur Größe ist er!

Was ohne Liechtenstein der Bund,
Und was ein Segler ohne Winde,
Was ohne Zähne ist ein Mund,
Das wäre Deutschland ohne **Linde.**

Der „Rechtsverwirrung" Trutz und Schutz
Sitzt er zu Frankofurt am Maine.
Heil, Deutschland, dir, und Heil Vaduz,
Der Residenz von Liechtensteine!

Kladderadatsch.

Humoristisch-satyrisches Wochenblatt.

Dieses Blatt erscheint täglich, mit Ausnahme der Wochentage. — Man abonnirt mit 21 Sgr. vierteljährlich für 15 Nummern bei allen Buchhandlungen, sowie bei den Postanstalten des In- und Auslandes. Jede einzelne Nummer kostet 1½ Sgr. Die Redaction.

Wir können lachen;
aber
Wir lachen nicht!

S'il fait beau
Prends ton manteau!

S'il pleut,
Prends-le, si tu veux!

Brauchen wir etwa 750 Millionen bis zur künftigen Woche? Ist es vielleicht unumgänglich nothwendig, daß wir 140,000 Mann bis morgen Abend neuerdings ausheben? Sind wir vielleicht Verpflichtungen eingegangen, deren Erfüllung Andere nun erwarten, erharren — „attendent?" Sollen wir uns vor Rom fürchten, weil es uns den Palazzo Caffarelli verweigert? Betteln unsere Soldaten bereits auf der Schildwacht die Vorübergehenden an? Haben wir eine heilige Jungfrau von Salette, die Preußens Untergang zum 6. Juli geweissagt hat? Sitzen unsere Staatsmänner in der Coburger Hausvogtei, und sind sie nicht mehr als 800 Thaler werth? Gebührt es uns, die Mittel zur Fortsetzung des Kampfes zu gewähren? Sind die Augen aller Leidenden instinctmäßig auf uns gerichtet? Sollen wir Prüfungen ruhig ertragen? Sind wir die Geschwisterkinder der Vorsehung? Müssen wir Italien, Ungarn, Legitimisten, Orleanisten und uns selbst überwachen? Brauchen wir neue Redensarten, weil die alten verbraucht sind???

Wir brauchen nichts — **wir** müssen nichts — **wir** sollen nichts —

Wir können lachen!

Aber wir lachen nicht! Denn nach Sonnenschein kommen — Kriegserklärungen, und man soll den Friedenstag nicht vor dem Abend loben, an dem der letzte Russe den letzten Rubel verwodki't hat! Heut nach Westen morgen nach Osten! Heut traditionell-historisch, morgen progressistisch-kosmopolitisch! Heut so und morgen — so! Und so jagt ein grausamer Scherz den anderen, bis **„unser Geschichtsschreiber"** der dunklen Vorzeit mit den Hofnarren einer heitern Zukunft den ewigen Ringeltanz wieder erneut!

Kladderadatsch.

Politische Lesefrüchte.

Bescheidene Anfrage.

Willst DU immer weiter schweifen?
Sieh, das Gute liegt so nah!

Das einige Deutschland.

Biegen oder Brechen?

Verantwortlicher Redacteur: E. Dohm in Berlin. — Verlag von A. Hofmann & Co. in Berlin, Hausvoigteiplatz 1. — Druck von Eduard Krause in Berlin.

Zur deutschen Einheits-Frage.

Hercules am Scheidewege.

Verantwortlicher Redacteur: E. Dohm in Berlin. — Verlag von A. Hofmann & Co. in Berlin, Hausvoigteiplatz 1. — Druck von Eduard Krause in Berlin.

Die Politik der freien Hand,

oder:

Der Schlafrock ist zu lang.

Es war Abend.

Wir werden überall in Deutschland das öffentliche Gewissen schützen! — sagte der Professor zum Geheimen Rath. Bei der geringsten Störung des deutschen Rechtsbewußtseins werden wir marschiren!

Aber, Kind! — bat die Professorin — willst du denn nicht den neuen Schlafrock anprobiren, den ich dir heut zu deinem Geburtstag geschenkt habe?

Wir sollten allerdings keine Gelegenheit verabsäumen, — meinte der Geheime Rath — unsere Kriegstüchtigkeit, sei es gegen einen äußeren, sei es gegen einen inneren Feind, zu erproben. Der lange Friede hat uns zu vollblütig gemacht; das sehen wir an dem gefährlichen Uebermuth unserer bewaffneten Jugend!

Unsere Politik ist die weitreichendste, weil sie die Politik der freien Hand ist! — fuhr der Professor fort. Wir werden daher nie dulden, daß in Kurhessen oder Holstein —

So thu' mir doch den Gefallen, lieber Mann, zieh' den Schlafrock nur auf einen Augenblick an!

Wir werden marschiren! — rief der Professor und fuhr mechanisch mit den Armen in das ihm hingehaltene Kleidungsstück.

Es schien für einen Riesen berechnet; denn es war sowohl unten wie oben an den Aermeln dem allerdings von Natur etwas dürftig ausgefallenen Professor um acht Zoll zu lang.

Wir werden marschiren — rief der Professor, und wollte einige Schritte vorwärts machen.

Es ist unmöglich! — sagte die Professorin. Er ist dir ja viel zu lang.

Unmuthig schleuderte der Professor den Schlafrock von sich.

Mitternacht lag auf der Erde.

Unruhig wälzte der Professor sich auf seiner Schlafstätte.

Bunte Träume von der Zukunft des Vaterlandes umgaukelten sein Lager.

Da schlich die Frau Professorin von seiner Seite, ging in das Arbeitszimmer ihres Mannes, machte Licht, nahm Scheere, Nadel und Zwirn und kürzte den Schlafrock unten und oben an den Aermeln um acht Zoll.

Um zwei Uhr war sie damit fertig.

Wie wird er sich freuen! — sagte die brave Frau nach vollendeter Arbeit — wenn er ihn morgen früh passend findet! Und sie legte sich von der Arbeit erschöpft, aber befriedigt an die Seite des tief athmenden Gatten.

* * *

In dem Hause des Professors aber lebte eine Kinderfrau.

Sie war alt und schlaflos.

So stand sie denn auch heut schon um fünf Uhr auf, um das Zimmer des Herrn zu heizen.

Was machst du nun bis um sieben Uhr, bis die Andern aufstehen? fragte sie sich, als das Feuer lustig im Ofen flackerte. Ihr Blick fiel auf den Schlafrock, und ein Gedanke durchblitzte ihr Hirn.

Sie war Zeugin der Probirscene gewesen, und ihr Entschluß war gefaßt. Sie nahm Scheere, Nadel und Zwirn und kürzte den Schlafrock um acht Zoll.

* * *

Fern im Osten ward es helle, und die Professorin setzte ihrem Gatten Kaffee und Zeitung auf den Nachttisch.

Der Professor warf einen Blick in die Letztere und erblaßte.

Ich muß auf der Stelle zum Geheimen Rath! — rief er, sprang von seinem Lager, kleidete sich rasch an und eilte die Treppe hinab.

Unten im Hausflur traf er den Stiefelputzer, der sich wunderte, den Herrn Professor schon so früh auf den Beinen zu sehen.

Nehmen Sie den neuen Schlafrock oben in meinem Zimmer — rief ihm der Professor zu — bringen Sie ihn zum ersten beßten Schneider und lassen Sie ihn oben und unten um acht Zoll kürzer machen.

Sehr wohl, Herr Professor! — sagte der Stiefelputzer.

* * *

Wieder war es Abend.

Wieder waren Professor und Geheimer Rath im Hause des Ersteren im lebhaftesten Gespräch begriffen.

Also es bestätigt sich wirklich? — fragte der Professor.

Vollständig! — entgegnete der Geheime Rath. Nassau, Hessen-Darmstadt, Sachsen, Würtemberg, Baiern, Hannover und Mecklenburg haben im Verein mit Oesterreich gegen die preußische Note Verwahrung eingelegt.

Sie drohen uns mit einem neuen Olmütz! — rief der Professor. Man will uns isoliren! — rief der Geheime Rath.

Es wird ihnen nicht gelingen! — rief der Professor. Preußen besitzt die Sympathien des Volkes, was liegt an den Cabinetten?

Wir können fünfmalhunderttausend Mann in acht Tagen unter Waffen stellen, und ein einziger Aufruf im ächten Sinne genügt, eine Million deutscher Männer uns zur Seite zu stellen! — fügte der Geheime Rath hinzu.

Wie das Gewand, das mir gestern meine Frau geschenkt — fuhr der Professor enthusiastisch fort — weit und umfassend ist unsere Politik und wird die ganze Nation schützen!

Hier ist es! — sagte der Stiefelputzer und reichte dem Professor den Schlafrock hin — — — —

Die Rede vom braven Mann.

Gehalten von Platzmann vom Platze.

Meine Herren!

Es sind hier sehr häßliche Dinge gesagt worden, und besonders von einem Manne, der wie alle wahrhaft großen Männer nicht in der Lage ist, den Beifall des großen Haufens zu haben. Diesen Mann vertheidigen, ihn so darstellen wie er wirklich ist, ihm hier öffentlich meine Hochachtung bezeugen, das scheint mir doch mehr als Kuchenessen am Buffet draußen und Geräusch verursachen.

(Tumult: Einzelne: 'raus! 'raus!) Sie rufen mich heraus? Meinen beßten Dank! Ich werde mich bemühen, mich dieser so selten gewordenen Ehre des Herausrufs würdig zu zeigen. Lobreden auf Friedrich den Großen oder Joseph den Zweiten haben Sie hier und an andern Orten genugsam gehört. Diese alten Scherze, sollte ich meinen, sind bis zum Ueberdruß verbraucht, und gehören in die „Fliegenden Blätter“. Auch wird wohl noch die Zeit kommen — und in Hannover ist sie durch Onno Klopp bereits da — wo man endlich einsehen wird, daß diese beiden Monarchen lediglich durch unausgesetzte Reclame und durch eine geschickte Claque bis jetzt gehalten worden sind. Besonders der sogenannte Herr Friedrich der Große! Was hat denn dieser Mann gethan? Aeußerungen, die noch heut allen Regenten das Regieren erschweren! Jeder tüchtige Mensch macht seinem Stande Ehre und sucht seinen Fachgenossen das Leben zu erleichtern. Mit Redensarten aber wie: „In meinem Staate kann Jeder nach seiner Façon selig werden!“ ruinirt man das Geschäft auf Jahrhunderte hinaus. Oder gar: „Ich bin es müde, über Sclaven zu herrschen!“ Zu einer solchen Aeußerung wird der brave Mann, den ich meine, sich niemals hinreißen lassen!

Aber, meine Herren, ich bin nicht hier, um Vergleiche anzustellen. Wenn ich den braven Mann, den ich meine, hier öffentlich als denjenigen Fürsten nenne, der meine größte Hochachtung besitzt, so geschieht dies keineswegs in der versteckten Absicht, andere Fürsten durch dieses Lob herabzusetzen. Nein, auch andere Fürsten haben ihre stillen Verdienste, wenn sie auch nicht so wie bei dem braven Mann, den ich meine, auf der Oberfläche liegen. Denn es genügt nicht bloß, den guten Willen zu haben; man muß auch den Muth und die Kraft haben, ihn auszuführen. Und Muth und Kraft hat in Deutschland allein der Mann, den ich meine. Er ist nicht der Mann der blassen Redensarten. Wenn Er Geld braucht, so hält Er nicht erst lange Thronreden, spricht nicht von Mission der Zukunft, Machtvollkommenheit, moralischen Eroberungen und dergleichen. Sondern Er commandirt ganz einfach seiner Armee:

Ganze Compagnie, antreten!
Stillstand!
Präsentirt den Dietrich!
Brecheisen auf Schulter!
Zum Cassenerbrechen fertig, vorwärts Marsch!

Das ist doch noch ein Mann der That, wie wir ihn in Deutschland brauchen, und bei dem man weiß, woran man mit ihm ist!

Und, meine Herren, ich frage Sie aufrichtig: ist es für den Unterthan nicht besser, der Staat nimmt die öffentliche Unsicherheit in die Hand, als daß, wie wir es jetzt hier in Berlin sehen, die öffentliche Unsicherheit Privathänden anvertraut ist? Müssen wir nicht jeden Morgen in den Zeitungen lesen, da oder dort sei wieder ein Einbruch verübt worden? Und von wem? Von Unberufenen! Der Unterthan des Mannes, den ich meine, dagegen kann sich ruhig hinlegen und beten:

Gott Lob, der Tag ist nun dahin
Ich weiß in wessen Schutz ich bin:
Er wacht dort auf dem Throne,
Daß ich hier sicher wohne.

Dahin, meine Herren, werden wir es leider in Preußen wohl schwerlich jemals bringen, trotz aller der schönen Reden, die Sie hier gehalten haben und im Laufe dieses Jahrhunderts vielleicht noch halten werden! Worte, Worte, nichts als Worte! Pläne, Entwürfe, Vorschläge und Vorbereitungen! Nichts als immer Vorbereitungen, und nie die Sache selbst! Ganz das Bild des letzten berliner Schlittencorso im Thiergarten: Fahnen, Tribünen, Militär-Musik, berittene Schutzmänner, Strippen vom Hofjäger bis zum großen Stern zur Abhaltung des bürgerlichen Publicums, und Alles das — um zwei Schlitten, wovon der eine eine alte Kinderwiege war! Das, meine Herren, ist nicht der Weg, um Preußen groß und Berlin zur Hauptstadt des deutschen Kaiserreichs zu machen! Seit funfzehn Jahren ist die Volkspartei wieder hier zum ersten Mal in der Majorität; und womit fangen Sie an? Mit dem braven Mann, den ich meine! Und haben nicht einmal so viel gelernt, in der langen Reactionsperiode, daß mit diesem Manne nichts anzufangen ist! Denn wenn ihm auch die Gegenwart den Beinamen der Erbrecher geben wollte, der Leo der Zukunft wird ihn den Dulder nennen! Denn duldete er nicht, daß ihn fremde Truppen von seinen Unterthanen befreiten? Duldete er nicht, daß sein erster Minister von seinem nächsten Anverwandten öffentlich geprügelt wurde? Duldet er nicht bereits seit vierzehn Tagen schmerzlich dafür, daß seine Gemahlin den Kladderadatsch gelesen? Was verlangen Sie noch von ihm, meine Herren? Vielleicht gar die Erfüllung der sogenannten ersten Lehre der Weisheit:

Lerne dich selbst kennen?

Ei, meine Herren! Einem Manne, bei dem zur Zeit noch unser Gesandter accreditirt ist, eine solche Bekanntschaft zumuthen, zeugt wahrlich von geringem parlamentarischem Tact.

Oder verlangen Sie vielleicht gar, er soll sein Geschäft niederlegen, sein ganzes Vermögen dem Lande zur Entschädigung überlassen, nach Berlin kommen und Dienstmann werden? Glauben Sie, daß man dann zu ihm mehr Zutrauen haben wird? Nein, meine Herren, auch zu diesem Dienstmann wird das Publicum kein Zutrauen mehr haben!

Es gibt daher nur ein Mittel zu unserer Verständigung mit ihm, das ist — **die Zeit.** Nicht „die Zeit“ die in Frankfurt am Main erscheint, sondern diejenige, welche man dem braven Mann, den ich meine, „bis jetzt nicht gelassen hat, um Verbesserungen der Zustände herbeizuführen.“ (Vielfache Heiterkeit). Lachen Sie, meine Herren, aber drängeln Sie nicht! Sonst erleben wir es noch, daß die beßten Kräfte ins Ausland gehen; und wer weiß, ob nicht schon in diesem Augenblicke Brinkhoff König von Mexico ist! Darum noch einmal, meine Herren, nicht drängeln! Sonst kommt der große Tag, von dem der Dichter sagt:

Mit ihrem heil'gen Wetterschlage,
Mit Unerbittlichkeit vollbringt
Die Noth an **einem großen Tage,**
Was kaum Jahrhunderten gelingt.“

Ich stimme gegen den Commissions-Antrag!

Kladderadatsch.

Nr. 16. Berlin, den 6. April 1862. XV. Jahrgang.

Kladderadatsch.

Wochenkalender.

Montag, den 7. April.

Die Frage: „Ob Königthum, ob parlamentarische Regierung", wird in die Frage verwandelt: „Ob Königthum, ob Verfassung."

Dienstag, den 8. April.

Diejenigen, welche erklären, daß Königthum und Verfassung untrennbar seien, werden für Constitutionelle erklärt.

Mittwoch, den 9. April.

Sämmtliche Constitutionelle werden von den Landräthen für Demokraten erklärt.

Wochenkalender.

Donnerstag, den 10. April.

Alle Demokraten werden als Republikaner, Jakobiner und Königsmörder denuncirt.

Freitag, den 11. April.

Die Ausrottung der Constitutionellen wird als höchste Nothwendigkeit von vielen Kanzeln gepredigt und von einem gewissen Herrn der Landwehr befohlen.

Sonnabend, den 12. April.

Die „wahrhaft Constitutionellen" beschließen deßhalb zu Schutz und Versöhnung ein Wahlprogramm, worin sie sich für ein starkes Königthum mit Verfassung, aber ohne Parlament aussprechen.

Kladderadatsch.

Humoristisch-satyrisches Wochenblatt.

Dieses Blatt erscheint täglich mit Ausnahme der Wochentage. Man abonnirt bei den Post-Anstalten des In- und Auslandes, sowie in den Buchhandlungen.

Abonnements-Preis für Berlin und die preußischen Staaten 21 Sgr. vierteljährlich. Abonnements-Preis für alle außerpreußischen Staaten 22 Sgr. vierteljährlich. Einzelne Nummern 2½ Sgr.

Ob Königthum oder Demokratie?

Ob königliche oder parlamentarische Regierung? — Erfundene Gegensätze! Müßige Fragen, deren ein reactionärer Fanatiker in jeder Kreuzzeitung oder sonstigen Landwehr-Controlversammlung mehr aufstellen kann, als zehn weise Fortschrittsmänner zu beantworten im Stande sind!

Ob Heydt oder Patow?

Jagow oder **Schwerin? Bethmann** oder **Mühler?** — Eitle Personalien, um welche die Geschichte sich höchstens kümmert, um mit satirischem Lächeln über sie zur Tagesordnung zu schreiten!

Ob Preußen, ob Oesterreich

oder **Würzburg?** — Kleinliche Controversen, episodisch verschwindend vor der **großen Frage**, die Europa, in diesem Augenblicke dem Weltgeist etwas näher als sonst, frei hat an das Schicksal!

Euer Schicksal aber — **ihr selbst** habt es ja nicht besser gewollt! — ist auf **zwei Augen** gestellt, deren Scharfblick nur eure Kurzsichtigkeit, und auf **zwei Arme**, deren Stärke nichts ist als eure Schwäche! Auf **einen Mann**, der eures Schreibens und Treibens, eurer Wahlen und Qualen lachet und eurer Unruhe spottet in der Ruhe seiner Uebermacht!

Aber auch **ER** wiederum ist gegeben in die Hand eines Herrn, der daher gefahren mit der Eile der Windsbraut in der Wolke des Dampfes und über IHN gekommen ist — zu SEINER Besserung. Der Herr aber, in dessen Munde jetzt die Entscheidung der europäischen Geschicke, in dessen Hand — o über diese große Zeit! — das **Schicksal des Schicksals** einer Welt liegt, er heißet — —

Lebendes Bild aus Göthe's Faust.

(In Paris gestellt.)

Mephistopheles: Du bist noch nicht der Mann, den Teufel fest zu halten!
Umgaukelt ihn mit süßen Traumgestalten,
Versenkt ihn in ein Meer des Wahns!

Verantwortl. Redacteur: (in Vertretung) Rudolf Löwenstein in Berlin. — Verlag von A. Hofmann u. Co. in Berlin, Leipzigerstr. 39. — Druck von Ed. Krause in Berlin

Unser zoologischer Garten.

Das Chamäleon.

Es häutet sich oft und wechselt noch öfter die Farbe.

Ein heitrer Vorgang.

Erschreckt von dem „Hallo" der Fortschrittspartei, geht Herr Hansemann den geängstigten Besitzenden mit gutem Beispiel voran.

Schluß und Aufschluß.

Der Polizei-Präsident Herr von Maurach eröffnet den königsberger Handwerker-Verein.

Der politische Ueberzieher.

v. Dehn-Rothfelser. Ja, lieber College, ich bin so an meinen einfachen Rock gewöhnt, **daß** mir dieser Ueberzieher schon anfängt, lästig zu **werden** — ich möchte ihn ausziehen.

— O, warten Sie nur noch ein **wenig**, daran gewöhnt man sich! Sehen Sie mich nur einmal an, ich trage nun schon drei Röcke über einander und befinde mich ganz wohl dabei.

Verantwortl. Redacteur: (in Vertretung) Rudolf Löwenstein in Berlin. — Verlag von A. Hofmann u. Co. in Berlin, Leipzigerstr. 39. — Druck von Ed. Krause in Berlin.

Fata-Morgana.

Den Thron des Oheims hast Du keck bestiegen,
Und überall verfolgst Du seine Spur.
In Rußlands Steppen, in des Padus Flur
Erneutest Du die Bahn von seinen Siegen.

Doch nicht genug, daß Deine Adler fliegen
Mit Ruhm gekrönt, wo er einst siegend fuhr,
Die neue Welt auch, nicht Europa nur,
Willst Du erfüllen jetzt mit Deinen Kriegen.

Doch wie hast Du dies Mexiko mißkannt!
Die Finger, die in allzu heißes Feuer
Du unvorsichtig strecktest nach Kastanien,

Du hast sie diesmal schmerzlich Dir verbrannt.
Und in Neu-Spanien findest Du, ein neuer
Napoleon, vielleicht ein neues Spanien.

Verantwortl. Redacteur: (in Vertretung) Rudolf Löwenstein in Berlin. — Verlag von A. Hofmann u. Co. in Berlin, Leipzigerstr. 39. — Druck von Ed. Krause in Berlin.

Der bewaffnete Friede.

Man wandelt nicht ungestraft unter Palmen!

Verantw. Redacteur: In Vertretung: R. Löwenstein in Berlin. — Verlag von A. Hofmann u. Co. in Berlin, Leipzigerstr. 39. — Druck von Eduard Krause in Berlin.

Das schwarze Gespenst.

Hüben und **Drüben.**

Als ein Mittel, die Völker „militärfromm" zu machen, und in ihnen die Steuerzahl-Lust zu erwecken.

Theatralisches.

Der Vice-König von Egypten, welcher Europa auf Suez-Canal-Eröffnungs-Gastspiel bereist, hat nun auch ein Engagement nach Petersburg erhalten.

Parlamentarisches.

Schreckliche Folgen der Sitzsamkeit eines Stenographen, welcher sich seit dem Beginn des Landtages, über den Reichstag und durch das Zollparlament nicht ablösen läßt.

Verantw. Redacteur: In Vertretung: R. Löwenstein in Berlin. — Verlag von A. Hofmann u. Co. in Berlin, Leipzigerstr. 39. — Druck von Eduard Krause in Berlin.

Socialdemokratisches Sommervergnügen.

Illi inter sese magna vi brachia tollunt.
Aen. 8, 452.

Welch Lärmen und welch Toben
In schwüler Sommerzeit!
Der Hundsstern blickt von oben
Auf schrecklichen Männerstreit.

Wie klopft auf Feindesschädel
Der Schweitzer, kühn und groß!
Und Liebknecht und Bebel edel,
Wie hau'n sie auf Schweitzer los!

Wie blühn die fröhlichen Pütsche!
Wie dröhnt der Saal vom Schrei'n!
Sie werfen den großen Fritzsche
Hinaus und wieder herein.

Hei, wie sie glühn und kochen,
Die Recken von Wuth und Haß!
Auch Mende hat wieder gesprochen —
Doch fragt mich nur nicht, was.

Die Gräfin aus der Ferne
Hört zu, wie's kracht und klirrt;
Sie hat es mitunter gerne,
Wenn's etwas lebhaft wird.

Der Bourgeois thut sich erbauen,
Froh schmunzelnden Gesichts.
„Wenn sie einander hauen,
Thun sie mir sicher nichts."

Social-demokratische Schnadahupferl.

Welche Lust, welcher Spaß,
Ein Dictator zu sein
Mit der „Puschel" im Kopf,
„Mit der Kugel am Bein"!

Der Schweitzer, der Mende —
Heut schlagen sie sich,
Schon morgen am Ende
Vertragen sie sich.

Das Eigenlob Schweitzers
Hat eigenen Duft;
Auch Fritzsche's Cigarre
Hat oft — Nebenluft.

Nicht Worte, nur Thaten
Erwecken Vertrau'n;
Bei uns, statt zu reden,
Wird tapfer — gehau'n!

O Schweitzer, Fritz Mende!
O schöner Verein!
O braver „Dictator
Mit der Kugel am Bein"!

69 *Nr. 33, 18. Juli 1869 (oben)* 70 *Nr. 34, 25. Juli 1869 (unten)*

Das Motto Bismarcks, »Wir Deutschen fürchten Gott, aber sonst nichts auf der Welt«, machte sich sein publizistischer Vasall, ›Kladderadatsch‹, zu eigen.
1870 hieß es im Leitgedicht einer Nummer des ›Kladderadatsch‹: »Wenn heute ein Geist herniederfliegt«, so sänge er »von Deutschlands neu erstrittenen Ehren / Und Deutschlands neu erstandener Macht.« Mit dem Krieg gegen Frankreich, der die Gründung des Deutschen Reiches brachte, bekannte sich ›Kladderadatsch‹ zu der offiziellen Politik, die Bismarck bestimmte. Die Einheit Deutschland begrüßte er jubelnd, da er darin die Erfüllung einer März-Forderung zu erkennen glaubte.
In der ›Kriegs-Ausgabe‹ im Juli 1870 hatte das Blatt den Krieg willkommen geheißen mit den Worten:

»Jubelnd sei's der Welt verkündet:
Nicht mehr scheidet uns der Main!
Drum rücken wir verbündet
Ins Franzosenland hinein.
Von der Alpe bis zum Strand
Schallt das Lied fürs Vaterland.«

Der französische Kaiser wurde nun mit den übelsten Schmähungen belegt. Als er im Januar 1873 starb, sandte ihm die Zeitschrift einen Nachruf mit dem Titel ›Gerechte Trauer‹ hinterher, dessen letzte Strophe verkündete:

»Nun da ER ist ein todter Mann
Und ist zu Grabe getragen,
Ihr Mächtgen, legt Trauer an
Um – Alle, die ER erschlagen!«

Der deutsche Kaiser dagegen wurde zum ›Vater des Vaterlandes‹, zur ›Lichtgestalt‹, zum ›Herrlichen‹ erklärt. Nach dessen Tod, 1887, stärkte das Leitgedicht den Nachfolger: »Milde und stark, wie er, so wirst auch Du / Den Frieden lieben und den Kampf nicht scheuen.«
Bismarck war nun zum Zentrum der politischen Ausrichtung des ›Kladderadatsch‹ geworden. Im Kulturkampf, der Auseinandersetzung mit der Kirche in Rom, stand er fest hinter dem eisernen Kanzler. Und ebenso fest in der Phase der So-

zialistengesetzgebung, mit der Bismarck das Verbot aller Vereinigungen, die »durch sozialdemokratische, sozialistische oder kommunistische Bestrebungen den Umsturz der bestehenden Staats- oder Gesellschaftsordnung« beabsichtigten, erzwang. Darunter fielen auch über vierzig Zeitungen und Zeitschriften. In wirtschaftlichen Fragen argumentierte ›Kladderadatsch‹ noch mit dem Anspruch des ›Liberalismus‹, allerdings mehr als verschwommen. Immerhin brachte ihn diese Haltung in der Frage des Schutzzolls, den er ablehnte, für kurze Zeit in Opposition zu dessen Verfechter Bismarck. Wegen eines milden Angriffs gegen ihn wurde der Redakteur Dohm sogar erneut mit einer Strafe belegt. Aber auch das blieb Episode. Das Verhältnis zu Bismarck kennzeichnet eine Illustration von Wilhelm Scholz zu des Kanzlers Geburtstag: darauf trägt der titanenhafte Bismarck wie weiland Atlas die Weltkugel auf den Schultern, die hier die Aufschrift ›Deutsches Reich und Auswärtiges‹ trägt.
Die totale Bismarck-Nachfolge dieser Zeitschrift hing auch zusammen mit dem personellen Wechsel in der Redaktion. Die ›Gelehrten des Kladderadatsch‹ schieden allmählich aus, Kalisch starb 1872, Dohm 1883, Löwenstein 1891 und Scholz als letzter 1893. Die ersten Nachrücker, Johannes Trojan und Wilhelm Polstorff, waren leidenschaftliche Bismarck-Anhänger. In dem Band ›Kladderadatsch und seine Leute‹ wird Polstorff als ›treuer Waffengenosse‹ herausgestrichen. Als der Kanzler 1890 abtrat, verabschiedete ihn das Blatt mit einer Zeichnung, auf der Bismarck sein Attribut, das ihn seit 1863 durch alle Illustrationen begleitete, drei Haare auf der Glatze, an seinen treuen, weinenden Wegbegleiter zurückgibt.
Mit seiner vorbehaltlosen Begeisterung für das Reich und Bismarck stand ›Kladderadatsch‹ endgültig auf der Seite der großen Mehrheit im Bürgertum. Die meisten der noch lebenden ehemaligen Vormärzler waren den gleichen Weg wie die Zeitschrift gegangen, etwa Hoffmann von Fallersleben.[1] Doch es gab auch eine Reihe einsamer Mahner, die sahen, daß Deutschland ›seine Einheit in den preußischen Kasernen‹ gefunden hatte, wie es Karl Marx formulierte. Sie bezeichneten die Reichsgründung als das, was sie war, eine von oben verordnete Veränderung, die nichts mit der angestrebten Volksbewegung der Revolution von 1848 gemein hatte. Doch der Frankfurter Demokrat Friedrich Stoltze, die Sozialdemokraten Johann Jacoby und Georg Herwegh, Adolf Glaßbrenner und Friedrich Hecker blieben mit ihren Aufklärungsversuchen an »Das Volk, das im gemeinen Kitzel / Der Macht das neue Heil erblickte« (Herwegh) weitgehend un-

gehört. Einer der radikalsten Gegner des neuen Reiches und seiner Träger war der Publizist Otto Hörth. Er schmuggelte ein Manuskript mit dem bezeichnenden Titel ›Ein neues Wintermärchen. Besuch im neuen deutschen Reich der Gottesfurcht und der frommen Sitte von Heinrich Heine‹ nach Boston/USA, wo der radikale Vormärzler Karl Heinzen seine Exilzeitschrift ›Der Pionier‹ vertrieb. Die Position Hörths, die in dem folgenden Ausschnitt deutlich wird, kennzeichnet den genauen Gegenpol zu der des ›Kladderadatsch‹:

Die Farben schwarz und weiß und roth,
Das sind die neuen Farben,
Die sich die Deutschen durch Krieg und Tod
Zum Banner des Reichs erwarben.

Das ist nicht das alte Schwarz-roth-gold,
Das schwarz wie der Tod der Tyrannen,
Und roth wie Blut in der Faust sich entrollt
Der goldenen Freiheitsmannen!

Das ist nicht das Banner, das Volkesdrang
Dem zollerschen Charlatane
Das Haupt einst herab auf den Busen zwang
Dort auf der hohen Altane!

Das ist das Schwarz, das die Knechtschaft prägt
Auf der Völker Herz und Gehirne,
Das ist das Weiß, das den Stempel trägt
Des Grams auf der bleichen Stirne!

Das ist das Roth, das brennendheiß
Die Scham treibt auf die Wangen,
Wenn einst die Farben schwarz-roth-weiß
Die Denker zum Denken zwangen!

Das Schwarz ist der deutschen Freiheit Tod
Und die große zoller'sche Lüge;

Das Weiß ist des Krieges fahle Noth
    Und des Jammers verblaßte Züge!

Das Roth ist die Schmach, die Zollerns Hand
    Auf Deutschlands Nacken geschwungen,
Das Schandkleid, das um das deutsche Land
    Die Zollernfaust geschlungen!

Das zoller'sche Schwarz, das zoller'sche Weiß
    Und das Schamroth der deutschen Lande,
Das ist ein Banner, wie keines ich weiß
    Vom Nil bis zum Nordpolstrande!

Das ist das zoller'sche Schwarz-weiß-roth,
    Das Banner der Todtschlagsfarben,
Das sich die Deutschen in Krieg und Tod
    Zum Banner des Reichs erwarben![2]

Texthinweise zu den Bildern

71 Nr. 12, 13. März 1870
Die preußische Heeresreform, die der König nicht gegen den Landtag hatte durchsetzen können, gelang Bismarck im Handstreich. Im Prager Vertrag vom 22. 8. 1866, der das Ergebnis des preußisch-österreichischen Krieges regelte, hatte Bismarck gegen den Willen des preußischen Königs auf eine weitere Schwächung Österreichs verzichtet. Diese politische Taktik konnten seine Anhänger dann als Friedenswillen auslegen.

72, 73, 74 Nr. 34, 24. Juli 1870 (2x); Nr. 35, 31. Juli 1870
Spätestens 1870 war Napoleon III., dieser kränkelnde, sich selbst überschätzende ›vergoldete Bohemien‹, der den Monarchen hinter ›elegant-phlegmatischer‹ Maske spielte, endgültig zum ›Erzfeind‹ geworden. Im gleichen Heft lautete die letzte Strophe eines Gedichts mit dem Titel ›Untergang der Lügenbrut!‹:

»Nicht wir – ER hat's gewollt! Sei's drum gethan!
Laßt uns vom Antlitz IHM die Larve reißen!
Und Aug' um Auge soll, und Zahn um Zahn,
Und Blut um Blut sol unsre Losung heißen!
Soll fließen unsrer Brüder theures Blut –
Denn eher darf dem Kampf kein Ende werden,
Bis ausgetilgt die höllische Lügenbrut,
Daß endlich wieder Friede sei auf Erden!«

76 *Nr. 40, 28. August 1870*
Wenige Tage vor der Kapitulation der französischen Armee war sich Preußen seines Sieges gewiß und lehnte Vorschläge zur Teilung der Beute ab.

77 *Nr. 54, 20. November 1870*
Bis zum Ersten Weltkrieg bestand eine starke Affinität zwischen Preußen und Rußland. Der Ruf »Der Russe kommt!« war allerdings als Drohgebärde schon damals wirkungsvoll und von abschreckender Wirkung im gesamten Europa.

78 *Nr. 5, 29. Januar 1871*
›Kladderadatsch‹ verspottete Frankreich, das nicht nur den Krieg verloren, sondern dadurch auch wirtschaftliche Einbußen erlitten hatte. Der Biedermann ›Kladderadatsch‹ fühlt sich als Verkörperung der neuen deutschen Nation, die Recht und Moral auf ihrer Seite weiß.

79 *Nr. 11, 5. März 1871*
Am 18. 1. 1871 wurde Wilhelm I. in Versailles zum deutschen Kaiser proklamiert. Die Verfassung des neuen Deutschen Reiches war stark an die des Norddeutschen Bundes angelehnt und ganz auf die Rolle des Kanzlers Bismarck zugeschnitten.

80 *Nr. 8 und Nr. 9, 25. Februar 1872*
Durch die enormen Reparationszahlungen, die Frankreich zu leisten hatte, brach in Deutschland der Gründerboom aus. Industrie, Banken, Handelshäuser schossen auf, verbunden mit ungeheurem Reichtum und Arbeiterelend, und schon nach kurzer Zeit gab es riesige Pleiten. ›Kladderadatschs‹ Kritik war in erster Linie moralischer Art.

81 Nr. 22 und Nr. 23, 19. Mai 1872
Durch das gesamte 19. Jahrhundert hindurch war die Kirche als eine der Hauptstützen der Reaktion ein Hauptangriffsziel von Satire und Kritik des ›Kladderadatsch‹. 1872 rief das Blatt mit seinem vorbehaltlosen Engagement in Bismarcks Kulturkampf offen zum ›Krieg gegen Rom‹ auf.

84 Nr. 11, Zweites Beiblatt, 9. März 1873
Hier sagt ›Kladderadatsch‹ explizit, daß mit der Deutschen Einheit von 1871 eine Forderung der Revolutionäre von 1848 eingelöst worden sei. Nationale Macht statt Bürgerrechte – ›Kladderadatsch‹ spielt das Spiel der Herrschenden, seine Satire wird zur Scheinsatire.

85 Nr. 24, 25. Mai 1873
Die großen Pleiten der Bank- und Handelshäuser im Jahr 1873, die das Ende des Gründerbooms markierten, bestätigten ›Kladderadatsch‹ in seiner moralisierenden Kritik an dem ›zügellosen Drang der Börsenhyänen‹, wie es Engels genannt hat.

86 Nr. 52, 16. November 1873
Wenn zwei sich streiten, freut sich ein Dritter. Hier sind es die Mandatsträger des Zentrums, obwohl der Einfluß der Parlamentarier, selbst wenn sie sich einig waren, stark eingeschränkt war durch die Konstruktion, die Bismarck der Ver-Verfassung und damit der Reichsregierung gegeben hatte.

87 Nr. 6, Zweites Beiblatt, 6. Februar 1876
Der große, auch von den Deutschen anerkannte Dichter Victor Hugo wurde nach Rückkehr aus der Emigration im Februar 1871 in die Nationalversammlung von Bordeaux gewählt, 1876 in den Senat von Paris. Heinrich Mann schrieb über ihn: »Er war immer auch Politiker, denn die Bürgerklasse war bewegt, wie er, von allgemeinen Ideen, selbst wenn dann nur Geschäfte daraus wurden; der geistige Mensch konnte damals für sie sprechen. Wenn sie schon gewußt hätte, daß allgemeine Ideen wandelbaren Inhalts sind, nie würde sie ihren Dichter gehabt haben. Die Bürgerklasse hielt aber damals die Ideen nicht nur für ewig, sondern für realisierbar. Idee und Utopie hießen ihr noch nicht dasselbe. Sie hatte geistigen Willen, wie ihr Dichter.«

88 Nr. 23, 21. Mai 1876

Der Zerfall des Osmanischen Reiches gipfelte im Staatsbankrott von 1875, der die Türkei zwang, um Geschäftsbeziehungen in Europa nachzusuchen. Die ansonsten miteinander verfeindeten europäischen Mächte waren sich diesmal einig, die Türkei sollte in Europa keinen Fuß fassen können.

89 Nr. 24, 28. Mai 1876

Noch immer proklamierte ›Kladderadatsch‹ seine Verbindung zu den Liberalen, die jedoch längst nicht mehr den politischen Verhältnissen der Zeit entsprach.

90 Nr. 27, 11. Juni 1876

Mit Gründung des Deutschen Reiches war ›Kladderadatsch‹ ganz auf die Linie Bismarcks eingeschwenkt, verstand sich höchstens noch als solidarischer Mahner.

92 Nr. 43, 17. September 1876

»Ein Volk auch lebt im Land der Briten . . .«, um die ›englische Krämerseele‹ zu treffen, greift ›Kladderadatsch‹ auf den Volksbegriff des Liberalismus zurück. Oberlehrerhaft schickt er seinen Tadel über den Kanal.

94, 95, 96 Nr. 42, 13. September 1885; Nr. 46, 4. Oktober 1885; Nr. 53 und 54, 22. November 1885

Das Bismarck-Bild des ›Kladderadatsch‹ deckt sich mit der zeitgenössischen Charakteristik des Historikers Veit Valentin: »Bismarck war nur zur Hälfte ein Landjunker altpreußischer Herkunft. Das mütterliche Blut der Beamten- und Gelehrtenfamilie Mencken pulste zeitlebens kräftig in ihm: daher das Erregte, Nervöse, Rebellisch-Liberale. Unruhig und respektlos, geschäftsgewandt bis zur Gerissenheit, vorurteilslos und skeptisch – so arbeitete in Bismarck zeitlebens ein unbürgerlich-bürgerlicher Geist.«

97, 98 Nr. 11, 13. März 1892; Nr. 20, 14. Mai 1899

›Kladderadatsch‹ stellte sich gegen die Sozialdemokratie, die sich nach Aufhebung des ›Sozialistengesetzes‹ (25. 1. 1890) neu und mit großem Wahlerfolg formierte. Hier benutzt er den Kunstgriff der Übernahme einer Position, die nicht die seine ist: in der Haltung radikaler Arbeiter kritisiert er die Politik des passiven Abwartens.

99, 100, 101 Nr. 20, Erstes Beiblatt, 14. Mai 1899; Nr. 4, Zweites Beiblatt, 26. Januar 1902; Nr. 5, Zweites Beiblatt, 1. Februar 1903

Ein wesentlicher Zug des ›Kladderadatsch‹ war seine Bezogenheit auf große Gestalten der Geschichte. Mit der Entlassung Bismarcks verlor das deutsche Bürgertum seine nationale Leitfigur. Das Blatt, stets beflissen, die Position der Mitte als die für die deutsche Politik richtige zu behaupten, verteile Lob und Tadel an August Bebel, der zur charismatischen Figur der Sozialdemokraten geworden war: einmal als Don-Quixote-Figur, einmal als ›rabiaten‹ Demagogen, einmal als Schreckgespenst für ängstliche Prinzen und Kleinbürger.

Die beiden Programme.

Nach der N. Allg. Ztg.

Herrn von Bismarck's. — Das der Nationalliberalen.

Verantw. Redacteur: In Vertretung: R. Löwenstein in Berlin. — Verlag von A. Hofmann u. Co. in Berlin, Leipzigerstr. 39. — Druck von Eduard Krause in Berlin.

Müller. Hast du jehört? ER hat schon sein janzes Feldzeug nach Osten vorausjeschickt!

Schultze. Ja wol. ER soll ja ooch den Dejen von seinen Onkel mitjenommen haben.

Müller. Doch seine Perspective?

Schultze. Auf Sanct Helena! Das wollen wir hoffen!

An den Unfehlbaren.

Sag' uns, wann ist denn wieder Fried' auf Erden?
Du mußt es wissen doch! — Wer wird erliegen?
Was wird, wenn's schief geht, aus dir selber werden?
Sprich doch, du kleiner Gott, wer wird denn siegen?
Wenn du es weißt, dann wollen wir in Massen
Uns herzlich gern zu dir bekehren lassen.

Die Ungläubigen der Börse.

Was wüll dör „Constütutüonöll" damüt sagen, daß „dü Soldaten von Jöna wüder bereut sind?" Düs wörden doch wahrscheunlich schon söhr alte Knückstüfel seun. Die Denkel unserer Soldaten von Leupzüg sünd jödenfalls jünger und sünd öbenfalls bereut.

Dör bekannter Stratöge.

Nach den neuesten Nachrichten haben sich die Franzosen durch die Berichte des Militärbevollmächtigten, Baron von „Stoffel", täuschen lassen, und ist zur Abfassung der Kriegserklärung ein Tauber („Le Sourd") ausersehen worden, damit er nicht höre, wie Deutschland antwortet. Der Kriegs-Minister heißt „Le Boeuf", der General-Intendant der ganzen Armee ist ein General „Wolf". — Nomen et omen! Ein Tauber, ein Wolf, ein Stoffel, ein Ochs, und über ihnen der Kaiser. Welcher unter ihnen ist der größte —?

Einem Deutschen Fürsten.

Wir geizen nicht mit unsrem Lobe
Dem Fürsten, der nun selbst bestand
Die große Deutsche „Reingold-Probe"
Der Treue für sein Vaterland.

Er gab zuerst die Marschbefehle
Und schwankte keinen Augenblick;
Sein Wort klang jeder Deutschen Seele
Wie unsrer Zukunft Fest-Musik!

Unter den Linden.

Neumann.
Wenn ich es sagte, habt ihr mit Hohn
Es immer aufgenommen.
Bin ich's nicht, der seit Jahren schon
Gesagt hat: so muß es kommen?

Ein Börsenfürst.
Genau berechnet, bleiben mir
Jetzt grade noch fünf Millionen.
's ist ausgezeichnetes Papier;
Da habt ihr es — zu Patronen!

Der Knabe.
Daß ich nicht fünf Jahr' älter bin!
Man möcht' den Verstand verlieren.

Das Mädchen.
Es zieht sich gewiß so lang' noch hin,
Daß du kannst mit marschiren.

Der Invalide.
Französisch gehört nicht viel dazu.
Ihr Jungen — nur Courage!
Das Allerbeste ist: Wuhlewuh?
Und gleich Eins durch die Visage!

Der Journalist.
Ein Extrablatt muß heut heraus;
Was soll man nur darin sagen?
Was denk' ich mir für 'ne Nachricht aus?
Ich will — meine Wirthin fragen.

Schultze.
Heut an der Börse jing das Gerücht,
ER wäre doll. Jewisses
Weiß man darüber bis jetzt noch nicht.

Müller.
Verlaß dir drauf — ER is es!

Ein Philosoph.
O was ist ird'sche Größe jetzt!
Ich hört' es gestern bei Zennig:
Strousbergs Vermögen wird heut geschätzt
Von Kennern auf 7 Pfennig.

Der junge Jurist.
Nun, das Examen ist gemacht!
Jetzt wehe dir, Imperator!
Man geht doch ganz anders an die Schlacht
Als Preußischer Auscultator!

Die Köchin.
Nu, Fritze, sieh mich ins Gesicht,
Willst du mir treu verbleiben?

Der Grenadier.
Karline, versprechen kann ich's nicht,
Ich werd' dir noch drüber schreiben.

Ein Unverbesserlicher.
Unfehlbar also —

Ein Ungeduld'ger.
Der Teufel hol's?
Was scheeren uns jetzt die Pfaffen!
Jetzt ist nicht die Zeit unfehlbaren Kohls —
Jetzt tagt das Concil in Waffen.

Ein Kannegießer.
Dort steht der Feind — wir stehen hier.
Klug nutzen wir seine Schwächen
Und —

Ein Zweiter.
— Richtig! Beim Schöppchen wollen wir
Das Ganze noch 'mal besprechen.

Ein Unzweifelhafter.
Es kommt zur Entscheidung — wißt ihr wo,
Und wann? Ich sag's euch: Bälder,
Als ihr es denkt, bei Waterloo —
Da sind ja die alten Felder.

Die lustige Person.
's ist große Zeit, gewalt'ge Zeit,
Wir stehn vor dem Ernst der Schlachten.
Wer hat noch Lust, in Heiterkeit
Die Lage sich zu betrachten?
Mein Herz, mein Herz rückt mit euch vor —
Und wenn die Kanonen blitzen,
Weiß ich, behaltet ihr den Humor,
Und schlagt auch drein mit Witzen.

ER hörte auf weise Mahnung nicht,
Laßt reden jetzt die Kanonen!
Mit Kugeln schleudert IHM ins Gesicht
Die schnöden Proclamationen!

Für Haus und Herd, für Recht und Pflicht;
Zieht aus, ihr Deutschen Heere!
Der Freiheit gilt es — drum wird es nicht
Euch fehlen an Ruhm und Ehre.

(Fortsetzung des Feuilletons im Beiblatt.)

Wir bitten, das Beiblatt zu beachten.

Untergang der Lügenbrut!

ER hat ihn nicht gewollt — hat **ER** gesagt!
Uns hat des Krieges Schuld **ER** zugesprochen!
Wo ist die Lüge, die **ER** nicht gewagt,
Und wo der Frevel, den **ER** nicht verbrochen?
Der durch Verrath erst die Nation beschimpft,
Auf Mord und Meineid **SEINEN** Thron gestiftet,
Dann der Verderbniß Pest ihr eingeimpft
Und bis ins Herz des Herzens sie vergiftet!

Der dann des Kriegs blutrothe Fackel trug
Zu andern Völkern und in fremde Lande,
Bis fern am Ocean **IHM** die Stunde schlug,
Da statt des Sieges Schmach **IHM** ward und Schande!
Der, von des Schicksals Rache jetzt bestürmt,
Bald mit Gewalt und bald mit argen Listen
Auf altes Unrecht neuen Frevel thürmt,
SEIN Lügendasein jämmerlich zu fristen!

Mit schlecht erlognen Vorwands falschem Schein
Des Uebermuthes Frechheit feig umhüllend,
Bricht **ER** in unsres Reiches Gränzen ein,
Des Raubens Gier und — **SEIN** Geschick erfüllend.
Denn wahrlich, an des Deutschen Reiches Mark
Sind **SEINER** Herrschaft Gränzen auch gezogen;
ER hat, im Trügen allezeit so stark,
In unsrem Volk zuletzt — sich selbst betrogen!

Nicht wir — **ER** hat's gewollt! Sei's drum gethan!
Laßt uns vom Antlitz **IHM** die Larve reißen!
Und Aug' um Auge soll, und Zahn um Zahn,
Und Blut um Blut soll unsre Losung heißen!
Soll fließen unsrer Brüder theures Blut —
Dann eher darf dem Kampf kein Ende werden,
Bis ausgetilgt die höllische Lügenbrut,
Daß endlich wieder Friede sei auf Erden!

Kladderadatsch.

Hierzu ein Beiblatt.

Bonapartistisches Hausmittel.

**Das Ungethüm muß Blut saufen, um sich zu verjüngen und zu erhalten.
Nun wohl! gebt ihm sein eigenes!**

Verantw. Redacteur: In Vertretung: R. Löwenstein in Berlin. — Verlag von A. Hofmann u. Co. in Berlin, Leipzigerstr. 39. — Druck von Eduard Krause in Berlin.

Nr. 35. Berlin, den 31. Juli 1870. XXIII. Jahrgang.

Kladderadatsch.

Zweiter Wochengesang.

Nach der Melodie: „Erhebt euch von der Erde."

Ade! Ich muß nun gehen
Zum Krieg wohl an den Rhein;
Viel Deutsche Brüder stehen
Und harren dort schon mein.
Ich weiß, auf wen ich zähle,
Ich hab' sie treu erkannt —
Ein Herz und eine Seele
Sind wir fürs Vaterland!

Gegrüßt, du Freiheitsmorgen,
Du neuer Einheitstag!
Denn, was daheim an Sorgen
Auch Jeder lassen mag,
Und was auch Manchen quäle
Am Rhein- und Ostsee-Strand —
Ein Herz und eine Seele
Sind wir fürs Vaterland!

Wenn einst gepflückt wir haben
Ein Hühnchen 'mal im Streit,
Ihr Baiern und ihr Schwaben,
Das war in böser Zeit.
Zu schön'rem Streit jetzt stähle
Die Brust sich muthentbrannt —
Ein Herz und eine Seele
Sind wir fürs Vaterland!

Zweiter Wochengesang.

Nach der Melodie: „Erhebt euch von der Erde.

All' Haß und Hühnchenpflücken
Sei ewig abgethan!
Denkt nicht mehr an die Rücken,
Denkt nur an Galliens Hahn!
Den faßt mir an der Kehle
Und dreht sie um gewandt! —
Ein Herz und eine Seele
Sind wir fürs Vaterland!

Und jagen wir den Kaiser
Aus seinem Land hinaus,
Dann schmücken grüne Reiser
Wohl Hüte, Helm' und Haus.
Und Süd und Nord vermähle
Dann traut ein Friedensband! —
Ein Herz und eine Seele
Sind wir fürs Vaterland!

Hört, Kinder, auf zu weinen!
Und du, mein treues Weib,
Leb' wohl und schirm' die Kleinen,
Wenn ich im Felde bleib'!
Dem Vaterland befehle
Ich euch! Reicht mir die Hand! —
Ein Herz und eine Seele
Fürs Deutsche Vaterland!

Kladderadatsch.

Humoristisch-satyrisches Wochenblatt.

Und nochmals:
Untergang der Lügenbrut!

Triumph! Victoria! Triumph! Triumph!
Es ist enthüllt, das schmählichste Verbrechen!
Des Rechtes und der Wahrheit letzter Trumpf
Gespielt — der König muß den Buben stechen!

Er ist entlarvt, der tückische Verrath,
Enthüllt das Bubenstücklein, das verruchte,
Mit welchem Satanas uns frech genaht,
Daß unsre Treue teuflisch er versuchte!

Von IHM ersonnen und in Amtes Kraft
Von SEINES Boten eigner Hand geschrieben,
Ist's in verschwiegnen Pultes sichrer Haft
Manch liebes Jährlein wohl verwahrt geblieben.

Jetzt aber brach's hervor — der stille Schrein,
Nicht länger birgt er die geschriebne Schande;
Und wie ein Blitz fährt's in die Welt hinein,
Wuthflammen zündend weit durch alle Lande.

Hört, Deutsche Brüder, ihr in Süd und Nord,
Wie eures Wohles sorglich ER gehütet?
Vernahmst du's Belgien, wie heimtück'schen Mord
ER schon seit Jahren gegen dich gebrütet?

Wirst, Oestreich, willig jetzt ein spät Gehör
Du endlich schenken der verbrieften Kunde,
Und dich — „Rien n'est sacré pour un sapeur!" —
Lossagen von selbstmörderischem Bunde?

Und du, neutrales stolzes Albion,
Fühlst nimmer du die frechen Nackenschläge,
Den kecken Bruch, den rücksichtslosen Hohn
Von Dir und IHM beschworener Verträge?

Neutral! Genüber dieser Lügenbrut
Gekreuzten Arms in träger Ruh' zu bleiben —
Wem noch ein Tröpflein Ehre kreist im Blut,
Dem muß die Schmach es in die Wangen treiben!

Und ER? — Seht, wie die Schlange züngelnd zischt,
Die, sich von Treubruch mästend, groß gediehen,
Jetzt, da der eignen Bosheit gift'ger Gischt
Verachtend ihr ins Angesicht gespieen!

ER sieht's und hört's und — nein! und aber nein!
ER kann's nicht leugnen! Seht, bei jedem Satze
Erbebt auf's Neu' sein schlotterndes Gebein,
Und bleicher wird die gelbe Corsenfratze.

Auf IHN! Auf IHN! Dem frevlen Lügenspiel
Des Treubruchs längst verdienten Lohn zu schaffen!
Nieder mit IHM! Nicht mehr ein würdig Ziel
Ist ER für unsre ehrlich blanken Waffen.

Den Kopf zertreten dieser Schlangenbrut!
Und mag sie uns auch in die Ferse stechen!
Und unser komm' und SEINES Volkes Blut
Auf IHN allein und SEIN verrucht Verbrechen!

Kladderadatsch.

Die ganze Bande.

Und Das wollte, „an der Spitze der Civilisation marschirend", Deutschland überschwemmen!

Verantw. Redacteur: In Vertretung: R. Löwenstein in Berlin. — Verlag von A. Hofmann u. Co. in Berlin, Leipzigerstr. 39. — Druck von Eduard Krause in Berlin.

Den verspäteten Friedensstiftern.

Lex mihi Mars!

Wir haben das Geschäft allein gemacht und werden auch die Rechnung allein ausschreiben.

Gewaltiger Schreck —

der grrrrrande Nation, als derselben an einem schönen Augustmorgen die Augen aufgehen, und sie im Spiegel erblickt, wie sehr sie sich verändert hat.

Verantw. Redacteur: In Vertretung: R. Löwenstein in Berlin. — Verlag von A. Hofmann u. Co. in Berlin, Leipzigerstr. 39. — Druck von Eduard Krause in Berlin.

Nr. 54. Berlin, den 20. November 1870. XXIII. Jahrgang.

Kladderadatsch.

Prophetischer Pariser Wochenkalender für 1871.

Montag, den 21. November 1871.

Man kann sich nicht erinnern, daß Paris eine glänzendere Saison erlebt hat, als die diesjährige — zu werden verspricht. Der Andrang der Fremden ist enorm. Gestern trafen vierundzwanzig Deutsche Theaterdirectoren hier ein, um der ersten Aufführung der neuen Sardou-Offenbach'schen Feeenoper beizuwohnen.

Dienstag, den 22. November 1871.

Großes diplomatisches Ballfest in den Tuilerien. J. M. der Kaiser Louis Napoleon III., und die Kaiserin Eugenie beglückten die glänzende Versammlung bis nach Mitternacht mit ihrer hohen Anwesenheit. Prinz Louis tanzte drei Tänze mit der Prinzessin **, Tochter des anwesenden ** von **. Man hält die Verlobung für nahe bevorstehend.

Mittwoch, den 23. November 1871.

Große Revue auf dem Marsfelde. Beim Erscheinen des Marschalls Bazaine brach ein unerhörter Jubel aus, nicht bloß bei den Truppen, sondern auch bei dem über 300,000 Köpfe zählenden Publicum.

Donnerstag, den 24. November 1871.

Mehr als 10,000 Kreuze der Ehrenlegion sind bereits nach Deutschland abgegangen, und immer noch laufen neue Gesuche um Verleihung dieses Ordens von Personen ein, die sich durch Aufhetzung der Baiern gegen Preußen und Deutschland um das beschleunigte Friedenswerk und die Zurückführung des Kaisers und seiner Armee verdient gemacht haben wollen.

Freitag, den 25. November 1871.

Gestern wohnten die sämmtlichen Gesandten der Europäischen Mächte der 150. Vorstellung des Melodrama's: „Der Engel von Wilhelmshöhe" bei. Die bekannten Verse: „Und alle Völker preisen laut die Götter, daß wieder herrscht Europa's einz'ger Retter!" — erregte frenetischen Fanatismus. Mehrere Diplomaten warfen in Ermangelung von Bouquets ihre Operngläser auf die Bühne.

Sonnabend, den 26. November 1871.

Heut fand endlich die Hinrichtung der letzten Verurtheilten vom December v. J. statt. Jules Favre, Rochefort und Trochu benahmen sich ziemlich gefaßt, und Gambetta sang sogar, als er die Stufen zur Guillotine hinaufstieg, laut nach der Melodie des Lampions-Liedes: „à Berlin! à Berlin!" In wenigen Minuten war alles vorüber. Kladderadatsch.

Humoristisch-satyrisches Wochenblatt.

Der Russe kommt!

Noch ist in diesem Kriege nicht
Das letzte Blut geflossen,
Des Janustempels Pforte steht —
Wie lang' noch? — unverschlossen;
Und schon ein neues Wolkenheer
Gewitterschwer
Steigt auf vom Newaflusse.
Europa wittert neuen Streit,
Die Börse schreit:
Der Russe kommt, der Russe!

Er wahrt des günst'gen Augenblicks,
Da Krieg die Welt durchrüttelt:
Das Joch, das lang' getragene,
Er hat es abgeschüttelt.
Er lacht des längst vergilbten Blatts
Papier — er hat's
Verbraucht zum Fidibusse!
Britannia steht und Austria
Stumm staunend da —
Ja, ja, so macht's der Russe!

Bruder Germane, leidest du's? —
Warum nicht, ihr Neutralen?
Im Grunde macht's mir ein'gen Spaß,
Euch Manches heimzuzahlen! —
Gern hätten im Trüben sie gefischt
Und was erwischt
In friedlichem Genusse.
Jetzt ist's geschehn um ihre Ruh';
Das thatest du,
O Russe, böser Russe!

Wir aber zitterten schon, vorbei
Sei bald des Streites Aere,
Daß Fried' auf Erden dann überall
Und Wohlgefallen wäre.
Wir aber brauchen Anarchie!
Du sorgst für sie —
Reich' uns den Mund zum Kusse!
Du nimmst uns ab der Sorge Schmerz —
An unser Herz,
O Russe, lieber Russe!

Kladderadatsch.

Ins eigene Fleisch geschnitten.

Madame Lutetia (das Local verlassend). Das ganze Geschäft ist ruinirt! Meine Kunden kann ich wegen mangelnder Transportmittel nicht befriedigen, Alles verdirbt mir auf Lager, und daran sind nur die verfl..... Preußen Schuld!

Nicht-Kunde. Aber, Madamchen, wie kann auch Jemand, der ein so blühendes, concurrenzfreies, offenes Geschäft hat, Prügelei anfangen? Sie haben alles nur sich selbst zuzuschreiben.

Proteste.

Froschdorf.

Er weint, daß man ihm etwas ruinirt, das ihm — nie gehörte.

Von der zoologischen Gesandtschaft in Paris.

Jetzt schießen sie schon bis in mein Hôtel! Und treffen sie mich nicht, so fressen mich die Franzosen. Ich wollt', ich wäre draußen!

Habichtswald bei Wilhelmshöhe.

Laß sie sich zerfleischen! Dabei fällt vielleicht noch am sichersten etwas für mich ab.

Verantw. Redacteur: In Vertretung: R. Löwenstein in Berlin. — Verlag von A. Hofmann u. Co. in Berlin, Leipzigerstr. 39. — Druck von Eduard Krause in Berlin.

Nr. 11. Berlin, den 5. März 1871. XXIV. Jahrgang.

Kladderadatsch.

Wochengesang.

Mel.: „Es zogen drei Bursche zum Thore hinaus."

Nun haben wir Frieden und aus ist der Streit.
Juchhe!
Das war eine böse, 'ne blutige Zeit. O weh!
Jetzt ist sie vorüber, bald rücken wir ein
In Deutschland und grüßen dich, Vater Rhein!
Juchhe!

Wir bringen dir, Vater, zwei Kinder zumal —
Juchhe!
Die einstens der tückische Wälsche dir stahl, —
O weh!
Zwar machen sie noch ein gar trubes Gesicht:
Wie schön es bei uns ist, das wissen sie nicht.
Juchhe!

Wir bringen dir Straßburg in gothischem Wix,
Juchhe!
Von Belfort, o Jammer, da kriegten wir nix
O weh!
Doch Metz und viel Städte und Dörfer dazu,
Nun haben vor Frankreich ein Weilchen wir Ruh.
Juchhe!

Wochengesang.

Mel.. „Es zogen drei Bursche zum Thore hinaus."

Auch fünf Milliarden in deutschem Courant.
Juchhe!
Wir kriegen einstweilen nur Länder als Pfand,
O weh!
Bis Alles bezahlt ist auf preußischem Brett,
Doch — in der Champagne, da lebt es sich nett.
Juchhe!

Drei Jahr muß Mancher noch bleiben fort. O weh
Ach Mancher ist blieben auf ewig dort, O weh!
Der Lenz nur thaut dann Thränen herab
Und schmücket mit Blumen der Helden Grab.
O weh!

Schnell gehen drei Jahre ins Land hinein. Juchhe!
Wer wird dann in Frankreich wohl König sein?
O weh!
Doch, wer da auch throne, der schaue sich um,
Daß ihm 's nicht ergeh' wie Napolium. Juchhe!

Kladderadatsch.

Zum Schluß des Krieges.

(Siehe „Kladderadatsch" Nr. 34 vom 24. Juli 1870.)

Flammt freudig auf, ihr Leuchten am Gestade,
Den Schiffern sendet eure Grüße wieder,
Mit neuem Glanze schmücke dich, o Jahde,
Und du, Arcona, blicke strahlend nieder!

Kein drohend Schiff zu schaun mehr in der Runde!
Kein Feindesnachen wagte sich zum Strande.
Nun steiget, ihr Torpedos, auf vom Grunde —
Das Meer ist frei, frei sind die deutschen Lande!

Es schweigt die Schlacht, das Morden ist beendet,
Erfüllt hat sich, was wir einst heilig schwuren,
Erfüllt der Fluch auch, den wir einst entsendet,
An *IHM* und *SEINER* Willkühr Creaturen.

Getilgt hinfort aus der Geschichte Buche
Die frevle Sippe corsischer Geschlechter!
Und *ER*, gepeitscht von tausendfachem Fluche,
Verfolgt von Kinderspott und Hohngelächter!

Und wie *ER* fiel, so ist das Volk gefallen,
Das *SEINE* Ketten zwanzig Jahr getragen,
Sich ließ zerfleischen von des Pein'gers Krallen,
Sich spannen ließ an seinen gold'nen Wagen.

Das Volk, das Tempel und Altäre schmückte
Dem Würger, der Europa einst zertreten,
Das sich im Marmordom andächtig bückte,
Um an des Götzen Sarkophag zu beten.

Wie stolz sah von der Säule höchster Spitze
Der Götze nieder noch im letzten Jahre!
Du kleiner Gott, wo sind heut deine Blitze?
Du großer Feldherr, wo ist deine Gloire?

Für jeden Sieg, den du auf Ruhmesblättern
Im Bogen des Triumphes eingeschrieben,
Sind hundert Siege heut mit deutschen Lettern
Frisch eingehaun und zwar — von deutschen Hieben.

Dein Volk muß deiner Siege Frevel büßen.
Verzweifelnd lag es da und bat um Gnade,
Und triumphirend zieht zu deinen Füßen
Das deutsche Heer vorüber in Parade.

Dein Erbe mußte seinen Nacken beugen,
Daß *ER* — dem fränk'schen Uebermuth zum Hohne,
Und um von *SEINES* Volkes Schmach zu zeugen —
Die Stufe sei zu Deutschlands Kaiserthrone.

Verbündet stehn, um für den Rhein zu streiten,
Zu Schutz und Trutz die Völker jetzt und Heere.
Geschlossen ist der Bund auf ew'ge Zeiten,
Der neue Rheinbund zu Germanias Ehre!

Drum flammt, ihr Leuchten, von der Felsenhalde,
Blickt freudestrahlend auf die Fluthen nieder,
Und tragt zum buntbeflaggten Mastenwalde
Den Jubelgruß: wir haben Frieden wieder!

Kladderadatsch.

Gründers Bedenken.

Wenn doch unser aller Vater Adam nur ein wenig Speculation gehabt hätte! Wie billig würde er damals sämmtlichen Grundbesitz an sich gebracht haben! Zum Heirathen blieb ja immer noch Zeit.

Da klagen die Leute über Theurung und hohe Miethen in Folge der grassirenden Speculationswuth! Laßt einmal jetzt wieder eine Sündflut kommen, dann sollt ihr erst Wohnungsnoth kennen lernen!

Wenn dieser Croesus, statt sich mit dem Schnorrer Cyrus so tief einzulassen, lieber die Rumänische Bahn gebaut hätte, stände sie vielleicht schon 250%, und ich wäre schön 'raus!

Bei meinem letzten Gründerball fiel mir ein: Daß die Juden um das goldene Kalb tanzten, wird wohl auch nur ein Cotillonscherz gewesen sein von dem damaligen Freysing oder einem sonstigen Médon.

Wenn man zur rechten Zeit die Bonapartes in ein Actien-Unternehmen verwandelt hätte, mit *IHM* als Director und einem Aufsichtsrath zur Seite, dann könnten heut die fünf Milliarden unter die Gründer zur Vertheilung kommen.

Jetzt habe ich wirklich alles Geld verdient und mir eine Unverdaulichkeit gegründet. Es ist alles eitel in der Welt. Steht draußen ein Lump, der gar nichts hat, pfeift sich Eins und ist vergnügt! Gott, wie ungleich sind doch die Güter vertheilt!

Verantwortl. Redacteur: E. Dohm in Berlin. — Verlag von A. Hofmann u. Co. in Berlin, Leipzigerstr. 39. — Druck von Eduard Krause in Berlin.

Petition an den Reichstag.

So schüttel dich doch 'mal
W. S.

Die ſiebente Bitte.

Verantwortl. Redacteur: E. Dohm in Berlin. — Verlag von A. Hofmann u. Co. in Berlin, Leipzigerſtr. 39. — Druck von Eduard Krauſe in Berlin.

Nr. 27. Berlin, den 16. Juni 1872. XXV. Jahrgang.

Kladderadatsch.

Wochenkalender.

Montag, den 17. Juni.

Moltke weilt im Schlesierlande,
Bismarck auf dem stillen Gut
An der Ostsee gelben Strande,
Und die Weltgeschichte ruht.

Dienstag, den 18. Juni.

Fern von Haß und Streitgelüste
Weilt der Junker Herrenmacht,
Denn der Landtag ging zur Rüste.
Nun Kreisordnung gute Nacht!

Mittwoch, den 19. Juni.

Virchow buddelt Megatherien
Und Pfahlbauten emsig aus;
Gähnend sehnt sich nach den Ferien
Auch des Reichstags hohes Haus.

Wochenkalender.

Donnerstag, den 20. Juni.

Prüfend sitzet die „Enquête"
In regulativer Reih',
Und Herr Falk und seine Räthe
Seufzen: Wär's doch schon vorbei!

Freitag, den 21. Juni.

Ach! der längste aller Tage
Kommt! — Da sehnt sich Weib und Mann
Fort von Staub und Arbeitsplage.
Darum rette sich, wer kann!

Sonnabend, den 22. Juni.

Fort vom Zank der Jesuiten
Und der Orthodoxen Streit!
Denn es naht mit Riesenschritten —
Weh! — die Sauregurkenzeit!

Kladderadatsch.

Humoristisch-satirisches Wochenblatt.

Versailles und Berlin.

Am 8. Juni 1872.

Er steht auf der Tribüne,
Der kleine Präsident;
Und ob ihm tief im Herzen
Des Hasses Flamme brennt,
Doch spricht zu Preußens Ruhme
Er sanft und würdevoll.
Von Milch und süßem Honig
Sein Mund schier überquoll.

„Wir sind besiegt — kein Wunder!
Denn seht, in Preußen stand
Die herrlichste Regierung,
Geliebt vom ganzen Land.
Der größte Staatsmann führte
Das Volk zu hehrem Werk!" —
Was sagt dazu Graf Bismarck? —
„Ich kenn' dich, Spiegelberg!"

Und weiter sprach der Kleine:
„Es lenkte die Armee
Der weise Kriegsminister,
Herr Roon, dort an der Spree." —
Was sagt der Kriegsminister? —
Er faßt ans Schwert und spricht:
„Mit Speck fängt man wohl Mäuse,
Doch keinen Preußen nicht!"

Und weiter sprach der Kleine:
„Ein Feldherr wunderbar,
Des Siegs Organisator,
Der tapfre Moltke war.
Der hat als Held sich würdig
Des höchsten Ruhms gezeigt." —
Was sagt dazu Graf Moltke? —
Er hört es, lacht und — schweigt.

Und weiter sprach der Kleine:
„Und an des Heeres Spitz'
Stand neidlos, fest und weise
Ein neuer alter Fritz,
Der jedes Generales
Und Rathes Werth erkannt,
Der All' an sich gefesselt
Durch starken Geistes Band!" —

Was sagt dazu der Kaiser? —
Er streicht den Silberbart
Und spricht: „Den Großen schmeicheln
Ist zwar der Wälschen Art;
Doch laß ich's mir gefallen —
Dank für das Compliment!
Nur Eins möcht' ich Euch bitten,
Mein lieber Präsident:

„Laßt ab, laßt ab, zu sinnen
Auf neuen Rachezug!
Habt an Sedan und Roßbach,
Ihr noch nicht ganz genug —
Dann — bei dem Fritz, der heiter
Herabschaut aus der Höh' —
Dann — — doch das Andre saget
Euch selbst — bon jour, Monsieur!"

Kladderadatsch.

Radical, nicht palliativ.

Das Aufstöbern hilft nichts, sie werden nur noch bissiger dadurch. Man muß sie entweder ganz in Ruhe lassen oder vollständig ausrotten; einen Mittelweg gibt's nicht.

Verantwortl. Redacteur: E. Dohm in Berlin. — Verlag von A. Hofmann u. Co. in Berlin, Kronenstr. 17. — Druck von Eduard Krause in Berlin.

Märzfeierliche Fragen und Antworten.

Märzveilchen blühn, und frei und freier
Entfaltet sich der Erde Pracht;
Es naht die ernste Jubelfeier
Des Tags, der uns den Lenz gebracht —
Den Völkerlenz, vor dem von hinnen
Der Knechtschaft Winter ist entflohn. —
„Ganz recht! Ich kann mich noch besinnen;
Jedoch — man — spricht nicht gern davon!"

So willst du an geweihter Stätte
Den Tag nicht feiern, hochgepreist,
Da einst des Censors läst'ge Kette
Gesprengt mit Macht der Freiheit Geist?
Da froh aufjauchzten alle Seelen,
Erlöst aus alter Zeiten Bann? —
„Ganz recht! Ich hört' davon erzählen;
Jedoch — man — denkt nicht gern daran!"

Sonst warst du Festen doch gewogen
Und rühmtest dich mit stolzem Ton,
Du seist geboren und erzogen
Als Kind der Revolution!
Hast du die Mutter schon vergessen?
Bist heut für sie ganz liebeleer? —
„Das grade nicht; jedoch — indessen —
Man — rühmt sich ihrer heut nicht mehr!"

Ward damals nicht — o laß dich fragen —
Zu Deutschlands Macht gelegt der Grund?
Und ward nicht schon in jenen Tagen
Geknüpft der Einheit fester Bund?
Soll wirklich des Vergessens Schleier
Schon heut auf jenen Zeiten ruhn? —
„Das nicht; doch glaube mir, die Feier
Ist nun einmal — nicht opportun!"

Daß du dich heut am unzertrennten,
Am ein'gen Deutschland dich erfreust,
Und daß dir heut in Parlamenten
Der Bürgerrechte Segen fleußt,
Geehrt nach Außen und im Innern,
Das dankst du jener Zeit zumal! —
„Ganz recht! Kann sein! Doch das Erinnern
Ist — Dem und Jenem heut fatal!"

Willst du zum Jubeln dich nicht regen,
Zu Schmauserei und Festesglanz,
So komm, laß auf die Gräber legen
Uns der Erinn'rung Dankeskranz.
Und wären's auch nur ein Paar Blätter,
Komm auf den Friedhof mit hinaus! —
„Bei Droschkenstrike und schlechtem Wetter
Bleibt ein fürsicht'ger Mann — zu Haus!

Kladderadatsch.

Zum grossen Krach.

Der Mann an der Wiener Börse, welcher bei allen Pleiten am meisten gelitten hat.

Versuch, hinfällige alte Häuser zu stützen, damit sie nicht die Nachbarn mit umreißen.

Die Wiener Bank prägt Tag und Nacht Papiergeld, um die Valuta zu heben.

Allgemeine Börsen-Ansicht der letzten Wochen. Matt, flau und geschäftslos.

Wenn sich der Wind nicht dreht, kriegen wir es doch noch her!

Was? Nicht nach Baden-Baden? Ich fall' in Ohnmacht!
— Wart' bis Ultimo — vielleicht fall' ich mit!

— Die eine Hälfte meines Vermögens ist verloren!
— Wird dich deine andere Hälfte trösten, mein Leben!

— Aber, Joseph, es stuckert ja heut so!
— Ja, ich habe bei die Zeiten absichtlich den Gummi von die Räder nehmen lassen.

Die Glücklichen!
Alle haben Geld verloren; nur ich komme nicht dazu!

Verantwortl. Redacteur: E. Dohm in Berlin. — Verlag von A. Hofmann u. Co. in Berlin, Kronenstr. 17. — Druck von Eduard Krause in Berlin.

Das kommt davon!

Während die Fortschrittlichen und die Nationalliberalen sich öffentlich herumzanken, gewinnen die Clericalen manch liebes Plätzchen im Abgeordnetenhause.

Weltausstellungs-Praxis und Warnung.

So eine Welt-Ausstellung ist gerade, als ob Einer einen Tempel legt und Pech hat! Während er das ganze Geld zusetzt und 10 Millionen Schulden macht, sagen die Pointeurs: Wir haben uns gut amusirt!

Wie Macbeth Mahon träumte.

Erst zehn Jahre Verlängerung der Gewalt, und dann — wer weiß, was geschehen wäre! Nun fünf, und vielleicht gar nur drei Jahre? Fahre wohl, schöner Traum!

Verantwortl. Redacteur: E. Dohm in Berlin. — Verlag von A. Hofmann u. Co. in Berlin, Kronenstraße 17. — Druck von Eduard Krause in Berlin.

Alleinige Inseraten-Annahme in der Internationalen Annoncen-Expedition von Rudolf Mosse, Berlin, Jerusalemerstraße 48,

Beiblatt zum Kladderadatsch.

Insertions-Gebühren für die 4-gespaltene Nonpareil-Zeile oder deren Raum 1 ℳ = 1¼ Fr.

sowie dessen Filialen in Hamburg, Frankfurt a. M., Stuttgart, Breslau, Leipzig. Dresden, Halle, Cöln, Dortmund, München, Nürnberg, Prag, Wien, Strassburg, Zürich, Basel.

Nr. 6. Zweites Beiblatt. | Berlin, den 6. Februar 1876. | XXIX. Jahrgang.

Der Papua an den neuen Senator von Frankreich, Herrn Victor Hugo.

Wie? Europa willst du gründen, Victor Hugo, Riesendichter?
Diesen Continent, der, nährend das erbärmlichste Gelichter,
Einem Krater gleicht, der langsam nur noch speit, sich schon verglasend?
Victor Hugo, bist du rasend?

Du? Europa? Diesen Welttheil, altersschwach, morsch und verrottet,
Wo man selbst des Universums größten Geist, dich selbst verspottet?
Wo der Geist der Menschen schaal ist, gleich dem letzten Rest des Fasses?
Victor Hugo, bitte, lass' es!

Du? Europa? Diesen Sumpf der Knechtschaft, gleichend dem entkrallten
Und entzahnten Leu'n, mit dem einst Kaiser Nero in dem alten
Rom gefochten, oder einer Zahnbürst', borstenlos vom Alter —
Weh! Kehr um, Weltumgestalter!

Willst du gründen? Nun, so gründe! Aber absehn mußt du, Braver,
Von Europa — selbst von Frankreich, denn auch Frankreich ist Cadaver.
Wie? Du zürnst? Willst nach mir schlagen mit gespitzter Schreiberöhre?
Victor Hugo, hau' — doch höre!

Glaub' mir — glaubst du? — Keine — hörst du? — keine Zukunft blüht dem alten
Continent, wo bald die Raben ihre letzte Mahlzeit halten.
Wende von dem Schauplatz wilder Fürsten-Priester-Bachanalien
Deinen Blick hin nach Australien.

Wend'st du? — Gut! — Was siehst du? Freie Schwarze, die auf Gummibäumen
Nie von Herrschaft, sondern höchstens nur von fetten Larven träumen,
Känguru's, die durch die Gipfel hoher Casuarinen schlüpfen
Oder vor Vergnügen hüpfen.

Sieh, dies ist das Land, wo Alles, was du willst, fast schon erreicht ist,
Wo das Wen'ge, was noch fehlen sollte, zu erreichen leicht ist.
Hierher wende dich, wo nie ein Fürstenbruder-Mordbund hauste,
Nie das Schwert durch Hälse sauste.

Dieses Land, umspült von unverfälschten blauen Meereswogen,
Einer Sonntagshose gleicht es, die noch niemals angezogen.
Hier ist Ruhm ein unbekanntes Wort, hier wird kein Mensch nach Gold geschätzt — hier weiß man nichts von Moltke.

Hierher komm', um deinen Zukunftsstaat zu gründen, bei uns weile
Unterm Baum, der Gummi spendet, wenn verletzt er wird vom Beile!
Vom verhaßten deutschen Reiche hörst du nichts in Busch und Steppe,
Nie das Rauschen einer Schleppe.

Einen einz'gen Fehler haben wir, den will ich nicht vergessen:
Daß mitunter wir — verzeih' es, Weltpoet — einander essen.
Doch du selbst, ganz ungenießbar, fällst nie diesem Trieb zur Beute — —
Komm und gründ' uns — morgen — **heute!**

Offene Bitte an die Reichsjustizcommission.

Vor einiger Zeit erklärte es die Reichsjustizcommission für wünschenswerth, den Vorbereitungsdienst der Referendare von 4 auf 3 Jahre zu beschränken. Kürzlich ist nun das bisherige Reglement, welches die Inangriffnahme der ersten schriftlichen Prüfungsarbeit nach 3½ Jahren ermöglichte und für deren Vollendung 6 Monate Zeit gewährte, dahin abgeändert, daß das Thema für diese Arbeit erst einige Zeit nach Ablauf der vollen 4 Jahre erlangt werden kann, und daß die Arbeit binnen 6 Wochen fertig zu stellen ist. Der Grund dieser Maßregel soll in dem großen Beifall zu finden sein, welchen sämmtliche Referendare über den erwähnten Commissionsbeschluß öffentlich geäußert haben, und in welchem man eine stillschweigende Mißbilligung der an maßgebender Stelle herrschenden Ansichten gesehen haben soll. Wenngleich man von der Einleitung einer Disciplinaruntersuchung gegen sämmtliche Referendare Abstand genommen hat, so soll man es doch für zweckmäßig gefunden haben, in der geschehenen Weise den Referendaren ihren Standpunct klar zu machen. Die verehrliche Commission wird daher ebenso dringend als unmaßgeblich gebeten, nicht durch fernere uns wohlwollende Beschlüsse unsere Interessen fahrlässig zu schädigen. Vielmehr dürfte eine ernste Prüfung der Frage angezeigt sein, ob nicht etwa eine Verbesserung unserer Verhältnisse für den Fall zu treffen sei, daß die Commission die vierjährige Vorbereitungszeit für zu kurz, das jetzige Assessor-Examen für zu leicht, und unser Gehalt für zu hoch erklärt.

Die Referendare des Kladderadatsch.

Zum Völker-Wettschießen in Philadelphia.

Wer in Amerika wird thun den Meisterschuß,
Den wird man ehren, wie man Meister ehren muß,
Ja, höher noch sogar; denn jener Schütz' erhält
Zum Lohn für seine That den „Schützenpreis der Welt".
Auch in Europa wird — das laßt uns hoffen — jetzt
Für brave Schützen solch ein Ehrenpreis gesetzt:
Der Schützenpreis der Welt gebührt auch hier dem Mann,
Der fest aufs Centrum schau'n und es durchbohren kann.

Zur Feier der Anwesenheit des Cardinals, Fürsten Hohenlohe in Rom soll von einer deutschen Schauspielergesellschaft das Hackländer'sche Lustspiel: „Der geheime Agent" aufgeführt werden.

Nomen et omen.

Schade, daß unsere europäischen Diplomaten so wohlerzogen sind, daß nicht einmal Einer zum Türken sagt: Verehrtester, Ihre Transactionen werden immer mehr inopportun! Wollen Sie nicht gefälligst das Local verlassen? Dort ist die **Pforte!**

Der Ausgleich in Oesterreich-Ungarn ist wieder auf zehn Jahre hergestellt.

Beide Theile tragen ihr Unglück mit Würde; jeder Einzelne aber beklagt sich, daß er zu kurz gekommen sei.

Verantwortl. Redacteur: E. Dohm in Berlin. — Verlag von A. Hofmann u. Co. in Berlin, Kronenstraße 17. — Druck von Eduard Krause in Berlin.

Ermunterung zur Wahlbewegung.

Mein lieber Liberaler, wenn du nicht bald die Augen aufmachst, überreiten dich die Anderen! Sie kommen bereits!

Verantwortl. Redacteur: E. Dohm in Berlin. — Verlag von A. Hofmann u. Co. in Berlin, Kronenstraße 17. — Druck von Eduard Krause in Berlin.

Offenes Sendschreiben

an Se. Durchlaucht den Herrn Reichskanzler.

Ich weiß es ja, daß Sie bis über die Ohren — wenn ich so zu sagen so kühn sein darf — im Orient stecken. Ich komme auch nicht, um zu stören oder den Gang der Verhandlungen zu unterbrechen; ich wollte nur bei Ihnen anfragen, ob Sie die Ansicht einer einfachen Frau aus dem Volk hören wollen.

„Wollt ihr hören, wie eine einfache Frau darüber denkt?" — so fragte ich neulich drei Männer, von denen der Eine mein Mann war, als sie beim Whist zusammen saßen und dabei über die eigentliche Natur und den Zweck der Softas in Streit geriethen. „Nein!" — antworteten sie wie aus einem Munde. Was aber war die Folge? Sie gingen im Zorn auseinander, und seitdem leben wir drei Familien in gespanntem Verhältniß.

Ich bin aber überzeugt, daß ich wenigstens von Seiten Euer Durchlaucht — denn mit Gortschakoff und Andrassy stehe ich nicht auf dem Brieffuß — eine so schnöde Zurückweisung nicht zu befürchten habe. Meine Ansicht ist diese: Was von der bekannten Scheere zu halten ist, dürfte uns Allen klar sein. Warum nur die eine Scheere? Warum hat er sich nicht gleich kreuzweise mit zwei Scheeren die Armkehlen durchschnitten? Oder warum schnitt er sich nicht mit der Scheere den Kopf ab? Warum sind es nur 19, warum nicht 929 Aerzte, welche die Sache bescheinigt haben? Diese Mordwirthschaft im Orient muß aufhören! Murad muß von dem blutigen Thron herunter!

Was aber dann mit der Türkei anfangen? Das ist die große Frage. Nun hören Sie!

Die unzufriedensten Elemente Europa's sind zusammengesetzt aus Socialdemokraten und Kronprätendenten, bei welchen Letzteren ich Hakon Hakonson und Genossen ausschließe. Es scheint mir nämlich, daß die Ultramontanen mitsammt dem Culturkampf vorläufig in den Skat gelegt sind, und daß die Agrarier sich durch sanftes Zureden an den Gebrauch von Filzpantoffeln werden gewöhnen lassen.

Wie wäre es nun, wenn man die Socialdemokraten und die stellenlosen Kronensöhne mit den verschiedenen Ländereien der Türkei abfände? Don Carlos mache man zum Kaiser vom Balkan, den französischen Häuptern der Familien Bourbon und Orléans räume man die Moldau und Walachei ein; Bebel wird als König von Macedonien, Liebknecht als Großherzog von Thracien, und Hasselmann als Tyrann von Albanien sicherlich allen communistischen Wünschen entsagen. Für den jungen Louis könnte für den Fall, daß er sich gut hält, das schöne Rumelien kaltgestellt werden.

Sollten sich dann noch einige Andere melden, so könnten noch die zahlreichen asiatischen Hinterlassenschaften des armen todtgeschnittenen Sultans zur Vertheilung kommen. Auch hätte ich nichts dagegen, wenn für uns ein Paar kleine Dardanellen dabei abfielen. Die Flotte ist einmal da, und an einem Wasser-Moltke wird es uns sicherlich nicht fehlen.

So weit meine politischen Vorschläge. Ich sehe nun die Frage auf Ihren Lippen, wie wir das Pfingstfest verlebten. Nun, ich danke. Da es an den drei ersten Feiertagen doch überall zu voll und zu gewöhnlich ist, so besuchten wir am vierten Feiertage die Wüste von Lichterfelde. Wir hofften, daß dort nichts zu sehen wäre; aber als wir ankamen, waren doch schon mehrere Bekannte von uns da. Später verzehrten wir selbfünf ein Ei mit Spinat — denn von Spinat mit Ei oder vom Ei in der Mehrzahl kann man doch bei den jetzigen Preisen nicht mehr reden.

Dabei fällt mir die Frage ein, wie Euer Durchlaucht diesmal mit dem Spargel zufrieden sind? Sind Sie gerade beim Stechen und es sind viele da, so wollen Sie nicht verfehlen, drei oder vier Schock mit Packetkarte ohne weiteres Anschreiben, aber frankirt, abzusenden an

Euer Durchlaucht
allertiefstuntergebenste
Friederike Bohmhammel.

P. S.

Wenn doch Stephan die Stadttelegramme à 25 Pf. wieder möglich machte! Versuchen Sie es, bitte, ihm mit einem Wort den Zweck der telegraphischen Einrichtungen klar zu machen. D. O.

Friedensmesser.

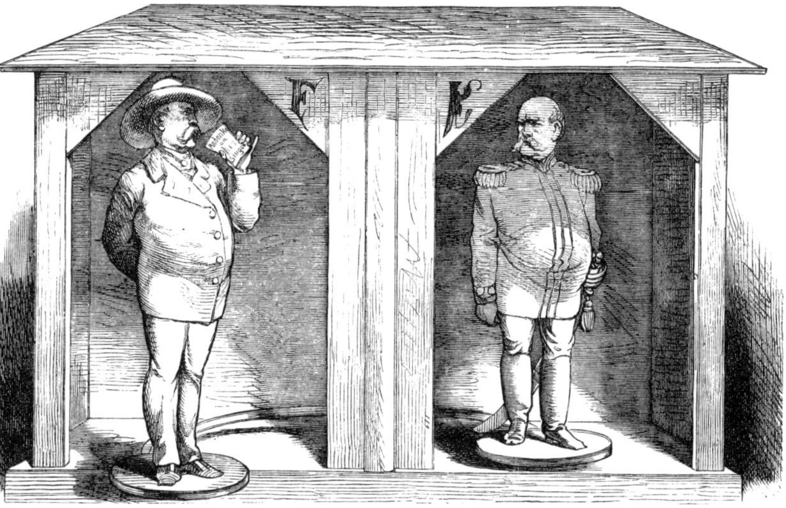

Solange Der mit dem Schlapphut draußen steht, bleibt gutes Wetter. Wenn aber der Andere herauskommt, ändert es sich.

Was kein Verstand der Verständigen sieht,
Das übet in Einfalt ein kindlich Gemüth.

„Doch aber würden wir keinen Augenblick zögern, **Ew.** Königliche Hoheit zu bitten, **dies werthvolle** Geschenk **wieder von uns zu nehmen,** wenn **wir** fürchten **müßten, durch** die **Verleihung** communaler **Selbstständigkeit** dem Herzen **Ew.** K. H. **auch nur um eines Haares Breite** entfremdet zu **werden.**"

Bürgermeister **Steffen,** als Ludwigslust die städtische **Verfassung erhielt.**

Caeterum censeo, Constantinopolin esse delendam.

Wenn das so fortgeht, müssen sie sich **doch endlich** aus Europa scheeren; **und dann** blüht mein Waizen. **Also** auf, nach Stambul!

Verantwortl. Redacteur: E. Dohm in Berlin. — Verlag von A. Hofmann u. Co. in Berlin, Kronenstraße 17. — Druck von Eduard Krause in Berlin.

Nr. 43. Berlin, den 17. September 1876. XXIX. Jahrgang.

Kladderadatsch.

Nr. 44 u. 45 erscheinen am 24. September.

Schultze's Wochenkalender für den Sultan.

Montag, den 18. September.

Der du plötzlich bist jesetzt
Mang die Potentaten
Mit das Schwert von Osman jetzt,
Hamid, laß dir rathen!

Dienstag, den 19. September.

Setz' dir nich aufs bohe Pferd
Und benimm dir artig;
Schleif' zu scharf nich Osmans Schwert —
Allzu scharf macht schartig.

Mittwoch, den 20. September.

Lieb' zu sehr nich Weib und Wein,
Schränk' dir ein een bißken,
Wenn du lang' willst Sultan sein
Mang die Odalisken.

Donnerstag, den 21. September.

Heute Jeld und morjen Brief,
Heut von Allah's Gnaden
Noch ein mächtiger Khalif,
Morjen — fort mit Schaden!

Freitag, den 22. September.

Allah achbar — Jott is jroß —
Sagt des Korans Lehre.
Denk' an deines Bruders Loos,
Denk' ooch an der Scheere!

Sonnabend, den 23. September.

Hüt' dir drum vor Hochmuth fein
Und vor deinen Nachbar.
Hamid, steck den Dejen ein
Osmans! — Allah achbar!

Kladderadatsch.

Humoristisch-satirisches Wochenblatt.

Dieses Blatt erscheint täglich mit Ausnahme der Wochentage. Man **abonnirt bei den Post-Anstalten des In- und Auslandes, sowie in den Buchhandlungen.**

Der vierteljährliche Abonnements-Preis mit sämmtlichen Beilagen **beträgt für In- und Ausland 2 M. 25 Pf. Einzelne Nummern 25 Pf.**

An England.

Brav, England! Schöne Augenweide
Gibst du Europen! Mehr als Freude
Ziert dich der Zorn, von dem du flammst.
Verkünd' es froh in alle Lande,
Daß du die Politik der Schande,
Der Selbstsucht Politik verdammst!

Wir hofften kaum auf solche Worte:
Auf deinem Haupt, so schien's, verdorrte
Des Lorbeers schimmerndes Geflecht.
Jetzt prangt es frisch in deinem Haare:
Die Wahrheit gilt mehr als die Waare,
Mehr als der Vortheil dir das Recht.

Und die dein Schicksal heute lenken,
Sie werden weislich sich bedenken,
Eh' sie dir schlagen ins Gesicht;
Sie werden zögern, wenn von tausend
Und abertausend Stimmen brausend
Der Ruf ertönt: Wir wollen's nicht!

Nein, wollt es nicht! Seid nicht die Beute
Der Krämer und der pfiff'gen Leute,
Die fühllos sind für Andrer Schmerz!
Kein Frevel sei von euch gelitten;
Ein Volk auch lebt im Land der Briten,
Und dieses Volk hat auch ein Herz.

Kladderadatsch.

Leit artikel wesen.

Dienstag.
Nun ja, der Russe will nichts von den sechs Monaten wissen. Die Woche fängt gut an!

Mittwoch.
Italien also verbündet sich mit Rußland? Armes Oesterreich! Nun geht es los!

Donnerstag.
Ja, ja! Der Horizont umgibt sich mit schweren Wolken. Andrassy will auch nicht mehr mit thun. Der Krieg ist nicht zu vermeiden!

Freitag.
Wenn nur wenigstens Bismarck den Mund aufthun möchte, daß man wüßte, woran man wäre!

Sonnabend.
Natürlich muß England daran liegen, sich den Bosporus offen zu halten. Da gibt's den Zusammenstoß!

Sonntag.
Ja, gewiß soll unser Volk endlich sprechen in der Orientfrage! Aber wählen sie denn die richtigen Männer?

Montag.
Heut können sie mir gar nichts thun! Da gibt's keine Zeitung.

In der zwölften Stunde.

England scheint noch zur rechten Zeit das Nothsignal gesehen zu haben, so daß es wohl zu einem Zusammenstoß nicht kommen wird.

Verantwortl. Redacteur: E. Dohm in Berlin. — Verlag von A. Hofmann u. Co. in Berlin, Kronenstraße 17. — Druck von Eduard Krause in Berlin.

Unsere intimen Feinde.

Die Möpse und der Mond.

Vom ehrlichen Makler.

Leo als Schiedsrichter fein
Müht sich ab unsäglich
Mit den streitenden Partein:
„Kinder, seid verträglich!“

Du, Alphonso, Spaniens Rex
Folg' dem Rath, dem treuen,
Deines summus Pontifex!
Wirst es sonst bereuen!

Deine Sach' ist zwar nicht schlecht,
Aber etwas schwächlich.
Poch' zu stark nicht auf dein Recht,
Denn das ist gebrechlich.

Was einst vor vier saeculis
Sprach ein Papst gewichtig,
War unfehlbar ganz gewiß.
Heut ist's nicht mehr richtig.

Willst Du, daß im Krieg sogleich
Schwert an Schwert erglühe
Um ein winzig Inselreich?
'S lohnt ja nicht der Mühe.

Bismarck, wenn ich bitten darf,
Folg' auch du mir artig,
Schleif' dein Machtschwert nicht zu scharf!
Allzu scharf macht schartig.

Glaub', daß Caroline grad'
Dir zum Heil nicht diene.
Darum hör' auf meinen Rath:
Laß die Caroline!

Gönn' sie ihrem span'schen Herrn,
Denn dies Offizierchen
Will sie haben gar zu gern.
Laß ihm das Pläsirchen.

Was dir mein Consilium
Räth in Hoheitsfragen,
Thu's, und gräm dich nicht darum,
Was die Leute sagen.

Glaube mir: ich rath' Dir als
Petri Stellvertreter
Im Culturkampf ebenfalls.
Aber davon später!

Setz', o Fürst, den Streit nicht fort,
Meide ernste Schritte!
Dieses sei mein letztes Wort!
Halt! noch eine Bitte!

Ruh' dich aus in Friedrichsruh
Von des Amts Beschwerden,
Daß — und dafür sorge du —
Friede sei auf Erden!

Kladderadatsch.

Warnung für Jung und Alt.

Wenn Ihr nicht bald aufhört den Hund zu necken und zu nörgeln, so schneide ich ihn los!

Verantw. Redacteur: I. V.: J. Trojan in Berlin. — Verlag von A. Hofmann u. Co. in Berlin, Kronenstr. 20. — Druck von Eduard Krause in Berlin.

Nr. 11. Berlin, den 13. März 1892. XLV. Jahrgang.

Kladderadatsch.

Reichstags-Wochenkalender.

Montag, den 14. März.

Bist in den Reichstag du gesandt,
O Freund, so zeige dich discret,
Verrathe nicht dem ganzen Land,
Wie schlecht mit der Frequenz es steht.

Dienstag, den 15. März.

Im Corridor magst du besehn
Mit Schmerz der Hüte knappe Zahl,
Doch sollst du nie darauf bestehn,
Daß man die Häupter zählt im Saal.

Mittwoch, den 16. März.

Du weißt, von den Collegen fehlt
Die größre Hälfte stets im Haus,
Drum ist, wird einmal ausgezählt,
Auch sicher gleich die Sitzung aus.

Reichstags-Wochenkalender.

Donnerstag, den 17. März.

Der Präsident steht auf und spricht:
„Was sollen wir noch länger hier?“
Es gehen, ledig aller Pflicht,
Die Bessern auch vergnügt zum Bier.

Freitag, den 18. März.

Du treibst auch sie nur in den Saus
Und Braus der Residenz hinein,
Und morgen wird im hohen Haus
Noch kleiner der Präsenzstand sein.

Sonnabend, den 19. März.

So war es und so wird es sein,
Solang' der Reichstag noch besteht,
Drum finde dich, o Freund, darein
Und zeige mild dich und discret!

Kladderadatsch.

Humoristisch-satirisches Wochenblatt.

Dieses Blatt erscheint täglich mit Ausnahme der Wochentage. Man abonnirt bei den Postanstalten des In- und Auslandes, sowie in den Buchhandlungen.

Der vierteljährliche Abonnements-Preis auf dieses Blatt mit sämmtlichen Beilagen beträgt für In- und Ausland 2 Mk. 25 Pf. ohne Porto. Einzelne Nummern 20 Pf.

Die neuste Partei.

Nun bebe, Bebel! Singer, singe
Dein Schwanenlied! Liebknecht, erbleich!
Es naht das Ende aller Dinge,
Glücklicherweise nur für euch.
Zeit ist für euch es, einzupacken,
Mit eurer Macht ist es vorbei;
Das letzte Brot ist euch gebacken,
Sie tritt bereits euch auf die Hacken,
Die neuste, schreckliche Partei.

Das sind die braven Anarchisten,
Die sind nicht rücksichtsvoll und lau,
Wie ihr es seid, ihr Socialisten,
Nein ihre Losung heißt Radau.
Die lang' schon fällig sind gewesen,
Jetzt endlich treten sie hervor.
Sie machen nicht viel Federlesen,
Fort fegen sie euch mit dem Besen —
Hört nur, wie draußen brüllt ihr Chor:

„Der Singer fährt nur erster Classe,
Und Liebknechts Hand steckt in Glacé.
Stets wohlgefüllt ist Bebels Kasse,
Vergnüglich lebt er als Rentier.
Vampyre seid ihr, faule Drohnen,
Ergänzend von der Bildung Lack,
Im Reichstag sitzend mit Baronen,
Volksmänner, die „herrschaftlich“ wohnen,
Die in Cylinder gehn und Frack.

Nennt „Vorwärts“ immer euer Käse-
Und Wurstblatt, rückwärts geht sein Lauf.
Es nehmen's kaum wohl Officiöse
Mit euch in Gutgesinntheit auf.
Geschmeidige Parlamentarier,
Frommbolde, Leisetreter ihr,
Die Brüder seid ihr der Agrarier,
Und nennt uns „Lumpenproletarier“?
Merkt es euch wohl: Das Volk sind wir!

Wo wir uns zeigen, setzt es Hiebe,
Und tosend naht sich unser Schwarm
Mit der Ballonmütz' auf der „Rübe“
Und mit dem Knotenstock im Arm.
Ob ihr auch Pack uns oder Pöbel
Benennt, das macht uns wenig aus,
Ihr haltet doch bald eure Schnäbel.
Erzittre, Liebknecht! Bebe, Bebel!
Gib, Singer, die Millionen 'raus!“

So brüllt der Chor — mit stiller Freude
Hört es der Bierphilister an.
„Sehr unsympathisch sind mir beide
Partein, wie ich nicht leugnen kann.
Sie wollen beid' mir an die Kehle
Und an den Geldsack — im Vertraun:
Es ist etwas, worauf ich zähle,
Und wär' ein Trost für meine Seele,
Zu sehn, wie sie einander haun.“

Kladderadatsch.

Die jüngste Phase im Kampf gegen den Capitalismus.

Genosse Bernstein bildet, weil er dasselbe wie Genosse Bebel will, ein Gegengewicht gegen dessen Vorgehen.

Verantw. Redacteur: J. Trojan in Berlin. — Verlag von A. Hofmann & Comp. in Berlin, Leipzigerstr. 135, I. — Druck von Hempel & Co. G. m. b. H., Berlin.

Der muß runter vom hohen Pferd!

Warum führt eigentlich das Vorgehen der Parteien gegen die Socialdemokratie zu keinem Erfolg?

Der rabiate August

Beilage zum „Kladderadatsch“ 1903

Der schwarze Mann

Wollen die Königlichen Hoheiten gleich artig sein! Der Bebel kommt!

»Der Tag der Rache kommt«: mit diesen Worten endete ein Gedicht von Paul Warncke auf die viertausendste Nummer des ›Kladderadatsch‹, die am 18. 5. 1919 erschien. In diesem Gedicht faßte er den Standpunkt des Blattes zum Ersten Weltkrieg zusammen:

»O Vaterland, du schönstes Land von allen,
Die dieser schönen Erde Rund umfängt,
Ich sehe dich zerbrochen und zerfallen,
Von Bosheit, Rachsucht, Haß und Leid bedrängt!

Sie schleudern dir ins Antlitz frech die Lüge,
Die feige sie erdacht, von *deiner* Schuld –
Gib acht, daß nicht ihr Wort die Welt betrüge!
Leg' ab die niederträchtige Lammsgeduld!

Sie wollen dich zerstückeln und zerfetzen;
Du stolzes Volk, du sollst ihr Sklave sein.
Die besten wollen sie von deinen Schätzen –
O Volk, denk' deiner Ehre! Sage *Nein!*

Die, Hundert gegen einen, nicht dich zwangen,
Durch Tücke dich, durch Meuchelmord besiegt,
Die dich umschlichen, feige wie die Schlangen,
Die teuflisch mit dem Hunger dich bekriegt –

Sie wollen dich in ewige Ketten schmieden!
Volk du von großen Ahnen, duld' es nicht!
Den sie dir bieten heut', zerreiß' den Frieden
Und wirf die Fetzen ihnen ins Gesicht!

Steh' nicht beiseite wie ein armer Schächer!
Dir ziemt nur Stolz, denn dich zerbrach Verrat.
Die Weltgeschichte nennt sie einst Verbrecher,
Und rühmend preist sie *deine* stolze Tat!

Und komme, was da will, es kann nicht schlimmer
Als dieser heuchlerische ›Friede‹ sein!
Dir ziemt nur Groll und Zorn und nicht Gewimmer!
Der Tag der Rache kommt, und er ist *dein!*«

In den Jahren zwischen den militärischen Auseinandersetzungen sprach sich ›Kladderadatsch‹ immer wieder für den Frieden aus. 1909 überschrieb er ein Gedicht mit ›Europa braucht Ruhe‹, daß dies aber in erster Linie ein Appell an die außenpolitischen Kontrahenten war, zeigen andere Texte, in denen der Tenor forderte: ›Deutschland in der Welt voran‹. 1913 folgt zwei Seiten hinter einem Friedens-Gedicht eine ganzseitige Anzeige für deutsche Kanonen der Erhardtwerke in Düsseldorf, deren letzte Zeilen lauten: »Noch leben die deutschen Kanonen, / Die einst zum Sieg geführt«. Im gleichen Jahr druckte das Blatt einen Aufruf des Deutschen Wehrvereins ab, in dem daran erinnert wurde, daß die Nation zur Verstärkung ihres Heeres Opfer bringen müsse, » um es schon im Frieden zahlenmäßig, organisatorisch, taktisch auf der vollen Höhe zu erhalten«. Zum Kriegsausbruch schickte die ›Kladderadatsch‹-Figur aus dem Titelkopf, jetzt in Uniform, freudig seine ›Jungen‹ mit den Worten ins Feld:

»Und nu, Kinder, zieht mit Jott!
Hurra, drauf! und *jründlich!*
Kühner Mut und kecker Spott
Macht unüberwindlich!

Drauf! zum Heil des Vaterlandes! –
Unter unsern Linden
Hoff' ich euch im Siegerkranz
Oder – nich zu finden!«

Nachdem ›Kladderadatsch‹ 1916 noch begeistert einen Sieg mit den Worten feiern konnte »Krachend brach in Stücke / Englands hohler Ruhm«, gab es 1919 nichts mehr zu bejubeln. Jetzt schwenkten Texter und Illustratoren um und stürzten sich ganz auf die Entente der Siegermächte und den Völkerbund als der Schlange und dem Waffenbaum, die Deutschland erniedrigen wollten. Innenpolitisch wandte sich ›Kladderadatsch‹ immer entschiedener gegen die Arbeiterklasse und

ihre politischen Vertreter, gegen die Republik und gegen die Nachfolger Bismarcks, die ihres großen Vorgängers nicht würdig gewesen seien.
Während Blätter, die sich zur Arbeiterbewegung bekannten, wie der ›Süddeutsche Postillion‹, sich gegen die preußische Despotie wandten, die die Entwicklung Deutschlands prägte, blieb ›Kladderadatsch‹ ganz auf der offiziellen nationalistischen Linie. Nur einmal fand er sich im Verein mit gemäßigteren Kollegen, dem ›Simplicissimus‹, mit der ›Jugend‹ und dem ›Wahren Jakob‹: Im Jahr 1905, als der russische Zar den Aufstand auf dem Panzerkreuzer Potemkin blutig niedermetzeln ließ, reihten sich die deutschen Satiriker in eine geschlossene publizistische Front dagegen. Doch im ›Kladderadatsch‹ blieb das die Ausnahme.
Das wichtigste war für den ›Kladderadatsch‹ in diesen Jahren das nationalistische Engagement. Am 9. 8. 1914 wies er in einer ganzseitigen Ansprache an die Leser darauf hin, daß er bereits im Krieg von 1870 zeitweise auf die Satire verzichtet habe und dieses Erfordernis der Zeit jetzt wiedergekommen sah: »Und wieder – wie einst – will und wird der Kladderadatsch seiner Tradition und seinem patriotischen Empfinden getreu nach seiner Art den Kampf aufnehmen gegen die Lügenbrut, gegen die Friedensstörer, gegen Niedertracht und Heuchelei. Wieder wird er sich bemühen, in Wort und Bild dem Volksempfinden den rechten Ausdruck zu geben, in ernsten wie heiteren Dichtungen die Ereignisse besingen und sie begleiten mit charakteristischen Bildern seiner bewährten Künstler. Mögen unsere Hoffnungen auf den Sieg der deutschen Waffen sich erfüllen.«
Im Jahr 1894 war ›Kladderadatsch‹ noch einen Schritt weitergegangen und hatte versucht, aktiv in die Tagespolitik einzugreifen. ›Kladderadatsch‹ verwendete sich damals mit gesteuerten Veröffentlichungen geheimer Nachrichten aus dem Auswärtigen Amt für die Rückkehr eines Bismarck-Verwandten in die Position eines Staatssekretärs. Das Blatt verfügte offensichtlich über außergewöhnlich gut unterrichtete Informanten und versuchte mit seiner publizistischen Kampagne, die sich gegen die Köpfe des Auswärtigen Amtes richtete, eine Annäherung des Bismarck-treuen Flügels an den Kaiser und damit eine Ablösung zur damaligen Regierung zu erreichen. Diese vielbeachtete Kontroverse führte sogar zu einem Duell zwischen dem Redakteur Wilhelm Polstorff und dem Geheimrat von Kiderlen-Wächter, dem Pressereferenten des Auswärtigen Amtes.

102 Nr. 30, 23. Juli 1905
In dieser kleinen Zeichnung brachte Ludwig Stutz das Verhältnis des ›Kladderadatsch‹ zu Staat und Gesellschaft auf den Nenner: unter den Farben der Demokratie, Schwarz-Rot-Gold, bezeichnet er Kirche, Linke jeder Schattierung, Kapitalisten als die Gegner des Staates.

103 Nr. 51, Extrablatt, 20. Dezember 1903
Auf den Parteitagen der Sozialdemokraten von 1901 und 1903 wurde die Revisionismusdiskussion geführt, die zu einer scharfen Opposition zwischen den Auffassungen von August Bebel und Eduard Bernstein führte. ›Kladderadatsch‹ stürzte sich freudig auf das Thema, um die Sozialdemokratie als chaotisch und unorganisiert hinzustellen.

104 Nr. 6, Zweites Beiblatt, 5. Februar 1905
Völlig unverständlich für ›Kladderadatsch‹ ist die proletarische Revolution vom 5. Februar 1905 in Rußland. Die allegorische Darstellung zeigt das russische Volk als Tier: bärenstark, aber animalisch.

111 Nr. 38, 23. September 1906
Poetischer Spott, die hilflose Waffe des deutschen Liberalismus angesichts der Entwicklung der Sozialdemokratie.

112 Nr. 40, Erstes Beiblatt, 7. Oktober 1906
Die sozialistische Politikerin und Theoretikerin Rosa Luxemburg wurde im ›Kladderadatsch‹ häufig als Hexe bezeichnet, die meist auf einem Besen reitend dargestellt wurde. War die Sozialdemokratie der ›rote Lind- und Tazzelwurm‹, Bebel, Liebknecht und andere Sozialisten berechnende, machtgierige Tänzer um das ›goldene Kalb des Staatssozialismus‹ (1892), so kam bei Rosa Luxemburg offensichtlich noch die latente Frauenfeindlichkeit des ›Kladderadatsch‹ hinzu. Seit den ersten Bestrebungen von Frauen in der Zeit der 48er Revolution um Beteiligung am öffentlichen Leben, von der politischen Betätigung bis zum ersten Auftreten von Frauen an den Universitäten oder in der Funktion als Richter, machte sich ›Kladderadatsch‹ darüber lustig.

113 Nr. 28, Erstes Beiblatt, 12. Juli 1914
Ferdinand Graf von Bethmann-Hollweg war von 1909 bis 1917 preußischer Ministerpräsident und Reichskanzler. Die Nachfolger Bismarcks wurden im ›Kladderadatsch‹ immer am ›eisernen Kanzler‹ gemessen und für zu klein befunden.

114 Nr. 30, Erstes Beiblatt, 26. Juli 1914
1914, kurz vor Ausbruch des Ersten Weltkriegs, ist die Zeit des liberalen Wohlverhaltens vorbei. Dcr Gegner verliert seine menschlichen Züge und wird zum Ungeziefer.

115, 116 Nr. 31, 2. August 1914
›Kladderadatsch‹ als Propagandist wilhelminischer Kriegspolitik, die den Krieg als folgerichtige und unaufhaltsame Entwicklung erachtet, getragen von der Idee des Sieges – Heil Österreich!

118, 119, 120 Nr. 32, 9. August 1914; Nr. 41, Drittes Beiblatt, 11. Oktober 1914 (2x)
Im Ersten Weltkrieg, wie später auch im Zweiten, konzentrierte sich ›Kladderadatsch‹ in seiner außenpolitischen Propaganda auf Darstellung der Gegner als ›Untermenschen‹ und ›Barbaren‹, denen die guten deutschen Helden entgegentreten mußten. Die Amerikaner wurden als ›Emperor Dollar‹ vorgeführt, vor den Russen warnte das Blatt: »Auf deutsche Brüder, die Hunnen kommen«, die Franzosen wurden durch eine Armee tumber Neger repräsentiert und die Briten waren die häßlichen Kolonialherren.

121 Nr. 4, Zweites Beiblatt, 23. Januar 1916
»Mit einer grausamen Folgerichtigkeit entstand aus dem Balkankonflikt Österreich-Ungarns der deutsch-russische Streit, aus diesem wiederum die Kriegserklärung an Frankreich, aus dem Angriff auf Frankreich das bitterste von allem: die Kriegserklärung Großbritanniens wegen der Verletzung der belgischen Neutralität durch das Deutsche Reich.« *(Veit Valentin)*

123 Nr. 1, 5. Januar 1919
In den Wirtschaftskämpfen dieser Jahre bekannte sich ›Kladderadatsch‹ vorbehaltlos zum Kapitalismus, verdammte die Streikführer und die Arbeiterbewegung als Gegner des Volkes, die die Lebensfähigkeit Deutschlands untergraben.

124, 125 Nr. 1, 5. Januar 1919; Nr. 7, 16. Februar 1919
Den Verleumdungen des Gegners stellte ›Kladderadatsch‹ die Heldenhaftigkeit und Kraft der Deutschen gegenüber. Nach der Niederlage wurde jede Frage nach einer Schuld weit zurückgewiesen.

126 Nr. 9, 2. März 1919
Der Krieg war verloren. »Der Friedensvertrag von Versailles beraubte Deutschland aller Grundlagen seiner wenn auch bescheidenen Stellung als Weltmacht...« und »noch einen letzten verhängnisvollen Fehler hatte der Friedensvertrag, er war mit der Völkerbundssatzung verkoppelt.« *(Veit Valentin)*

127 Nr. 10, 9. März 1919
In seinen innerpolitischen Kommentaren stellte sich ›Kladderadatsch‹ gegen die Weimarer Republik.

128 Nr. 11, 16. März 1919
Den Generalstreik versucht ›Kladderadatsch‹ zu verteufeln, indem er ihn nicht als Sache der Arbeiter begreift, sondern als brutale Zerstörung des Staates und seiner Ordnung durch verkommene Subjekte.

129 Nr. 17, 27. April 1919
Während die Sozialdemokraten verhöhnt und getadelt werden, stellt ›Kladderadatsch‹ die Kommunisten als Verbrecher hin.

130 Nr. 20, 18. Mai 1919
Abseits revolutionärer Bewegungen weiß sich ›Kladderadatsch‹ in Übereinstimmung mit den guten Bürgern – so war es 1848, so ist es 1919.

131 Nr. 20, 18. Mai 1919
Der ›Kladderadatsch‹ sah seine Aufgabe in dieser Zeit vor allem auch darin, ›Mut‹ und ›Selbstbewußtsein‹ der Deutschen zu stärken.

132 Nr. 35, 31. August 1919
Der ›Kladderadatsch‹ und seine biedermännische Haltung: Immer und immer wieder die Diffamierung gesellschaftlicher Veränderungen.

135 Nr. 8, 22. Februar 1920
Bar jeder Distanz zu sich selbst fühlt sich ›Kladderadatsch‹, trotz der militärischen Niederlage, gedemütigt durch das Auftrumpfen der unwürdigen Gegner im Versailler Vertrag wie kurz darauf in der Ruhrbesetzung durch die Franzosen.

136 Nr. 10, 7. März 1920
Die Weimarer Republik widersprach der Fixierung des ›Kladderadatsch‹ auf Führerpersönlichkeiten fundamental.

137 Nr. 34, 22. August 1920
»Seit dem Sommer 1920 drängten sich in Deutschland die außenpolitischen Sorgen in den Vordergrund ...« *(Arthur Rosenberg)*

138 Nr. 47, 21. November 1920
»Die Forderungen der Entente und die Belastungen Deutschlands wuchsen ständig ...« *(Arthur Rosenberg)*

139 Nr. 1, 1. Januar 1922
»In Versailles fehlten 1919 die Staatsmänner, die tatsächlich ihrer Aufgabe gewachsen waren ...« *(Arthur Rosenberg)*

140 Nr. 9, 26. Februar 1922
»Die Kräfte der deutschen Demokratie wurden in einem hoffnungslosen Kampf nach innen und nach außen aufgerieben, und nachher wunderte man sich, daß in Deutschland die Gegenrevolution und der alte ›militärische‹ Geist wieder stärker wurden ...« *(Arthur Rosenberg)*

141 Nr. 9, 26. Februar 1922
Nörgelnd und ›entrüstet‹ denkt und äußert sich ›Kladderadatsch‹ ganz im Stile der Reaktion. Der Feind stand jetzt auch im Osten.

142 Nr. 17, 23. April 1922
Karl Radek, der Kampfgefährte Lenins und Trotzkis, bereiste Deutschland und gab damit den Antikommunisten Stoff für die Legende von der bolschewistischen Gefahr.

143 Nr. 36, 10. September 1922
Reichskanzler Joseph Wirth war als ein Befürworter der sogenannten Erfüllungspolitik häufig Objekt des Spotts und sogar verleumderischer Kampagnen, da unter seiner Regierung die Abtrennung Ostoberschlesiens erfolgte.

144 Nr. 44, 5. November 1922
Für ›Kladderadatsch‹ war der Verlierer des Krieges ringsum von Feinden umgeben, wobei Frankreich der ›Erzfeind‹ war.

146 Nr. 51, 24. Dezember 1922
Ungeachtet der voranschreitenden Inflation verweist ›Kladderadatsch‹ immer wieder auf die ungebrochene Potenz der deutschen Wirtschaft. Er suggeriert das Bild des fleißigen und starken Deutschen als den ›Hüter seines Hauses‹: friedliebend und nur der eigenen Wohlfahrt zugewandt.

147 Nr. 12, 22. März 1925
Böser Hohn für eine international bedeutende Politikerin der sozialistischen Frauenbewegung, wie zuvor bei Rosa Luxemburg. Clara Zetkin war Mitglied des Zentralkomitees der KPD und von 1920 bis 1933 Mitglied des Reichstages.

148 Nr. 14, 5. April 1925
Äußerst mißtrauisch beobachtete ›Kladderadatsch‹ die Bemühungen der Staaten des Völkerbundes, Deutschland zum Beitritt zu bewegen.

149 Nr. 19, 10. Mai 1925
In der Figur Hindenburgs beschwört ›Kladderadatsch‹ das Bild Bismarcks.

152, 153 Nr. 44, 31. Oktober 1925; Nr. 46, 15. November 1925
Vier Etappen: »Der Dawesplan. Locarno. Deutschlands Eintritt in den Völkerbund. Die Haager Konferenz. Dann ist der Weg nicht zu Ende – aber Stresemanns Leben. Ein Ziel, auch ein vorläufiges nur, aber doch eins, das am Anfang kaum erreichbar erschien und das der Nation eine glückliche Minute des Stolzes verspricht, sieht er noch vor sich: die Befreiung des Rheinlandes. Dann sinkt er nieder« *(Rudolf Olden)*. ›Kladderadatsch‹ hat für den Mann der Deutschen Volkspartei und Außenminister nur billigen Spott.

Schwarz=Rot=Gold

nach der Auffassung neuerer Zeit.

Alleinige Anzeigen-Annahme bei **Rudolf Mosse** Annoncen-Expedition für sämmtliche Zeitungen Deutschlands u. d. Auslandes in Berlin SW., Breslau, Cöln a. Rh., Dresden, Düsseldorf, Frankfurt a. M., Halle a. S., Hamburg, Leipzig, Magdeburg, Mannheim, München, Nürnberg, Prag, Stuttgart, Wien, Zürich.

Beiblatt zum Kladderadatsch

Anzeigenpreis für die 4-gespaltene Zeile oder deren Raum Mark 1.—

Nr. 51 Erstes Beiblatt | Berlin, den 20. December 1903 | LVI. Jahrgang

Weihnachtsfeier im Zukunftsstaat

Friede auf Erden und den Menschen (die nicht Genossen sind) ein Wohlgefallen.

Aus dem Bärenkäfig

Ob der Bändiger wohl noch lange des gereizten Tieres sich wird erwehren können?

Nr. 37
Zweites Beiblatt
Beiblatt zum Kladderadatsch
Berlin,
den 10. September 1905

Zum roten Parteitag

In Jena werden alle Vorbereitungen getroffen, die einen würdigen Verlauf der Dinge gewährleisten.

Nr. 39 Berlin, den 24. September 1905 LVIII. Jahrgang

Kladderadatsch

Wochenkalender

Montag, den 25. September
Norwegen und Schweden reichen
Friedlich wohl sich bald die Hand.
Sich in Ruhe zu vergleichen
Heischt ja einfach der Verstand.

Dienstag, den 26. September
Wie zwei aufgeregte Katzen
Standen sie zum Sprung bereit,
Sich die Augen auszukratzen
Dachten sie in nächster Zeit.

Mittwoch, den 27. September
Aber eh der Kampf begonnen,
Lenkten sie friedfertig ein,
Und sie haben sich besonnen,
Wie's nicht anders durfte sein.

Wochenkalender

Donnerstag, den 28. September
Was denn kann das Streiten nützen,
Wenn zwei sind so nah verwandt
Und so dicht beisammen sitzen
Oben in dem nord'schen Land?

Freitag, den 29. September
Würden wirklich Ernst sie machen —
Und man sah schon die Gefahr —
Würd' doch ganz Europa lachen
Über das einfält'ge Paar.

Sonnabend, den 30. September
Schon dem Himmel laßt uns danken,
Der verhütet blut'gen Graus.
Wenn zwei ältre Fräulein zanken,
Sieht das oft gefährlich aus.

Kladderadatsch

Humoristisch-satirisches Wochenblatt

Dieses Blatt erscheint täglich mit Ausnahme der Wochentage. Man bestellt bei den Postanstalten des In- und Auslandes, sowie in den Buchhandlungen.

Der vierteljährliche Bezugspreis für dieses Blatt mit sämtlichen Beilagen beträgt für In- und Ausland 2 M. 25 Pf. ohne Porto. Einzelne Nummer 20 Pf.

Im Rückgange

Wie groß einst zeigte die Partei sich,
Die Bebel führt, wie sprach sie frei sich
In Dresden aus mit offnem Sinn!
Ja, groß war sie am Strand der Elbe,
Doch heut ist sie nicht mehr dieselbe,
Obgleich zwei Jahre erst dahin.

Als dann getagt sie an der Weser,
Da seufzte tief der Zeitungsleser,
So oft er nachlas im Bericht:
Es blieb bei schwachen Schimpfversuchen,
Bei dilettantisch mattem Fluchen,
Ein männlich Wort ertönte nicht.

Und nun am hellen Saalestrande!
Ist's nicht ein Schimpf und eine Schande,
Wie matt man heute diskuriert?
Die Saale trägt's zur Elbe weiter;
Die denkt in Wehmut, wie so heiter
In Dresden einst ward debattiert.

Nicht droht man seinem Gegner Keile
Mehr an, die graue Langeweile
Führt's Regiment im Saale jetzt;
Und wagt einmal ein alter Kämpfer
Ein freies Wort, so wird ein Dämpfer
Von Singer schleunigst draufgesetzt.

Wie die Genossen man gescholten,
Im Schimpfen haben sie gegolten
Als Meister stets, wer reichte dran?
Will man das Schimpfen nicht mehr leiden,
So sagt mir, wodurch unterscheiden
Sie sich von andern Leuten dann?

Darf nicht den Unsinn, den sie sprechen,
Ein Schimpfwort manchmal unterbrechen,
Schmeißt keiner mehr im Saal mit Dreck,
Was hat, ich muß es offen sagen,
Was hat denn da das ganze Tagen
Noch überhaupt für einen Zweck?

Kladderadatsch

Nr. 40 Berlin, den 1. Oktober 1905 LVIII. Jahrgang

Kladderadatsch

Wochenkalender

Montag, den 2. Oktober
„Gottlob", so hör' ich jemand sagen,
„Daß endlich, endlich jetzt vorbei
Für diesen Sommer ist das Tagen
Mit seiner öden Rederei.

Dienstag, den 3. Oktober
Geredet ward noch jüngst in Jene,
Was wir schon hundertmal gehört;
Dann tat am Taunus dran sich bene
Das Häuflein, das zu Richter schwört.

Mittwoch, den 4. Oktober
Gottlob, jetzt ist es überstanden,
Und unsre Ohren haben Ruh';
Es wendet in den deutschen Landen
Sich anderm das Int'resse zu.

Wochenkalender

Donnerstag, den 5. Oktober
Noch wird im Reichstag nicht gesprochen
Voll Weisheit von Tabak und Bier;
Klar ist's: die nächsten fünf, sechs Wochen
Gehören unbestritten mir.

Freitag, den 6. Oktober
Ja, stolz im Mittelpunkte steh' ich
Des Geisteslebens rings im Land,
Nach meinem vollen Werte seh' ich
Mich endlich einmal anerkannt.

Sonnabend, den 7. Oktober
So ist es recht, so mag's mir taugen!"
Zufrieden spricht's das brave Schwein
Und schaut aus seinen kleinen Augen
Fidel in Gottes Welt hinein.

Kladderadatsch

Humoristisch-satirisches Wochenblatt

Dieses Blatt erscheint täglich mit Ausnahme der Wochentage. Man bestellt bei den Postanstalten des In- und Auslandes, sowie in den Buchhandlungen.

Der vierteljährliche Bezugspreis für dieses Blatt mit sämtlichen Beilagen beträgt für In- und Ausland 2 M. 25 Pf. ohne Porto. Einzelne Nummer 20 Pf.

Die Heldin von Jena

Vorüber ging in Jena der Rotentag,
Und wenig Eindruck hat hinterlassen er.
Klimbim war alles und nichts weiter,
Selbst was der grimmige August losließ.

Nicht warf einander, wie doch in Dresden einst,
Mit dem Konfekt man, das an den Zäunen liegt.
Nur Phrasen drosch man, zum Vertuschen
War man geneigt nur und nicht zum Hauen.

Von allen Rednern bracht' auch nicht einer vor,
Was wirklich packend war und der Rede wert,
Nur von den Rednerinnen eine
Zeigte sich würdig der großen Sache.

Rosa so heißt sie, die von der Rose nichts
Als die mit Recht gefürchteten Dornen hat.
Ja, Rosa Luxemburg, ein Mannweib
Unter den weibischen Männern stand sie.

Der Phorkyaden eine erschien sie mir,
Als stolzen Gangs sie zu der Tribüne schritt,
Furchtbare Abrechnung zu halten
Mit dem unseligen Schmidt und andern.

Da ward so mancher blasser als Kreide noch,
Der ruh'ge Bernstein fühlte erschüttert sich,
Und manches Mannesherz erbebte
Aehnlich dem Laube der Zitterpappel.

Als mit den Händchen sie, mit den zarten, schlug
Aufs Pult so wütend, daß es zersprang beinah,
Aus mancher Brust da unwillkürlich
Drängte hervor sich ein banger Au-Ruf.

„So", sagte Singer, „denk' ich die Judith mir,
Als gräßlich lachend sie mit dem scharfen Erz,
Die Mörderin des Holofernes,
Ab von dem Rumpfe das Haupt ihm hackte."

„So", sprach Stadthagen, „blickte wohl Salome,
Verzerrt das Antlitz gräßlich von Mordgelüst,
Als man das Haupt des armen Täufers
Ihr auf dem blut'gen Teebrett brachte."

Dich jetzt zu krönen, Rosa, zusammenraff'
Ich was der Herbst noch beut auf den Wiesen dar.
Mit einem Gänseblumenkranze
Ehr' ich dich, Heldin von Jena, würdig.

Kladderadatsch

Nr. 45
Erstes Beiblatt

Beiblatt zum Kladderadatsch

Berlin,
den 5. November 1905

Die Eisenbahnreform

Ein unerwarteter Zwischenfall zwingt die Maschine auf dem Wege zur Betriebsmittel-Einheit zum Aufenthalt.

Die Säuberung des „Vorwärts“

Tief gerührt gibt König Bebel dem tapferen Schneiderlein, das da sechs Genossen auf einen Streich erlegt hat, die Hand der reizenden Rosa Luxemburg, auf daß er mit ihr einziehe in die Räume des Königsschlosses.

Nr. 27 Berlin, den 8. Juli 1906 LIX. Jahrgang

Kladderadatsch

Wochenkalender

Montag, den 9. Juli

Orden verleiht der Zar und Titel,
Einst bewährte Beschwichtigungsmittel.

Dienstag, den 10. Juli

Hin und wieder auch greift er zum guten
Alten Verfahren, dem Hängen und Knuten.

Mittwoch, den 11. Juli

Aber sogar die Preobrashenzen
Fangen an diesen Dienst zu schwänzen.

Wochenkalender

Donnerstag, den 12. Juli

Und so entsteht von selber die Frage:
Was wirkt gegen die Aufruhrplage?

Freitag, den 13. Juli

Fort mit dem Strick! Fort mit dem Knittel!
Neue Bahnen und neue Mittel!

Sonnabend, den 14. Juli

Für die sibirische Bahn — wie weise! —
Fordert der Zar ein zweites Gleise.

Kladderadatsch

Humoristisch-satirisches Wochenblatt

Dieses Blatt erscheint täglich mit Ausnahme der Wochentage. Man bestellt bei den Postanstalten des In- und Auslandes, sowie in allen Buchhandlungen, Zeitungsspeditionen und beim Verlag.

Der ¼jährl. Bezugspreis für d. Blatt mit sämtl. Beilag. beträgt für In- und Ausland 2,25 M., bei direkter Zusendung per Kreuzbd. für Deutschland und Österreich 2,65 M., für alle anderen Länder 3 M. Einzelne Nummer 20 Pf.

Vor vierzig Jahren

Vor vierzig Jahren! Der schon fernen Zeit
Gedenken wir, da Preußens Heeresmacht
Bei Königgrätz den großen Sieg errang.
Beendet fast mit einem Schlage war
Mit Österreich der Krieg, beendet auch
Der Bruderkrieg, der schwer die Herzen drückte,
Und segensreicher Friede kam ins Land.

Der großen Zeit gedenken wir, daraus
Es noch uns anweht wie ein Frühlingshauch.
Noch etwas spüren von dem Hauche wir,
Der damals durch die Lande hat geweht,
Und denken freudig der Begeisterung,
Von der erfaßt war unser junges Herz.
O wie viel Großes stand vor Augen uns,
Das alles Kleinliche verschwinden ließ!

O schöne Zeit, als Deutschlands Völker, die
Noch eben mit den Waffen sich bekämpft,
Noch mit den Waffen in der Hand im Geiste
Sich einten schon, um als ein großes Volk,
Ein starkes, wenig Jahre später dann,
Verbunden fest durch deutscher Treue Band,
Auf Frankreichs Feldern in dem blut'gen Kriege
Sich Ruhm und Macht und Größe zu gewinnen.

Der großen Zeit wir denken und dazu
Des großen Mannes, unsres Volkes größten,
Der ruhig jetzt im Sachsenwalde schläft.
Da steht er vor uns, ringend um den Platz,
Den er behauptet in furchtbarem Kampf,
Verkannt so lange, doch mit Jubel dann
Begrüßt als Hort und Retter seines Volks,
Der es nach langer Zeiten Not und Schmach
Zu Ehren brachte und zur Krone wieder.
Wir denken auch des andern, der ein Meister
War auf dem Schlachtfeld, Sieg auf Sieg ersinnend.
Bismarck und Moltke, vor uns sehn wir sie,
Wie sie nur sehn kann, wer schon mitgelebt
Die Zeit hat, da den Lorbeer sie erwarben.

O große Zeit, die Ehren, Ruhm und Glück
Gebracht uns hat — schon liegst du weit zurück!

Kladderadatsch

Nr. 35 Berlin, den 2. September 1906 LIX. Jahrgang

Kladderadatsch

Russischer Wochenkalender

Montag, den 3. September
Fort ist die alte gute Sitte,
Wo sich mit eines Fußes Tritte
Dem Volk verbinden seine Fürsten,
Doch nicht nach seinem Blute dürsten.

Dienstag, den 4. September
Wo ist sie hin, die Zeit, die gute?
Wir hören nichts mehr von der Knute;
Zum Färben diente sie und Gerben,
Allein man brauchte nicht zu sterben.

Mittwoch, den 5. September
Im Takte nach Kosakenlanzen
Sah früher man den Muschik tanzen,
Dem, wenn er sich dabei erhitzte,
Zum Scherz das dicke Fell man ritzte.

Russischer Wochenkalender

Donnerstag, den 6. September
Gelegentlich es auch passierte,
Daß eine Bombe explodierte.
Das wurde als Symptom betrachtet,
Doch sonst nicht sonderlich beachtet.

Freitag, den 7. September
Jetzt pufft's und kracht's an allen Enden,
Die Bombe ist in aller Händen;
Ein jeder, früher oder später,
Entwickelt sich zum Attentäter.

Sonnabend, den 8. September
Und was das Schlimmste: die Rebellen
Vermag man nicht mal festzustellen,
Weil paßlos in die Luft sie fliegen.
Wie soll man da die Schufte kriegen?

Kladderadatsch

Humoristisch-satirisches Wochenblatt

Dieses Blatt erscheint täglich mit Ausnahme der Wochentage. Man bestellt bei den Postanstalten des In- und Auslandes, sowie in allen Buchhandlungen, Zeitungsspeditionen und beim Verlag.

Der ¼jährl. Bezugspreis für d. Blatt mit sämtl. Beilag. beträgt für In- und Ausland 2,25 M., bei direkter Zusendung per Kreuzbd. für Deutschland und Österreich 2,65 M., für alle andern Länder 3 M. Einzelne Nummer 20 Pf.

Sedan

den 2. September 1870

Ein sonn'ger Tag war's, als die Kunde
Aus Westen kam. In einem Nu
War sie auch schon in aller Munde,
Rief einer sie dem andern zu.

Tag von Sedan, dich nie vergessen
Wird, wer dich selbst einst hat erlebt.
Du warst die Krone alles dessen,
Was Freude schafft und was erhebt.

Nie war ein Wort so frohen Schalles
Erklungen, seit der Krieg begann.
Gleich lag sich in den Armen alles
Und jauchzte hoch zum Himmel an.

Nicht Rang noch Stand gab's, aller Herzen
Sie waren eins in einem Glück,
Es blieb, so schien es, von den Schmerzen
Vergangner Tage nichts zurück.

Verstehn nur kann's, wer teilgenommen
An jener allgemeinen Lust
Und, was davon er abbekommen,
Als Schatz bewahrt hat in der Brust.

O, was an Blumen ward gebrochen,
Festlich zu schmücken Haus und Herd!
Was ward gesungen und gesprochen,
An Bechern Weins, was ward geleert!

Tag von Sedan, an dem ergangen
Die Botschaft, die so süss erklang:
Ein grosser Sieg — und ER gefangen!
O Tag des Glücks, Tag von Sedan!

Wohl Freude kann es noch bereiten
Und ist fürwahr das Schlechtste nicht,
Zurückzuschaun in trüben Zeiten
Auf eine Zeit voll Glanz und Licht.

Kladderadatsch

Nr. 38 — Berlin, den 23. September 1906 — LIX. Jahrgang

Kladderadatsch

Wochenkalender

Montag, den 24. September
Mein Sohn, dies sei dir höchste Pflicht,
Es ist für dich das beste;
Schwarz sehen, nein, das darfst du nicht,
Schwarz werden aber feste!

Dienstag, den 25. September
Sieh, wie den Pelz die Schwarzen sich
Den dicken, warmen sonnen;
Werd' schwarz, dann blühen auch für dich
Erden- und Himmelswonnen.

Mittwoch, den 26. September
Was wehrst du dich! Es ist dein Teil,
Das dir die Besten bieten;
O laß es ein zu deinem Heil,
Das Korps der Jesuiten!

Wochenkalender

Donnerstag, den 27. September
Ein gutes Wörtlein sprach einmal
Herr Wernz, der ehrenfeste,
Der Jesuitengeneral,
Von allen Deutschen der beste.

Freitag, den 28. September
Er sprach: „Das jus canonicum
Nur darf in Deutschland gelten!“
Mein guter Michel, laß für dumm
Nicht länger mehr dich schelten!

Sonnabend, den 29. September
Nimm an dein Glück! Tu auf die Tür
Endlich den Erzschlaubergern.
Schwarz werde, schwarz! Leicht wird es dir,
Du kannst ja schwarz dich ärgern!

Kladderadatsch

Humoristisch-satirisches Wochenblatt

Dieses Blatt erscheint täglich mit Ausnahme der Wochentage. Man bestellt bei den Postanstalten des In- und Auslandes, sowie in allen Buchhandlungen, Zeitungsspeditionen und beim Verlag.

Der ¼ jährl. Bezugspreis für d. Blatt mit sämtl. Beilag. beträgt für In- und Ausland 2,25 M., bei direkter Zusendung per Kreuzbd. für Deutschland und Österreich 2,65 M., für alle andern Länder 3 M. Einzelne Nummer 20 Pf.

Den „Genossen“

zum Mannheimer Parteitag, 23. September 1906

Wie tut es wohl in diesen Zeiten,
Wo man ja schwarz nicht sehen soll,
Zu schaun — wer wollte das bestreiten —
So eine Stadt, von Roten voll!
Ein froher Willkomm sei entboten
Drum euch, ihr Edelsten im Land,
Die ihr versammelt seid, ihr Roten,
Heut an des Rheins und Neckars Strand!

Wie sollt' ich es auch anders machen?
Ihr botet mir mit manchem Streich
Den allerschönsten Stoff zum Lachen
Im weiten, schönen Deutschen Reich.
Bald werden wir zu hören kriegen
So manches neue Kosewort;
„Wer nicht parieren will, muß fliegen“,
Das ist die Losung hier wie dort.

Seht: wie ein Held aus grauen Tagen
Hält Bebel jedem Angriff stand;
O sagt: wer hätte wie Stadthagen
Ein Mündchen noch im Vaterland?
Seht Mehring auch, den Freudenbringer,
Des guten Tones hohe Burg,
Und — ach! — im Winkel schäkert Singer
Verschämt mit Röschen Luxemburg.

Schon sehe ich euch überfließen
Von Weisheit und von Alkohol;
Heil euch, Genossen! Euch zu grüßen,
So meine ich, geziemt mir wohl.
Mein Jubelruf aus voller Kehle
Gilt euch trotz allem Klatsch und Quatsch:
Ich weiß, ihr tragt in tiefster Seele
Als Ideal den

Kladderadatsch

Nr. 40
Erstes Beiblatt

Beiblatt zum Kladderadatsch

Berlin,
den 7. Oktober 1906

Motto: Nur durch das Morgentor des Schönen
Drangst du in der Erkenntnis Land. (Schiller)

Sie kommt, und höher alle Herzen schlagen;
Mach' dich, beglückte Welt, bereit!
Von rosafarb'nem Wolkendunst getragen,
Herfährt Aurora auf dem Muschelwagen,
Die Morgenröte einer neuen Zeit.

Alleinige Anzeigen-Annahme RUDOLF MOSSE Annoncen-Expedition für sämtl. Zeitungen Deutschlands und des Auslandes in Berlin SW 19, Basel, Breslau, Dresden, Düsseldorf, Frankfurt a. M., Halle a. S., Hamburg, Köln a. Rh., Leipzig, Magdeburg, Mannheim, München, Nürnberg, Prag, Straßburg i. E., Stuttgart, Wien, Zürich.

Kladderadatsch

ANZEIGENPREIS für die viergespaltene (48 mm breite) Nonpareille-Zeile oder deren Raum Mark 1,—

Nr. 28 Erstes Beiblatt | Berlin, den 12. Juli 1914 | LXVII. Jahrgang

Der Mann am Steuer

Bethmann Hollweg: „Also nun soll endgültig Bismarck-Kurs gesteuert werden! Na, wollen mal sehen, was sich machen läßt.“

Alleinige Anzeigen-Annahme
RUDOLF MOSSE
Annoncen-Expedition für sämtl. Zeitungen Deutschlands und des Auslandes in Berlin SW 19,
Basel, Breslau, Dresden, Düsseldorf, Frankfurt a. M., Halle a. S., Hamburg, Köln a. Rh., Leipzig, Magdeburg, Mannheim, München, Nürnberg, Prag, Straßburg i. E., Stuttgart, Wien, Zürich.

Kladderadatsch

ANZEIGENPREIS
für die viergespaltene (48 mm breite) Nonpareille-Zeile oder deren Raum Mark 1,—

Nr. 30 Erstes Beiblatt Berlin, den 26. Juli 1914 LXVII. Jahrgang

Zum Vorgehen gegen die großserbische Propaganda in Österreich

„Ungeziefer in den Federn“ oder „Die großserbische Propaganda“

Nr. 31 Berlin, den 2. August 1914 LXVII. Jahrgang

Kladderadatsch

Wehe, wenn er losgelassen!

Dieses Blatt erscheint täglich mit Ausnahme der Wochentage. Man bestellt bei den Postanstalten des In- und Auslandes, sowie in allen Buchhandlungen, Zeitungsspeditionen und beim Verlag.

Der vierteljährl. Bezugspreis für d. Blatt mit sämtl. Beilagen beträgt für In- u. Ausland 2,50 M., bei Zusendung unter Kreuzbd. für Deutschland u. Österreich 3 M., für alle andern Länder 3,50 M. Einzelne Nummer 25 Pf.

Wochenkalender

Montag, den 3. August

Es donnert an der Save,
Es blitzet und es kracht —
Auf einmal, da, vom Schlafe
Ist alle Welt erwacht.

Dienstag, den 4. August

Der Franzmann an der Seine
Fühlt sich nicht recht erfrischt,
Weshalb er eine Träne
Aus seinem Auge wischt.

Mittwoch, den 5. August

Indes am Newaflusse
Erhebt sich, daß uns graust,
Der fürchterliche Russe —
Der ballt geknickt die Faust.

Wochenkalender

Donnerstag, den 6. August

Oh! welche Schicksalstücke!
Er spürt zu dieser Frist,
Daß doch John Bull (zum Glücke)
Im Grund ein — German ist.

Freitag, den 7. August

O weh! Da schlag' das Wetter
Doch drein mit Mord und Brand! —
Stehn Michel und sein Vetter
Vielleicht schon Hand in Hand?

Sonnabend, den 8. August

Das wär' dem braven Alten,
Dem Iwan freilich leid.
Weil dann den Sieg behalten
Recht und Gerechtigkeit!

Kladderadatsch

Heil Österreich!

Horch! Welch ein Klang! Die Völker lauschen:
In Lüften welch ein Donnerton!
Wir hören Adlerschwingen rauschen
Um Habsburgs alten Kaiserthron.
Trompetenschall und Horngeschmetter
Und Klipp und Klapp von Rosseshuf –
– – Dem Himmel Dank, der Sturm und Wetter
Nach langer, banger Schwüle schuf!

So fährt ein Blitz aus schwarzer Wolke
Und scheucht, was trüb' und faul ist, fort,
Wie hier herniederklang zum Volke
Stolz, stark und frei ein Manneswort.
Ein Wort, wie es seit manchem Jahre
Die zage Menschheit nicht vernahm,
Kraftvoll erfrischende Fanfare,
Nicht zaudernd, schleichend, lahm und zahm.

Da läßt von seiner Arbeit jeder
Und lauscht dem hellen Frühlingslied –
Der Schreiber legt beiseit' die Feder,
Und von dem Amboß geht der Schmied.
Heil Östreich! Mag der Ruf erschallen
Durch alle deutschen Lande weit:
Glück zu! Die Würfel sind gefallen
Nach langer, dumpfer, stumpfer Zeit!

Ihr Brüder, laßt die alten Fahnen
Zu neuen Ruhmestaten wehn –
Es zieht mit euch der Geist der Ahnen,
Und vor euch her geht Prinz Eugen.
Gerecht und gut ist eure Sache –
Gerecht und gut ist dieser Krieg;
Wir aber halten treulich Wache –
Gott mit dir, Östreich! Glück und Sieg!

Kladderadatsch
P. W.

Der Stänker

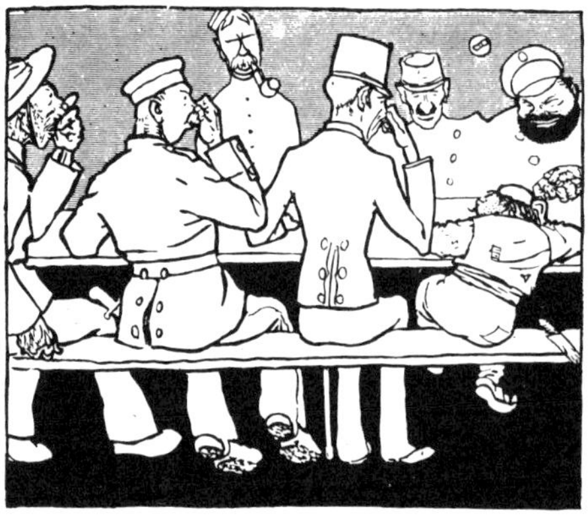

Die Nachbarn (alle 5 Minuten): „Das geht aber wirklich nicht mehr so weiter!“

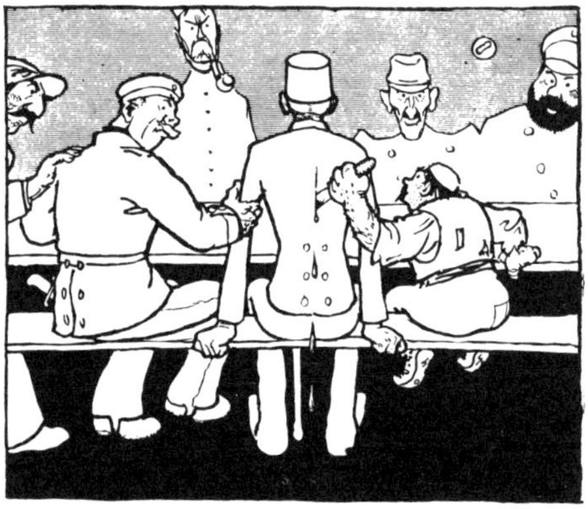

— — — — — — — — — — — — — —

Österreich: „Sofort das Messer herausziehen!“

(Der Russe dreht plötzlich das Licht aus)

Alles ruft durcheinander, voller Mißverständnis: „Heraus das Messer!“ Auf den Lärm hin läuft ein neuer Gast hinzu.

Nr. 32 Berlin, den 9. August 1914 LXVII. Jahrgang

Kladderadatsch

„Auf, deutsche Brüder, die Hunnen kommen!“

Kultur und

Seht die Kultur

Und ihre Spur

Barbarismus

Hier die Barbaren

und ihr Verfahren

„Du freches England, hüte dich!“

(Zur Baralongnote)

„Nachdem die britische Regierung eine Sühnung des empörenden Vorfalls abgelehnt hat, sieht sich die deutsche Regierung genötigt, die Ahndung des ungesühnten Verbrechens selbst in die Hand zu nehmen und die der Herausforderung entsprechenden Vergeltungsmaßnahmen zu treffen.“ (W. T. B.)

Kladderadatsch

Kriegsrat drüben und hüben

Welch Dunstgeschwafel! Wieviel hohle Töpfe!

Bei uns wirkt ein Kopf — gegen hundert Köpfe!

Preis 40 Pfennig
einschl. Teuerungszuschlag.

Nr. 1 Berlin, den 5. Januar 1919 LXXII. Jahrgang

Kladderadatsch

Den Streikenden!

„Haltet ein, ihr Kurzsichtigen! Schlachtet nicht die Gans, die doch auch für euch die goldenen Eier legt!"

Auf der Suche in Deutschland nach dem wahrhaft Schuldigen am Weltkriege

Wütender Chor der Schuldigensucher in Deutschland: „Da — da — ist er: Warum hat er Deutschland einst so mächtig gemacht? Warum brachte er es zu einer von aller Welt beneideten Blüte?“

Dieses Blatt erscheint täglich mit Ausnahme der Wochentage. Man bestellt bei den Postanstalten des In- und Auslandes, sowie in allen Buchhandlungen, Zeitungsspeditionen und beim Verlag.

Der vierteljährliche Bezugspreis für dieses Blatt beträgt für In- und Ausland 4,00 M., bei Zusendung unter Kreuzbd. für Deutschland u. Österreich 4,65 M., für alle and. Länder 5,00 M. Einzelne Nummer 40 Pf.

Alleinige Anzeigen-Annahme Annoncen-Expedition Rudolf Mosse Berlin und sämtliche Filialen.

Wochenkalender

Montag, den 17. Februar

Zu Weimar tagt die große
Vieledle Männerschar —
Was wohl aus ihrem Schoße
Sich für die Welt gebar?

Dienstag, den 18. Februar

Sie stehn auf ihrem Posten
Gewaltig, stolz und groß
Indessen ist im Osten
Die ganze Hölle los.

Mittwoch, den 19. Februar

Sie sinnen und sie kohlen,
In Sorgen ganz verlorn,
Indessen schlachten Polen
Die Deutschen ab in Thorn.

Wochenkalender

Donnerstag, den 20. Februar

Sie denken viel und sprechen
Bald grob, bald wieder fein,
Die Bolschewiki brechen
Indes in Preußen ein.

Freitag, den 21. Februar

Den Bau in Weimar festen
Sie auf Altdeutschlands Grab,
Indessen läuft im Westen
Der Waffenstillstand ab.

Sonnabend, den 22. Februar

Da sitzt, in sich versonnen,
Der große Marschall Foch
Und sinnt auf neue Wonnen
Für den geliebten Boche!

Kladderadatsch.

Schuld?

Wer hat mit starker Hand gewahrt den Frieden,
Geschmückt mit schwererrungenem Siegerkranz?
Wer hat, gerechten Zornes voll, gemieden
Den aufgedrungenen, blutigen Waffentanz?
Wer war der Arbeit froh, die ihm beschieden?
Du warst es, deutsches Volk in Glück und Glanz!
Wer schrie nach Rache mehr als vierzig Jahre?
Es war das Volk der heuchelnden Gloire!

Wer sah mit Neid auf deine goldenen Fluren,
O Deutschland, und auf deiner Schiffe Zahl,
Die durch des Weltmeers freie Wogen fuhren?
Wem schuf der Fleiß der deutschen Hände Qual?
Wer sah mit Groll des deutschen Geistes Spuren,
Wo sich die Palme wiegt im Sonnenstrahl?
Wer folgte eifersüchtig deinen Schritten?
Es war das Krämervolk, das Volk der Briten!

Wer schlich von Land zu Lande hin mit leisen
Und gleißnerischen Lockungen im Mund?
Wer schmiedete um dich den Ring von Eisen,
Den Ring des Hasses auf der Erde Rund?
Wer wußte dich mit Tücke zu umkreisen,
Bis ihm erschien die heißersehnte Stund',
Daß Übermacht dich, hundertfach, erschlüge?
Es war das Britenvolk, das Volk der Lüge!

Du hast's gewußt in jenen großen Tagen,
Da sie die Fackel warfen dir ins Haus,
Da sie dich zerrten, gierig und verschlagen,
Aus deiner Arbeit heiliger Ruh' hinaus.
Mit Übermenschenkraft hast du getragen
Vier lange Jahr' des Krieges Groll und Graus;
Du hast gesiegt, bis du dich selbst verloren —
Nicht ihre Kraft hat ihren Sieg geboren!

Und heut? So schwer ist wahrlich nichts zu tragen,
So bitter war kein Leid noch Ungemach
In dieses ungeheuren Krieges Tagen,
Da so viel Herrliches für uns zerbrach,
Als dies, daß deutsche Männer ehrlos klagen,
Sich eitel spiegelnd in der eigenen Schmach:
„Dies grauenvolle Leid, das wir erduldet,
Des Krieges Untat ward von uns verschuldet!"

Fluch jedem Deutschen, der so feig der Lüge,
Die teuflisch Feindeslist ersann, sich neigt!
Wir schauen frei der Wahrheit reine Züge —
Der Tag wird kommen, da die Lüge schweigt!
Und ob, daß Grauen sich an Grauen füge,
Unritterlicher Rache Gier sich zeigt:
Wir sehn ins Auge ruhig dem Gerichte,
Dem ehernen Gesicht der Weltgeschichte!

Kladderadatsch
P. W

Dieses Blatt erscheint täglich mit Ausnahme der Wochentage. Man bestellt bei den Postanstalten des In- und Auslandes, sowie in allen Buchhandlungen, Zeitungsspeditionen und beim Verlag.

Der vierteljährliche Bezugspreis für dieses Blatt beträgt für In- und Ausland 4,00 M., bei Zusendung unter Kreuzbd. für Deutschland u. Österreich 4,65 M., für alle and. Länder 5,00 M. Einzelne Nummer 40 Pf.

Alleinige Anzeigen-Annahme Annoncen-Expedition Rudolf Mosse Berlin und sämtliche' Filialen.

Wochenkalender

Montag, den 3. März

Ich sehe mit erneuter Wonne,
Wie als ein Meister und ein Held
Durchtränkt mit seiner Weisheit Sonne
Matthias diese deutsche Welt.

Dienstag, den 4. März

Mit einer Würde ohnegleichen
Und mit erhabnem Geistesschwung
Weiß dieser Edle einzustreichen
Beleidigung auf Beleidigung –

Mittwoch, den 5. März

Natürlich nicht für seine hohe
Und ehrenwürdige, Person;
Nur gegen Deutschland geht der rohe
Unritterliche, freche Hohn.

Wochenkalender

Donnerstag, den 6. März

Wie glänzt der hohe, edle Seher,
Der große Zweiminutenmann!
Wie schnell kommt er dem Frieden näher,
Seit zu verhandeln er begann!

Freitag, den 7. März

Ihm ist das schönste Los beschieden,
Das höchste Glück in diesem Lenz;
Den Frieden bringt – und was für Frieden! –
Die überselige Exzellenz.

Sonnabend, den 8. März

Und Foch sogar muß sich gestehen,
Wenn er die Deutschen wägend mißt:
„Da möcht' ich wohl den Dümmsten sehen,
Wo dieser Herr der Klügste ist."

Kladderadatsch.

Völkerbund

„Meine Herren, wenn Sie auf die Geschichte der Welt zurückblicken, so werden Sie sehen, wie hilflose Völker nur allzu oft das Opfer von Mächten geworden sind, die in dieser Sache kein Gewissen hatten."
Wilson in seiner Rede über den Völkerbund.

Seht, da stehn die edlen Ritter
Frommen Blickes, Hand in Hand,
Und vor Sturm und Ungewitter
Schirmen sie das Erdenland;
Zwinkern mit den treuen Augen,
Beide wohlgenährt und stramm;
Alles muß zum Besten taugen
Mister Bull und Onkel Sam.

Dankbar atmet die befreite,
Holde Angelsachsenwelt;
Denn der Konkurrent ist pleite
Und für immer kaltgestellt.
Daß das Recht emporgediehen,
Kündet man mit Lustgeschrei,
Und die deutschen Kolonien
Stiehlt man fromm so nebenbei.

O wie strömt dem alten Knaben
Woodrow doch der Rede Fluß;
Weil wir ‚kein Gewissen' haben,
Nimmt man, was man ‚schützen' muß.
Vollgerüttelt und geschüttelt
Ist der Menschenliebe Maß,
Man befreit, die wir ‚gebüttelt',
Drum, die Völker Afrikas.

Niemals ward ein Volk geknechtet
Von dem biederen John Bull.
Irland hat er nicht entrechtet,
Indien hegt er wonderful.
Die Ägypter selbst und Buren
Wußten ihn mit heißer Lust
Unaufhörlich zu bekuren,
Bis er sank an ihre Brust.

Und nun wird der Bund gegründet,
Der sich als ein holder Kreis
Um das selige Deutschland ründet,
Das sich nicht zu helfen weiß.
Arbeit viel und nichts zu essen,
Das ist nun mal so Prinzip,
Und es lernt die Welt ermessen
Woodrows Weltbeglückungstrieb.

Doch Geduld! Man muß es tragen,
Wie man manches schon ertrug;
Einmal wird die Stunde schlagen,
Wo es heißt: Nun ist's genug!
Und die Parze dreht die Spindel,
Und die Stunde geht vorbei –
Auch der allerfeinste Schwindel
Bricht doch schließlich mal entzwei!

Kladderadatsch
P. W.

Viele Köche verderben den Brei

Der Michel pflanzt im Gartenraum
Sich einen jungen Freiheitsbaum.

Doch heimlich kommt der Spartakus
Und gibt ihm einen Düngerguß.

Frau Nationalversammlung jetzt
Hat drum nach Weimar ihn versetzt.

Arbeiter- und Soldatenräte
Die schnippeln dran von früh bis späte.

Freund Bayer etwas Bessres weiß,
Er pfropft darauf ein neues Reis.

Jetzt wundert sich der Michel still,
Weshalb der Baum nicht wachsen will.

„Kladderadatsch" Nr. 10, 1919.

Vergewaltigung!

Maifeier 1919

Der Maibaum der Kommunisten.

„Kladderadatsch" Nr. 17, 1919.

Mutatis mutandis

Bei Nummer Eins ging's zu gar wild,

Bei Nummer Viertausend dasselbe Bild!

„Kladderadatsch" Nr. 20, 1919.

„Arbeiten und nicht verzweifeln!“

Dem tief Gestürzten zeigt der getreue Eckard den Weg, der wieder zur Höhe führt.
„Kladderadatsch“ Nr. 20, 1919.

Glückliches Deutschland

(Abg. Dr. Braun [Soz.]: „Millionäre darf es künftig in Deutschland überhaupt nicht mehr geben!" Weimar den 13. 8. 1919.)

Wir brauchen keine Millionäre mehr

Wir haben ja genug Proletarier

Wir brauchen keine Arbeiter mehr

Wir haben ja genug Streiker

Wir brauchen keine Soldaten mehr

Wir haben ja genug Spartakisten

Wir brauchen auch kein Geld mehr

Wir haben ja genug Schulden, und davon leben wir, hipp, hipp hurra!

„Kladderadatsch" Nr. 35, 1919.

Deutschland und die Entente

(Eine Ausplünderungsszene)

„So, Michel, zuerst ziehe dir den Rock aus!

Nun, bitte, die Hose —

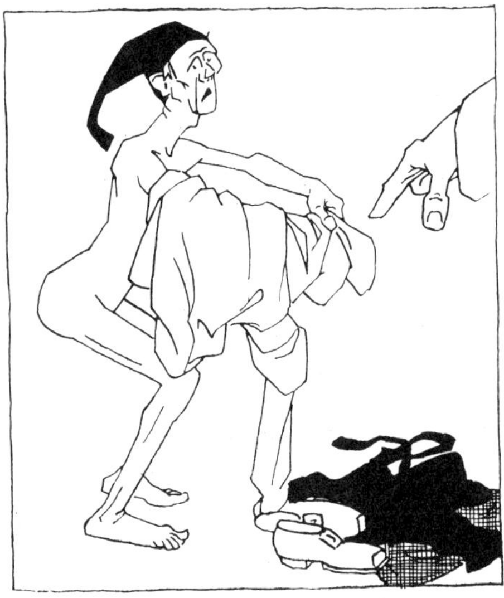

und das Hemd!

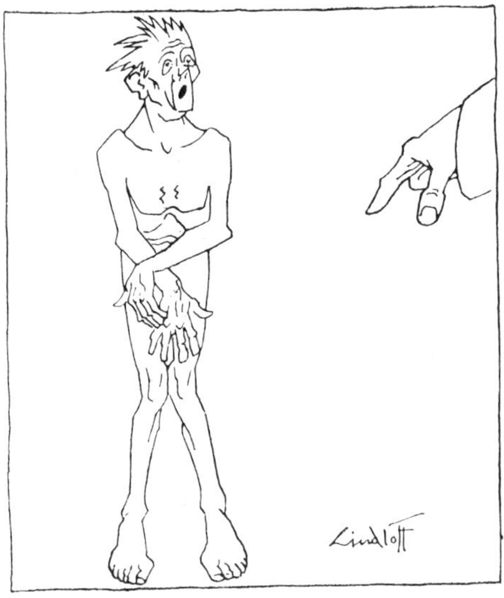

So, und jetzt entleere deine — Taschen!"

Simson Germanicus

Einst wird kommen der Tag, da auch diesem Simson die Locken wieder wachsen

Kladderadatsch

Die Rachsucht des Weibes!

Wiedereröffnung der Nationalversammlung

„Was suchst du, alter Diogenes, in der Nationalversammlung?"
Diogenes: „Ich suche einen — Mann!"

Dieses Blatt erscheint täglich mit Ausnahme der Wochentage
Der vierteljährliche Bezugspreis beträgt für Postabonnements M. 12,—, für das Ausland zuzüglich des Zuschlages der ausländischen Postverwaltung.
Kreuzbandzusendung direkt vom Verlag für Inland und Deutschösterreich M. 15,—, für das Ausland M. 20,—.
Bestellungen nehmen die Postanstalten, alle Buchhandlungen, Zeitungsspeditionen sowie der Verlag des Kladderadatsch, Berlin SW48, Wilhelmstraße 9, entgegen.

Wochenkalender

Montag, den 23. August

O du Dorado süßer Sünde
Am wunderschönen Ostseestrand,
O Warnemünde, Warnemünde,
So wunderschön und wohlbekannt.

Dienstag, den 24. August

O wie so reich bist du geworden
Doch im Verlauf der neusten Zeit!
Als Montecarlo du im Norden
Sei mir gegrüßt und benedeit!

Mittwoch, den 25. August

Hier, wo ich dankbar einst genossen
Viel goldene Tage sonnenfroh,
Hier statt der Obotritensprossen
Herrscht heut der König Pharao.

Wochenkalender

Donnerstag, den 26. August

Und horch, des Landes Rechtsregierung —
– Denn „Rechts“ ist diesmal noch nicht „Recht“,
Sie spricht mit sauersüßer Rührung:
„Je, zehn Millionen sind nicht schlecht!“

Freitag, den 27. August

Doch viele, die im Lande wohnen,
Die stehen da, wie schwer betraust:
„Empfiehlt sich's, daß für zehn Millionen
Die Menschenwürde man verkauft?

Sonnabend, den 28. August

Ach ja, uns kommt ein dunkles Ahnen,
Wir wittern drohende Gefahr:
Statt mit den blaugelbroten Fahnen
Flaggt man hier bald mit ‚Rouge-Noir'!“

Kladderadatsch.

Polen

Stolz dereinst im schwarzen Fracke,
Seines Volkes Ruhm und Zier,
Saß der köstliche Polacke
Paderewski am Klavier.
Daß er aus dem Land der Läuse,
Hat ihm jeder gern geglaubt,
Denn ein wüstes Lausgehäuse
Trug er auf dem Künstlerhaupt.

Seine langen Finger sausten —
Hei, das brachte viel Gewinn —
Wenn sie mal nicht grade lausten,
Auf den Tasten her und hin.
Bis er eines Tags die Tasten
Ließ, der Stanislausesohn,
Und als Enkel der Piasten
Saß auf Polens Herrscherthron.

O, wie schwoll ihm da der Kamm, der
Einzige, den er je gebraucht,
O, wie hat, der sonst ein Lamm, der
Virtuose, da gefaucht.
„Kann ich nicht auf Tasten klimpern",
Sprach er, „nun, so will ich doch
Klimpern mächtig an die Wimpern
Dem Ukrainer-Völkchen noch!"

Paderewski und Pilsudski
Und auch Grabski obendrein,
Flößten jeder zwanzig Wudski
Oder auch noch mehr sich ein:
„Polen — merkt es, wie ich's deichsel' —
Dehnt sich — auf, mein tapfres Heer! —
Von den Mündungen der Weichsel
Künftig bis zum Schwarzen Meer!"

Ach, den Weißen-Aar-Schlachtschitzen
Glückte dieses leider nicht;
Auf den Teil, auf dem sie sitzen,
Hagelten die Hiebe dicht.
Und die hohen Helden schrieben
Diese Worte bang nach Haus:
„Wär' ich doch bei dir geblieben,
Meine heißgeliebte Laus!

Ja, wer weiß wohin wir treiben,
Weh, mir brummt der stolze Kopf!
Von der Weichsel wird uns bleiben
Nur der treue Weichselzopf!
Paderewski, spiele bieder
Klavizimbel ohne Rast!
Werde Pianiste wieder,
Allerneuester Piast!"

Kladderadatsch
P. W.

Der neue Klassenstaat

Ganz oben wird die Macht vergeben –
Darunter geschlemmt und feste geschoben –
Dann kommen die Herr'n, die vom Nichtstun leben –
Es folgen die Hetzer, die schreien und toben –
Und nun, geplündert von all diesen Schuften,
Ganz unten die Braven und Stillen, die schuften!

Reparationsbowle

„Wenn der Pott aber nun ein Loch hat?"

Schwieriger Fall

Kladderadatsch (zum „Vorwärts"): „Glauben Sie wirklich, Herr Kollege, daß das Zeug, das Sie jahrzehntelang in den Schädel hineingepfropft haben, so schnell wieder rauszuholen ist?"

Der polnische Korridor.

Aus dem neuen „Faust"

(Aus den Tagen des Bolschewistenbesuchs in Berlin.)

Mephisto-Radek im Schlafzimmer des deutschen Regierungs-Gretchens (grinsend, indem er die Propagandaschriften unter das Bett legt) „Schlaf selig weiter, holdes Kind!"

Der neue Christophoros
oder
Der Erfüllungskanzler Wirth und der Versailler Frieden

Er glaubte, sich ein kleines Päckchen aufzusacken – Nun knickt er keuchend ein bis auf die Hacken.

Dieses Blatt erscheint täglich mit Ausnahme der Wochentage
Der Bezugspreis beträgt für Oktober M. 70, für die Monate November und Dezember je M. 100
freibleibend, zuzüglich Porto und Bestellgebühr, für das Ausland zuzüglich Auslands-Zuschlag.
Bestellungen nehmen alle Buchhandlungen, Zeitungsspeditionen, Postanstalten sowie der Verlag des Kladderadatsch, Berlin SW 48, Wilhelmstraße 9, entgegen.

Wochenkalender

Montag, den 6. November

Am Montag, überzählend den Kies,
Konstatiert man dies:
Kein Zweifel, Deutschland geht es mies!

Dienstag, den 7. November

Hingegen wird's am Dienstag nicht besser,
Der Dollar steigt kesser,
An der Kehle sitzt dem Deutschen das Messer.

Mittwoch, den 8. November

Ist man am Mittwoch nun wohl munter?
Es wird noch viel bunter!
Man kann nicht vorn rauf und hinten nicht runter.

Wochenkalender

Donnerstag, den 9. November

Am Donnerstag wird's einem kalt und heiß.
Jeder Preis
Überschlägt sich. Die Nase wird kreideweiß.

Freitag, den 10. November

Am Freitag verschärft sich der malitiöse
Zustand höchst böse.
Die Katastrophe wühlt im Gekröse.

Sonnabend, den 11. November

Am Sonnabend guckt man in den Mond
Und betont:
Wir sind die Pleite nun schon gewohnt!

Kladderadatsch.

Krise

Hat denn kein Mensch Hurra geschrie'n – in Berlin? – Hat man das Feiern – und Huldigungsleiern, – auf das man doch sonst so versessen, – vergessen? – Es kam doch (aber nein – wie kann man bloß so unhöflich sein?) – nachdem in Paris die nötigen Fanfaren – geblasen waren, – mit Herrschergebärde und Siegerton – nach Deutschland die Reparationskommission! – Man sprach auch vorher von einer „Krise", – aber man meinte nicht diese! – Man meinte vielmehr das Balgen und Zerren – unsrer eigenen leitenden Herren, – warum und wieso und wodurch und weshalb – das deutsche Kalb – ob seiner nicht endenden Kalamität – die Augen verdreht, – und wie dem Übel kurz vor Zwölfen – noch abzuhelfen. – Und da wollte jene Partei nicht wie diese, – wie immer, und das war die Krise. – Sie schwankte diesmal von Luv nach Lee – zwischen Herrn Schmidt und Herrn Wirth und der V. S. P. D. – und endete nach der Gewohnheit wie 's Hornberger Schießen, – was die Zipfelmützen wie immer mit Freuden begrüßen. – Was will denn „Krise" bei uns auch heißen, – wo die Krisen seit sechs Jahren nicht abreißen!

Viel richtiger wär' es, sich aufzuregen – von wegen – der nun beginnenden deutschen Fron – unter der Knute der Reparationskommission, – die von Paris jetzt in corpore – übergesiedelt an die Spree. – Die wird nun in Wahrheit dich nach ihren – Manieren, – o Michel, regieren – und, was noch heil bei uns ist, reparieren – und die deutsche Würde bis auf die Nieren – sekkieren – und wo garnichts hilft, wird sie schmieren – und im deutschen Haushalt herum dividieren – und subtrahieren – und Exempel wie Brennus in Rom statuieren – und die Mark – bis zum Quark – wegstabilisieren – und schwadronieren und vexieren – und oktroyieren und ruinieren – und, was sie in Summa und Endeffekt – bezweckt, – die Ebertsche Republik strangulieren! – Denn auf Haus und Ware und Schornstein, seht, – und Freiheit und Recht und Autorität – klebt dem Deutschen das blaue Siegel schon lang. – Jetzt kommen die Herren und vollstrecken zwang!

Kladderadatsch.
K. E. K.

Nr. 47 / 75. Jahrg.

Preis Mark 40.—

Kladderadatsch

Die französische Bulldogge

„Lieber gehe ich mit unter, als daß ich loslasse!"

Sondernummer:

Nr. 51 / 75. Jahrg. **Deutsche Wirtschaft!** Preis Mark 100.–

Kladderadatsch

Wenn diese Öfen brennen, könnt ihr euch alle wärmen!

Nr. 12 / 78. Jahrg. Preis: 45 Pfennig

Kladderadatsch

Auf zur Wahl!

Clara Zetkin: „Wählt mich! Ich führe euch erst wirklich herrlichen Zeiten entgegen!"

Im Völkerbund

„Michel, guter Michel! Komm mit nach Genf in den Völkerbund!
Flöte uns dort deine Lieder vor, denn ohne dich ist es langweilig!"

„So, jetzt brauchen wir seine Klagelieder nicht mehr anhören,
hier hat er sich nach der Versailler Hausordnung zu richten!"

Nr. 19 / 78. Jahrg.

Preis: 50 Pfennig

Kladderadatsch

Der Lotse besteigt das Schiff

Die bedrohte Sicherheit

Er baut wieder Festungen!

Dieses Blatt erscheint täglich mit Ausnahme der Wochentage
Bezugspreis vierteljährlich 6 Reichsmark für In- und Ausland. (Für das Ausland zuzüglich 1 Reichsmark Kreuzbandporto in der Währung des Bestimmungslandes.)
Bestellungen nehmen alle Buchhandlungen, Zeitungsspeditionen, Postanstalten sowie der Verlag des Kladderadatsch, Berlin SW 48, Wilhelmstraße 9, entgegen.
Alleinige Anzeigenannahme Annoncen-Expedition Rudolf Mosse, Berlin SW 19, und deren Filialen.

Wochenkalender

Montag, den 10. August
Von Barmat still schon ward es gänzlich,
In Preußen riecht es reichlich brenzlig.

Dienstag, den 11. August
„Will man sich retten", heißt es „muß man
Zunächst beschimpfen den Herrn Kußmann."

Mittwoch, den 12. August
Man tat es, und zwar sehr erheblich,
Nur leider grundlos und vergeblich.

Wochenkalender

Donnerstag, den 13. August
Kutisker ist vom Platz verschwunden –
Ob er inzwischen wird gefunden?

Freitag, den 14. August
Gleichviel! Man muß es nur verstehen,
Den Spieß mit Grazie umzudrehen.

Sonnabend, den 15. August
Mag Preußen auch die Kränke kriegen
Wenn Braun und Severing nur siegen!

Kladderadatsch.

Polackenpack

Als einst, höchst zaghaft und bescheiden,
Das starke Deutschland es gewagt,
Polackenfrechheit zu beschneiden,
Wie hat die Welt es da verklagt!
Oh, von „Enteignung" nur zu sprechen,
„Ausweisung" zu erwähnen nur,
Das war ein grausiges Verbrechen,
Hohnsprechend jeglicher Kultur!

Und jene Welt, die sich gebrüstet
Mit Zartsinn einst und Menschlichkeit,
Sie zeigt sich keineswegs entrüstet
Durch so unsäglich tiefes Leid.
Wer Deutschland peinigt, scheint geheiligt
Rings auf dem weiten Erdenrund;
Auch zeigt sich gänzlich unbeteiligt
Der hochwohlweise Völkerbund.

Doch nun dies schuftige Gesindel
Zum „Volke" ward durch Deutschlands Tat,
Nun, da erfaßt der Großmachtschwindel
Den würdigen neugebackenen „Staat",
Nun jagt dies Edelvolk der Polen
Den deutschen Mann von Hof und Haus,
Und aus dem Land, das es gestohlen,
Hetzt es Millionen feig hinaus.

Ja, ja, so stehn die Dinge heuer!
Es spuckt das polnische Gezücht,
Die Spottgeburt von Dreck und Feuer,
Dem Recht ins heilige Angesicht.
Und dankbar wedeln mit dem Schwanze
Die „Menschenrechtler" hochentzückt
Und fühlen sich im Siegerglanze
Als Kämpfer der Idee beglückt!

Geduld! Die Räder der Geschichte
Gehn über euren Blödsinn fort.
Einst hat, im rächenden Gerichte,
Germania wieder doch das Wort.
Es kommt die Zeit, wo sie den Nacken
Dem Unrecht beugt mit scharfem Schwert,
Und wo sie Mores die Polacken,
Das Edelvolk der Läuse, lehrt!

Kladderadatsch.
P. W.

Nr. 44 / 78. Jahrg.

Kladderadatsch

In Trinitate robur!

„Na, da hätten wir ja die drei Haare Bismarcks, wenn auch verteilt!"

Auf der Berliner „Oktoberwiese"

Hergt: „Schlecht eingeschenkt, Stresi! Das ist ja lauter Schaum!"
Stresi: „Ah na! Dös is nur oben, schaun's nur erst amal tiefer 'nein!"

Vor 1933 sah ›Kladderadatsch‹ sein wesentliches Ziel darin, die Gegner Deutschlands, die die ›Schmach‹ von Versailles auf die deutschen Helden geladen hatten, zu verteufeln. Der deutsche Michel wurde immer wieder als darniederliegender Recke im Stil der alten Römer und Griechen dargestellt, der nur darauf wartete, seine Kraft und Schönheit wieder wirksam werden lassen zu können. Die Feindbilder waren spätestens seit dem Ersten Weltkrieg klar definiert: Rußland wurde als total entmenschlicht hingestellt; die ›Freiheit Amerikas‹ erschien in einer zweiseitigen Bildfolge als ›frei von Anstand, frei von Vernunft, frei von Verantwortung‹; die Briten wurden laut ›Kladderadatsch‹ von einem Alkoholiker angeführt; für Frankreich stand eine ›Niggerarmee‹ und de Gaulle als ›Zuhälter‹; über allem thronte die allgegenwärtige Macht der Juden. Für das Verhältnis zu den Westmächten ist eine Illustration bezeichnend: 1920 wollen zwei Gauner drei uniformierte Herren – einen Briten, einen Amerikaner, einen Franzosen – auf der Straße überfallen. Doch der eine der Wegelagerer hält seinen Kumpel in letzter Sekunde mit der Bemerkung zurück: »Halt, Ede, die laß unjeschoren, det sind Kollegen.«
Innenpolitisch hielten sich die Redakteure weitgehend zurück. Sie bekämpften weiterhin Sozialdemokratie und Kommunisten, außerdem richteten sie ihren besonderen Haß auf die Pazifisten, die ihrer Darstellung nach erst den Weg ebneten für die militärischen Angriffe der feindlichen Mächte.
Erst mit der Machtergreifung Hitlers bekannte sich das Blatt wieder eindeutig zu einem Politiker und dessen Zielen.
In den zwanziger Jahren konzentrierte sich ›Kladderadatsch‹ vor allem auch darauf, die deutsche Industrie publizistisch zu fördern und zu unterstützen. In einer umfangreichen ›Industrie-Nummer‹ von 1922 etwa ziert der Adler mit ausgebreiteten Schwingen über rauchenden Schloten das Titelblatt, Unterschrift:

»Der Funke, der in all der Asche glühte,
Seht, wie er wieder sich zu Flammen hebt,
Und wie ein Volk, das sich in Arbeit mühte,
Kühn wie ein Phoenix auf zum Himmel schwebt.«

Während ›Kladderadatsch‹ systematisch auf Hitler als den Retter des Vaterlandes vorbereitete, gab es viele – einmal mehr ungehörte – Stimmen, die, wie die ›Weltbühne‹, weitsichtig die Gesellschaft der Zeit und die heraufziehende Kata-

V

›Der Kladderadatsch brauchte nicht erst gleichgeschaltet zu werden, er war es schon‹[3]

strophe analysierten. Unter den Satirikern und politischen Zeichnern dieser Jahre trat John Heartfield mit seinen Fotomontagen offen und mit beißender Präzision argumentierend gegen das wirtschaftsorientierte Bürgertum und gegen die Gefahr des Faschismus auf. Ihm zur Seite stand George Grosz mit seinen Zeichnungen und Karikaturen, für den die Stützen der deutschen Gesellschaft keine Helden waren, sondern »die brutalen Mordoffiziere und Nachfahren eines Ludendorff, die allesamt nicht ertragen können, in Zivil zu arbeiten, und die vorziehen, in Uniform zu töten.«[4]
Auch unter den satirischen Zeitschriften waren einige, die noch einmal alle verbale und zeichnerische Kraft aufbrachten, um vor der absehbaren Zukunft zu warnen. 1932 rief der ›Rote Pfeffer‹ den Wählern der Nationalsozialisten zu: »Nur die allerdümmsten Kälber wählen ihre Metzger selber.« Auf dem Titelblatt des ›Wahren Jakob‹ veröffentlichte der Karikaturist Willibald Krain ein Blatt mit der Unterschrift: »Noch ist es Zeit! Ballt die Fäuste! Damit ihr sie nicht eines Tages in der Tasche ballen müßt!«

Texthinweise zu den Bildern

154 Nr. 7, 12. Februar 1933
Nach der Machtergreifung Hitlers, der ›zum Schutz des deutschen Volkes‹ angetreten war, begrüßte ›Kladderadatsch‹ vorbehaltlos die braunen Heerscharen, die das schmählich niedergedrückte Deutschland wieder aufstehen lassen würden.

155 Nr. 8, 19. Februar 1933
Mit solchen Verunglimpfungen der Linken wurde die Stimmung geschürt, in der kurz darauf der Reichstagsbrand als Sabotageakt eines Kommunisten und die Aufhebung der Grundrechte als notwendige Schutzmaßnahme hingestellt werden konnten.

156 Nr. 9, 26. Februar 1933
An der Hand Hitlers und des Vizepräsidenten von Papen kann Germania wieder öffentlich auftreten. ›Kladderadatsch‹ paraphrasiert die Führerpotenz Hitlers, dem Deutschland vertrauensvoll und ergeben folgt. Daß dies eintreffen

würde, hatte Kurt Tucholsky schon 1930 in der ›Weltbühne‹ geschrieben: »Widerstand? Nein, den finden sie wohl kaum. Von wem denn auch? Von dem bißchen Republik? Die hat in zwölf Jahren nicht verstanden, echte Begeisterung zu wecken, Menschen zur Tat zu erziehen, nicht einmal in ruhigen Lagen, wie denn, wenn es Kopf und Kragen zu riskieren gilt? Widerstand? ... das Land ist so weit entfernt von jeder Revolution! Dies ist ein Volk, das noch nicht einmal liberal ist ... sie halten mildübertünchte Korruption für Parlamentarismus, wirres Geschwätz für Selbstbestimmungsrecht, Ressortstank für Politik, Vereinsmeierei für Demokratie ... sie sind nie liberal gewesen, auch 48 nicht.«

157, 158 Nr. 9, 26. Februar 1933; Nr. 11, 12. März 1933
Heinrich Mann wurde im Februar im Unterschied zur Darstellung des ›Kladderadatsch‹ von den Nationalsozialisten zum Rücktritt als Präsident der Sektion Dichtkunst der Preußischen Akademie der Künste gezwungen. Im Februar wurde die Tagung des Sozialistischen Kulturbundes verboten. Kurz darauf wurde ein Kongreß linker Intellektueller und Künstler von der Polizei geschlossen. Der frühere preußische Kultusminister Adolf Grimme hatte auf dem Podium ein Plädoyer Thomas Manns gegen den Faschismus, für Humanismus und Demokratie verlesen.

159 Nr. 14, 2. April 1933
Ermächtigungsgesetz und Gleichschaltung der Länderregierungen, denen Reichskommissare vorangestellt wurden: ›Kladderadatsch‹ identifiziert die diktatorischen Maßnahmen der Faschisten mit dem Ordnungswillen des deutschen Volkes: Jetzt wird aufgeräumt! Überheblichkeit und Zynismus führen den Zeichenstift. Nicht der geringste Ansatz zur Satire ist erkennbar, alles wird blanke Denunziation.

160 Nr. 15, 9. April 1933
Hitler als Erlöser vom volksverführenden Kommunismus. »Was wird geschehen? – Äußerlich nicht so sehr viel. Kleine lokale Widerstände der Arbeiter; die sind aber gespalten, desorganisiert, waffenlos, niedergebügelt von einer jahrelangen Vorbereitungsarbeit der Justiz. Die Besten sind nicht mehr. Die Zweitbesten hocken in den Zellen. Der Rest steht auf – und legt sich gleich wieder hin. Müde. Enttäuscht. Ausgehungert.« *(Kurt Tucholsky)*

161,162 Nr. 18, 30. April 1933; Nr. 20, 14. Mai 1933
Ganz auf der Linie der Machthaber stellt ›Kladderadatsch‹ die Konzentrationslager, in denen Millionen hingemordet wurden, als Orte der ›Umerziehung‹ und Säuberung hin.

163 Nr. 20, 14. Mai 1933
›Kladderadatsch‹ propagiert die Dauer des Tausendjährigen Reiches, an der nur Betrunkene und ›Hallunken‹ zweifeln konnten.

164 Nr. 22, 28. Mai 1933
Über den Scheiterhaufen der Bücherverbrennung (10. Mai 1933) erhebt sich eine neue, gereinigte Deutsche Dichtung: die Blut- und Bodenliteratur.

165 Nr. 22, 28. Mai 1933
Im Stil der an der antiken Mythologie orientierten Heldenfiguren des schweizerischen Malers Arnold Böcklin, eines Lieblings der Gründerzeit, wird Hitler als die Deutsche Hoffnung gepriesen.

166 Nr. 26, 25. Juni 1933
›Kladderadatsch‹ hat das Argumentieren längst aufgegeben, was er seinen politischen Gegnern vorwirft, praktiziert er selbst, er schleudert in Wort und Bild Dreck.

167,168 Nr. 27, 2. Juli 1933; Nr. 31, 30. Juli 1933
›Kladderadatsch‹ beschwört das Selbstbewußtsein Deutschlands nicht mehr, er führt es vor in der ständig wiederkehrenden Metaphorik des Erwachens und des »Morgenrots« von »Neu-Deutschland«.

169,170 Nr. 31, 30. Juli 1933; Nr. 32, 6. August 1933
Daß die deutschen ›Herrenmenschen‹, ›hell und sauber‹, das entmenschlichte Monster im eigenen Land hatten, zeigte ›Kladderadatsch‹ nicht: »Er stand dort oben, schluchzte, er schrie, gurgelnd brach etwas Unerklärliches, Urhaftes, Nacktes, Blutiges aus ihm heraus, er konnte es nicht halten, es waren keine fest gebauten Sätze mehr, keine artikulierten Worte . . . Seine Übermacht war Haß, Wut, Ekstase, Ausbruch, Kampfgeheul.« *(Ernst Weiß über Hitler)*

172, 173, 174 Nr. 37, 10. September 1933; Nr. 39, 24. September 1933; Nr. 41, 8. Oktober 1933

Im Unterschied zur Darstellung des ›Kladderadatsch‹ griffen die deutschen Nationalsozialisten durch gezielte Boykottmaßnahmen aktiv ein, als der Bundeskanzler Dollfuß gegen die Terroraktionen der österreichischen NSDAP einschritt.

175 Nr. 40, 1. Oktober 1933

Wie ›Kladderadatsch‹ die Position Deutschlands kurz vor dem Scheitern der Genfer Abrüstungskonferenz und dem Austritt des Nazireiches aus dem Völkerbund darstellt.

176 Nr. 47, 19. November 1933

›Kladderadatsch‹ sieht den Ausgang der Reichstagswahl im Dezember richtig voraus: 92% der Stimmen wurden für die Einheitsliste gezählt.

177 Nr. 2, 8. Januar 1939

›Kladderadatsch‹ verunglimpft die Emigranten, die vor dem mörderischen Faschismus fliehen mußten, »öfter als die Schuhe die Länder wechselnd« *(Bertolt Brecht)*. Daß in bestimmten Zentren des Exils, wie Holland, besonders viele Deutsche waren, hatte noch eine andere Bewandtnis: »Dort sitzen, zwei Tische entfernt, mehrere der schmutzigen Gesichter, die jeder erkennt. Nur sie selbst halten sich für unverdächtig, obwohl die schielen und lange Ohren machen. Was bei den Emigranten gesprochen wird, könnten die Spione in jedem deutschen Lokal genau so gut erhorchen: aber dann brächte es ihnen nicht dasselbe Geld ein wie im Ausland angefertigte Denunziationen.« *(Heinrich Mann)*

178 Nr. 4, 22. Januar 1939

Kurz bevor Hitler den Zweiten Weltkrieg begann, bereitete ›Kladderadatsch‹ auf die Feinde vor. Deutschland, dargestellt als wehrloses Kleinkind, in den Fängen einer Kreatur, die das amerikanische Volk symbolisieren soll.

180, 181, 182 Nr. 5, 29. Januar 1939; Nr. 6, 5. Februar 1939; Nr. 7, 12. Februar 1939

Der spanische Bürgerkrieg endete mit einem Sieg von Hitlers Bruder im faschistischen Geist, Francisco Franco, über die Republik.

183 Nr. 8, 19. Februar 1939
Im Prager Exil führten eine Reihe von Publizisten und Schriftstellern ihre Arbeit fort, unter anderen erstand hier der vormalige Malik-Verlag von Wieland Herzfeld, John Heartfield und George Grosz neu. ›Kladderadatsch‹ hat keine anderen Bilder für die Ungebrochenheit der Emigranten als die des Golem und anderer furchterregender Gestalten

184 Nr. 9, 26. Februar 1939
Noch bevor Franco Madrid erreicht hatte, erkannten Großbritannien, die USA und Frankreich den neuen Machthaber an. ›Kladderadatsch‹ stellt Frankreich als opportunistische Hure dar.

185, 186, 187 Nr. 10, 5. März 1939; Nr. 11, 12. März 1939; Nr. 13, 26. März 1939
Im spanischen Bürgerkrieg kämpften ausländische Demokraten, Sozialisten und Kommunisten in ›Internationalen Brigaden‹ auf seiten der Republikaner. ›Kladderadatsch‹ stellt die Gegner Francos ganz im Sinn der Faschisten als rote Teufel hin. Dabei trifft seine Charakteristik des ›letzten Aufgebots‹ eher auf faschistische Aktivistentruppen zu: »Offiziere, Phalangisten, bezahltes Gesindel, Spione, Saboteure, Attentäter, die durch allnächtlichen Mord, durch Provokation, Sabotageakte und so weiter die vier auf Madrid rückenden Kolonnen Francos zu unterstützen versuchen.« *(Alfred Kantorowicz, 1938)*

188 Nr. 16, 16. April 1939
Als Auftakt des Zweiten Weltkriegs marschierten im März 1939 deutsche Truppen in der Tschechoslowakei ein, damit war für ›Kladderadatsch‹ und seine Gesinnungsgenossen endlich die Schmach von Versailles durch den neuen ›Helden der Zukunft‹, Adolf Hitler, wieder gutgemacht.

189 Nr. 20, 14. Mai 1939
›Kladderadatsch‹ überschüttet die britische Appeasementpolitik mit Hohn, besonders, da Großbritannien zwischen Polen und Deutschland vermitteln wollte.

191, 192 Nr. 20, 14. Mai 1939
Die Aufrüstung Deutschlands verherrlicht ›Kladderadatsch‹, die der ausländischen Mächte verurteilt er moralisierend.

193,194 Nr. 21, 21. Mai 1939; Nr. 22, 28. Mai 1939
›Kladderadatsch‹ reiht sich ein in den publizistischen Feldzug der deutschen Medien gegen Polen, der bald in den faktischen Zug deutscher Kriegstruppen mündete. Um den Übergriff Hitlers zu rechtfertigen, wird Polen immer wieder als machtgierig auftrumpfend dargestellt.

195,196,197 Nr. 25, 18. Juni 1939; Nr. 28, 9. Juli 1939; Nr. 29, 16. Juli 1939
Der ›Kladderadatsch‹ macht sich in den Monaten vor Ausbruch des Zweiten Weltkriegs zum willfährigen Handlanger der Kriegspolitik Hitlers. Mit allen Mitteln verleumderischer Propaganda ›schießt‹ sich ›Großdeutschland‹ auf den ›Dreckfink‹ Polen ein.

198,199 Nr. 31, 30. Juli 1939; Nr. 32, 6. August 1939
Die Verhöhnung des Nachbarvolkes ist beispiellos!

200,201 Nr. 33, 13. August 1939; Nr. 34, 20. August 1939
Hitler drängte auf den Anschluß Danzigs an das Deutsche Reich und die Lösung der Frage des polnischen Korridors. ›Kladderadatsch‹ stellt auch in diesem Fall deutsche Ansprüche als natürliches und durch Arbeit legitimiertes Recht hin.

202 Nr. 37, 10. September 1939
Die Inkarnation friedliebender Völker! Der Mißbrauch von Sprache und Bild bleibt widerspruchslos. ›Kladderadatsch‹ agitiert in der Manier des ›Stürmers‹.

203,204,205 Nr. 37, 10. September 1939; Nr. 43, 22. Oktober 1939 (2x)
Am 1. September marschierte Hitler in Polen ein und löste damit den Zweiten Weltkrieg aus – ›Kladderadatsch‹ bezeichnet Deutschlands Kriegsaktionen als Friedensbemühungen.

206 Nr. 1, 4. Januar 1942
Im Pakt von Washington erklärten 26 am Krieg beteiligte Staaten, keinen Sonderwaffenstillstand zu schließen, außerdem förderten vor allem die USA und Großbritannien Pläne zur Landung in Nordafrika.

207 Nr. 11, 15. März 1942
Amerika als das Land der Verbindung von Dollar-Imperialismus und internationalem Judentum, dem die Bankiers die Krone halten, und für das Winston Churchill der Hofnarr ist.

208, 209 Nr. 11, 15. März 1942; Nr. 24, 14. Juni 1942
In festen Rubriken, zu denen auch die ›Steckbriefe‹ gehörten, verleumdete ›Kladderadatsch‹ seine Gegner, oder, wie im Fall von Mark Twain und Johann W. Goethe, rief er die Zeugen aus Literatur- und Geistesgeschichte zur Unterstützung seiner Ziele an.

210, 211 Nr. 19, 10. Mai 1942; Nr. 24, 14. Juni 1942
Indem ›Kladderadatsch‹ die Macht Hitler-Deutschlands demonstriert, verbreitet er Durchhalteparolen.

212, 213 Nr. 24, 14. Juni 1942; Nr. 26, 28. Juni 1942
Das ›Porträt des Kladderadatsch‹ gehört ebenfalls zu den stehenden Sparten des Blattes. Hier werden die beliebten Film- und Theaterschauspieler der Zeit charakterisiert, die nach dem Motto ›Zuckerbrot und Peitsche‹ für das erstere zuständig waren – Schauspieler, die in diesen Jahren vermeintlich unpolitische Unterhaltung produzierten und nach dem Ende des Faschismus ohne Bruch weiterarbeiten konnten.

214 Nr. 26, 28. Juni 1942
Winston Churchill, seit 1940 englischer Premierminister, der für die Einigkeit unter den Verbündeten gegen Deutschland eintrat und zu den Gründern der Vereinten Nationen gehörte, war der Politiker, den ›Kladderadatsch‹ am stärksten und am skrupellosesten angriff.

215 Nr. 29, 19. Juli 1942
Am 2. Juli eroberten deutsche Truppen die Krim. Daß der »stählerne Schrecken stampft und heult«, wie Johannes R. Becher 1937 in einem Gedicht über ›Die Heimat‹ schrieb, ist für ›Kladderadatsch‹ Triumph und durch die barbarische Natur der Gegner gerechtfertigt.

216,217 Nr. 31, 2. August 1942; Nr. 49, 6. Dezember 1942
In der Rubrik ›Steckbriefe‹ wurden in jeder Nummer des ›Kladderadatsch‹ politische Gegner verunglimpft: Politiker, Wissenschaftler wie die Amerikaner Conant und Compton, die im Forschungsausschuß zur Landesverteidigung der USA arbeiteten, oder linke Intellektuelle und Künstler wie Charlie Chaplin, die internationale Bedeutung gewonnen hatten.

218,219 Nr. 7, 14. Februar 1943; Nr. 8, 21. Februar 1943
Die unter dem Einfluß des internationalen Judentums stehende Anti-Hitler-Koalition hält die Geschicke Europas in der Hand. ›Kladderadatsch‹ stellt den Hitler-Staat als richtig für das deutsche Volk hin und darüber hinaus für ganz Europa. Die gegnerischen Mächte werden nicht nur als böswillig und teuflisch hingestellt, sondern, was noch schlimmer ist, als blauäugige Ignoranten.

224 Nr. 21, 23. Mai 1943
Spätestens jetzt, angesichts des wechselhaften Kriegsglücks Deutschlands, nahm ›Kladderadatsch‹ kein Blatt mehr vor den Mund. Ganz im Stil der faschistischen Machthaber wandte er das Prinzip der ›Endlösung‹ auch auf die Kriegsgegner an.

225 Nr. 22, 30. Mai 1943
Die Kriegsgegner, vom Politiker bis zum einfachen Soldaten, verdammte ›Kladderadatsch‹ wo er nur konnte als in jeder Hinsicht unmoralisch.

226 Nr. 28, 11. Juli 1943
Die Angriffe auf Rußland gingen in zwei Richtungen, einmal, wie zuvor, gegen die ›Hunnen‹ und ›Barbaren aus dem Osten‹, zum andern gegen den Kommunismus als eine Form der Verschwörung des internationalen Judentums.

227 Nr. 30, 25. Juli 1943
›Kladderadatsch‹, der deutsche Kriegshetzer, stempelt den amerikanischen Präsidenten zum Kriegstreiber und maßt sich damit in Hitler-Manier an, das Urteil der Weltgeschichte vorwegnehmen zu können.

Preis 52 Pfg.

Nr. 7 – 86. Jahrg.
Berlin, 12. Februar 1933

Laß in deine Seele gehen tief den Strahl des Himmelslichts;
Lerne nur das Große sehen, und das Kleine sinkt ins Nichts! w.

Kladderadatsch

Brünhildens Erwachen

Das Feuer brach zusammen,
Das fesselnd mich umloht;
Begeisterung seh ich flammen:
Der Zukunft Morgenrot!

Der Rattenfänger

(Zur neuen Mordwelle)

„Die politischen Lieder bringen mir doch den meisten Zulauf!"

Preis 37 Pfg.

Nr. 9 – 86. Jahrg.
Berlin, 26. Februar 1933

Deutscher, bleibe eingedenk des Winks:
Fahre rechts und überhole Links!

Kladderadatsch

Karneval 1933
Nach langer Zeit war Frau Germania einmal wieder zu einem Faschingsball erschienen.

Dieses Blatt erscheint täglich mit Ausnahme der Wochentage

Schluß der Redaktion: 17. Februar 1933

Wochensang

(Photographische Wiedergaben der Fresken Michelangelos aus der Sixtinischen Kapelle wurden, da sie ‚obszönen Charakters' seien, in Neuyork unter Zollverschluß genommen.)

Wehe! Wie ‚obszön' zu schauen,
Wehe! Wie gemein, wie roh
Sind doch deine üppigen Frauen,
Frecher Michelangelo!

Merk es dir: Für so gemeine
Dinge hat Amerika
Keinen Platz, das liebe, reine;
Fern sei das den USA.!

O wie warst du schlimm beraten,
Da du Adam maltest nackt!
Wehe, wehe! In den ‚Staaten'
Kennt man ihn nur schwarzbefrackt.

Ohne Schlüpfer, ohne Zwickel
Und Hautana maltest du
Uns die Eva! Du Karnickel,
Raubst uns unsere Seelenruh.

Denn was nützt uns alle Schönheit?
Weh! Sie lockt uns in den Sumpf;
Niemals winke der ‚Obszönheit'
Hier der leiseste Triumph!

Heil uns, daß das Grauen packte
Unter Zollverschluß man schnell!
Lieben wir doch hier das Nackte
Nur am lebenden Modell.

Unser Zöllner, der gelehrte,
Sorgt, daß uns nicht werde mies;
Wie ein Engel mit dem Schwerte
Steht er vor dem Paradies.

— Keusch sind Männer hier und Frauen,
Wer's nicht ist, der tut doch so. —
Laß dich in die Freske hauen,
Frecher Michelangelo!

Kladderadatsch.
W.

* * *

Ein harter Schlag

(Der sattsam bekannte Herr Heinrich Mann, Präsident der ‚Dichter-Akademie', der Aufrufe der Sozialdemokraten und Kommunisten unterzeichnet hatte, die sich scharf gegen die gegenwärtige Regierung wenden, ist aus der Akademie ausgetreten, nachdem der neue preußische Kultusminister Dr. Rust im Auditorium maximum der Berliner Universität erfreulicherweise erklärt hatte, daß er dem Skandal, gerade im Falle Heinrich Mann, ein Ende machen werde.)

Rückt, Dichter, in der heiligen Runde
Zusammen mehr, wie jeder kann,
Und klagt in eurem zarten Bunde
Um den verlorenen, teuren — Mann!
Er ist dahin, aus euren Listen
Schied er, der wunderbare Geist,
Der holde Freund der Kommunisten,
Ein Mann, der jedenfalls so — heißt.

O arme Akademiemonde,
Wie wirst du tragen den Verlust,
Nachdem an dich die kritische Sonde
Gelegt der bitterböse Rust!
Kein Grimme wendet mehr das Schlimme
Von dir hinweg zu dieser Frist,
Denn einer nahte dir mit Grimme,
Dem besseres Rustzeug eigen ist.

O daß du so was mußt erleben,
Erlauchter Geister Ehrensaal!
So manchen seh ich seelisch beben,
Kommt man ihm also rustikal.
Wie ist, o düstere, bittere Sorge,
Doch Dichtergröße für die Katz,
Ob man geharft das ‚Lied der Morgue',
Ob das vom ‚Alexanderplatz'.

Im Hirne wird es manchem lichter,
Und er erkennt mit Graun alsbald,
Daß, weh, auch der ‚Asphalt der Dichter'
Nichts als ein fauler Rutschasphalt.
Ja, daß sie das erleben mußten,
Die manches Schmöckchen selig preist,
Daß man gewagt hat, aufzurusten
Der echten Deutschen Dichtung Geist.

Der nämlich läßt sich nicht veräppeln;
Man bringt ihn vielmehr auf den Schub,
Sucht man ihn rötlich hochzupäppeln
Als wie in einem Kegelklub.
Es ging uns ohne dich viel besser,
Fahr hin mit deinem Glorienschein,
Du Kind erhabener Becker-messer,
Du Flügelpferdezuchtverein!

Kladderadatsch.
P. W.

Der Bauchredner

und seine Puppen

Preis 57 Pfg.

Nr. 14 — 86. Jahrg.
Berlin, 2. April 1933

Dem Stumpfen und Gemeinen ist alles stumpf und hohl,
Doch Ehrfurcht weckt dem Reinen ein heiliges Symbol. w.

Kladderadatsch

Frühlingsanfang
Das Groß-Reinemachen

Preis 57 Pfg.
Nr. 15 – 86. Jahrg.
Berlin, 9. April 1933
Dienst am Volke
Kladderadatsch
JOHNSON
Die Rettung
Der größte Dienst am Deutschen Volk: Der Kampf um die Arbeiterseele

 Nr. 15, 9. April 1933

Im Konzentrationslager

(Die Inhaftierten werden zu nutzbringender Arbeit im Zeichen ihrer Symbole angehalten.)

Sichel

Hammer

Pfeile

Sowjetstern

Fair play

Abrüstung steht bevor. Denn alle Völker sorgen
Sich liebevoll darum. Kommt's heut nicht, kommt es morgen.
Aus dem Versailles-Diktat sprießt ew'gen Friedens Garten,
Nur sprießt er nicht so fix. Deutschland muß etwas warten.
Die Mächte, die mit Pakt und Plan sich weidlich tummeln,
Geh'n sämtlich darauf aus, den Michel zu besch —
beschützen. Jeder fühlt sich als der Wahrheit Hort.
Was sie versprachen, halten sie. Ein Mann, ein Wort!

Der Japs will Frieden. Nur weil er nicht anders kann,
Sieht er die ganze Welt mit schiefen Augen an.
Von allen Südsee-Eilanden begehrt er nischt,
Gibt sie sofort zurück, wenn sein Mandat erlischt.
Der Völkerbund empfing aus Tokio die Depesche:
„Kommt nur und holt sie euch! Es setzt dann wucht'ge Dre —
Dresdner Stollen zum Kaffee. Ist der beendigt,
So werden euch die Inseln freudig ausgehändigt."

Argwohn, Feindschaft der Völker wird sich wandeln,
Wenn sie erst lang genug in Genf verhandeln.
Die darauf immer noch mit gläub'ger Seele
Vertrauen, sind ganz ausgesprochen Kame —
Kameraden edlen Schlags, von aller Welt geehrt,
Der ew'gen Mitgliedschaft im Völkerbunde wert.

Timon der Jüngere.

Der Edelkommunist im Konzentrationslager

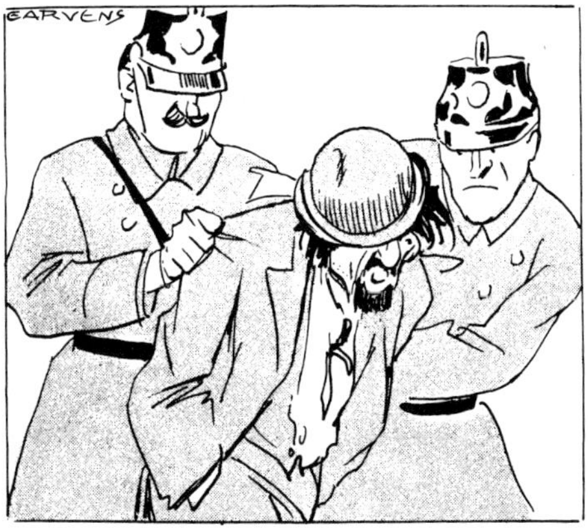

Verhaftung

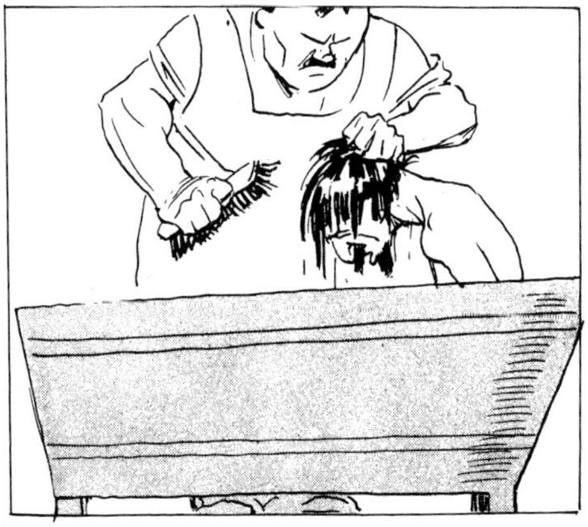

Reinigung

Beschneidung (Haare und Bart)

Auslüftung

Photographie

Romanisches Café

Als nach 6 Wochen seine Photographie im Café Größenwahn eintrifft: „Entsetzlich! Was muß der Ärmste durchgemacht haben!“

Strauchdiebe

(Benesch erklärte, daß die Tschechoslowakei einen „Pakt ewiger Freundschaft" mit Polen plane.)

Tscheche: „Bruderherz, schließen wir ewige ‚Freundschaft'"!
Pole: „Ja, Bruderherz, ewige — bis zur Aufteilung von Reich deutsches!"
Stimme aus dem Hintergrund: „Das dürfte dann allerdings eine ewige Freundschaft werden, ihr Hallunken!"

Nr. 22 — 86. Jahrg.
Berlin, 28. Mai 1933

Preis 57 Pfg.

Kladderadatsch

Der neue Phönix

Deutsche Hoffnung

Ein weißer Schwan vor mir: So ziehn wir leise
Aus dunkler Flut durch unser Morgengrauen
Und ziehn zur Ferne, wo die Wellenkreise
Dem jungen Tage hoch entgegenblauen.

(Richard Dehmel)

Die Dreckschleuder

Die SPD. hat ihren Sitz nach Prag verlegt und ihre alte Tätigkeit wieder aufgenommen

Klara Zetkin † 20. 6. 1933

Ach, es schmerzt mich gar zu sehr:
Klara Zetkin ist nicht mehr!

Hinging unsre brave Zumbel
Recht als treue Sowjet-Schlumpel,

Die an Leib und Seel' verdorben,
Längst schon, ehe sie gestorben.

War sie denn nicht schon im Dies-
seits im schönsten Paradies,

Drin man ohne Kleid und Nahrung
Lebt der höchsten Offenbarung

Dessen, was des Menschen Ziel,
Der nicht in den Himmel will.

Und erst recht nicht in die Hölle,
Weil ja solche stets zur Stelle

Im gepries'nen Sowjetlande,
Wo die schlimmste Schwefelbande

Ärger als im Orkus haust,
Daß dem Teufel selbst es graust?

Darum frag' ich mich zumeist:
Wo mag schweben Klärchens Geist?

Wie kam's, daß er sie verließ?
Himmel, Hölle, Paradies

Konnt er doch genießen schon
In der Sowjet-Union

So, daß kein Bedürfnis blieb,
Das den Geist aus Klärchen trieb.

Darum, mein' ich, daß das Aas
Klara keinen Geist besaß.

w. m.

* * *

Versailles

Von Versailles,
Herr, mach uns frei!
Schurken und Schieber, schäbige Tröpfe,
Landesverräter, hirnlose Köpfe,
Satans höllische Klerisei
Rissen Europa mitten entzwei,
Schufen Chaos und Völkerbrei,
Schwangen die Geißel der Sklaverei
In Versailles!

Seit Versailles
Herrscht Barbarei!
Volk, Familie, Wohlstand und Glauben
Ließ man lästern, zerreißen, rauben.
Ließ man das Volk verludern, verlungern,
Schieber sich mästen, Deutschland verhungern,
Ungesühnt konnte Bubenhand
Schänden, besudeln dich, Vaterland.
Wegen Versailles.

An Versailles
Bricht die Welt entzwei!
Wahnsinn rast im Rausch um die Welt,
Feil ist die Ehre, verfeilscht um Geld;
Sie, die stolz die Sieger sich wähnen,
Sehen zu Füßen den Abgrund gähnen.
Wankend in wütenden Wehen kreißt
Neuer Zeit Wende, beschattet vom Geist
Von Versailles!

Vernichtet sei,
Saat von Versailles!
Tritt auf den Kopf der giftigen Schlange
Endlich, mein Volk! Nicht zage und bange
Länger in Sorgen um Arbeit und Brot!
Hellauf leuchtet das Morgenrot
Deutschen Erwachens. Ein einziger Schrei
Gelle durch Deutschland:
Herr, mach uns frei
Von Versailles!

Kladderadatsch.
w. m.

Dieses Blatt erscheint täglich mit Ausnahme der Wochentage
Schluß der Redaktion: 20. Juli 1933

Wochensang

Ich weiß nicht, was soll es bedeuten,
Daß ich so fröhlich bin?
Der Knüppel aus Isidors Zeiten
Ist futschikato, ist hin!

Die schöne Blutwurst aus Gummi,
Die gleich nach der Inflation
Grzesinski bescherte den brummi-
gen Bürgern als Dedikation

Zum Zeichen der Schönheit und Würde,
Der Freiheit marxistischer Art,
Des Schupopos baumelnde Zierde
Ist abgeschafft. O das ist hart!

So hart fast wie jener Rüpel,
Dem damals am Skagerraktag
Von Amts wegen mit seinem Knüppel
Die Frauen zu prügeln oblag.

Auch ich hab am Kopf noch 'ne Beule,
Die machte mich damals gescheut:
Es ward mit der Gummikeule
So mancher zum Nazi gebleut.

Doch alle die Schmerzen und Wunden,
Die mancher für Deutschland erlitt,
Die machte in wenig Sekunden
Ein Knüppelversehen einst quitt.

Das war, als Bernhard dem Weißen
Bei 'ner Saalschlacht in Berlin O
Ein Schupo im Kampfe, dem heißen,
Verbleute den Vizepopo.

Nach solchem freud'gen Ereignis
Mach keiner den Knüppel mehr flau!
Man geb ihm das Abgangszeugnis:
Einst brauchbar z. b. V.!

w. m.

* * *

Sechs Monate Drittes Reich

Viel tausend Fackeln lohten am Brandenburger Tor
Als deutscher Freiheit Boten zum Sternendach empor.
Die Nacht in jenem Jänner, sie ward zum ersten Tage
Des neuen Reichs der Männer von echtem deutschem Schlage.
Sechs Monate verfließen — welch eine kurze Zeit —
Doch was sie in sich schließen, steht für die Ewigkeit.
Der Väter Überkommen vom Neid und Streit der Stämme,
Der Glaubenskampf der Frommen und der Parteiung Dämme, —
Sechs Monate, sie räumten hinweg das Spukgebild.
Was tausend Jahr versäumten, ein halbes hat's erfüllt.
O Wunder über Wunder! Deutschland ein Stamm, ein Land,
Und der Parteienplunder rein gänzlich ausgebrannt!
Wär' dies allein geschehen: Des Reiches Einigung
In sechsmal Mondesdrehen, fürwahr, es wär genung,
Um aus des Herzens Grunde Gott Lob und Dank zu singen!
Doch hört, was die sechs Monde noch gute Kunde bringen:
Aus Blut und Boden wächst uns ein stämmiges Geschlecht;
Kein Fremdling mehr verkleckst uns das alte deutsche Recht;
Es sank um zwei Millionen der Arbeitslosen Heer;
Die Bonzen und die Drohnen briet man im eignen Schmer;
Der Unterwelt Gelichter, das mit Gesetzen scherzt,
Wird von dem Sonderrichter, wenn nötig, ausgemerzt;
Zum Spaten greift die Jugend, im gläubigen Vertrauen
Auf strenger Selbstzucht Tugend Neudeutschland aufzubauen;
Das Mädchen kehrt zum Herde, zur Häuslichkeit zurück,
Das Darlehn der Behörde befördert Mutterglück.
Wo Ordnung, Zucht und Sitte das oberste Gebot,
In solchen Volkes Mitte erwächst ein ehrlich Brot
Für jeden Volksgenossen aus Einigkeit und Kraft,
So er stets froh entschlossen für das Gemeinwohl schafft.
Wenn schon im sechsten Monde der neuen deutschen Zeit
Das Schaffen so sich lohnte, der Segen so gedeiht
Dank eines Führers Taten, dank Gottes Gnad' und Macht,
Da muß das Werk geraten! Mein Deutschland ist erwacht.

Kladderadatsch.
w. m.

Im deutschen Haus

„Hell und sauber ist es in unserem neuen Heim, nur schade, daß der Korridor nicht zu benutzen ist!“

Flucht ins Zuchthaus

Als ein höchst gemütsroher Ehemann entpuppte sich der Arbeiter Paul Ohle aus Klötze, der sich vor dem Schöffengericht zu Salzwedel wegen Rückfalldiebstahls zu verantworten hatte. Bei Verkündung des Urteiles, das auf zwei Jahre und drei Monate Zuchthaus lautete, erklärte er: „Lieber ins Zuchthaus, als verheiratet sein!“

Wir hoffen, daß das Salzwedeler Schöffengericht das gefällte Urteil sofort revidiert und es in Rückversetzung in die Häuslichkeit abändert.

o. w.

„Freiheit“ der Minderheiten

Wie das „Trautenauer Tageblatt“ berichtet, veranstalteten die Soldaten der tschechischen Garnison in Trautenau planmäßige Jagden auf sudetendeutsche Nationalsozialisten, wobei es schon wiederholt zu schweren Schlägereien gekommen ist.

Die Nationalsozialisten wendeten sich daraufhin beschwerdeführend an die tschechische Regierung und beriefen sich auf die vom Pariser tschechischen Botschafter Osusky in Genf gemachte feierliche Erklärung: „daß die Minderheiten in der Tschechoslowakei in voller Freiheit lebten.“

Wie wir hören, erhielten sie von der mit Recht gekränkten tschechischen Regierung die bündige Antwort: Was!? Keine Freiheit!!?? — Sie genießen doch Vogel-Freiheit!

o. w.

Müller: Dieser Sommer sollte mal uff Herz und Nieren jeprüft werden; er kommt mir verdächtig vor.

Schultze: Nanu, woso denn det?

Müller: Na, wenn eener bei die alljemeine Bejeisterung so kalt bleiben kann!

l.

—

Müller: Weeßte schon, bei eene Razzia in Marienfelde hat de Polizei wieder ville Waffen und Munition jefunden.

Schultze: Immer bei die Razzia! Ick verstehe nur nich, warum man det jefährliche Frauenzimmer nich längst hinter Schloß und Riejel jesetzt hat!

m. l.

Rettung der Juwelen

Die zum Teil versandenden Grunewaldseen sollen durch einen Kanal verbunden und so erhalten werden.

Wie freue ich mich, jubelt die Mark, daß ich aus meinen schon als verloren betrauerten Perlen eine Perlenkette bekomme!

l.

Die staatsgefährliche Kornblume

(In Krems an der Donau wurde ein Nationalsozialist zu 50 Schilling Geldstrafe verurteilt, weil er eine Kornblume im Knopfloch trug.)

Mein Freund, siehst du auf Wies' und Feld
Ein Blümlein stehn, das dir gefällt,
So pflück' es ab und stopf' es
Als Schmuck ins Loch des Knopfes!

Wenn aber du nach Östreich fährst,
So frage dich beim Pflücken erst,
Ob man die eigenwillige
Wahl höhren Orts auch billige!

Kornblumen halte jedenfalls
Dir so vom Knopfloch wie vom Hals,
Weil — wie den Wolf die Ziechen —
Sie Dollfuß nicht kann riechen!

Ein deutscher Kaiser, reich an Ruhm,
Erwählte sie zur Lieblingsblum'!
Drum sind sie, was erklärlich,
In Östreich staatsgefährlich!

Trägst du sie dort im Loch des Knopfs,
Nimmt dich zornroterhitzten Kopfs
Der Büttel beim Schlafittchen
Und brüllt: Geld oder Kittchen!

Damit dir sowas nicht passier',
Steck' lieber in das Knopfloch dir
'Ne Distel! — die ist sachlich
Und — wie Herr Dollfuß — stachlich!

o. w.

Jedem das Seine!

Bei der Ludwigskirche in Wilmersdorf wurde ein Opferstockdieb festgenommen.

Das gestohlene Opfer nahm man dem Lümmel natürlich wieder ab, hingegen den Stock hat er verdient.

l.

Nr. 32 – 86. Jahrg.
Berlin, 6. August 1933

Preis 57 Pfg.

Kladderadatsch

(Prag und Wien sind Propagandazentralen des Marxismus geworden.)

Der aus Deutschland herausgeworfene Golem ist wieder in Prag aufgetaucht.

Dieses Blatt erscheint täglich mit Ausnahme der Wochentage

Schluß der Redaktion: 10. August 1933

Wochensang

(Auf Betreiben Frankreichs ist Dollfuß die Aufstellung einer militärisch ausgerüsteten Hilfspolizei von achtzehntausend Mann gegen die „Nazipest“ bewilligt worden.)

Achtzehntausend Mann
Die zogen ins Manöver,
Den Dollfuß vorne dran,
Um Nazis aufzustöbern.

Achtzehntausend Mann,
Und gänzlich militarisch,
Den Dollfuß vorne dran,
Die wüten jetzt barbarisch.

Der Franzmann gab den Senf
Dazu, den hochwohlweisen,
Trotz Trianon und Genf,
Denn Zwockel san koa Preißen.

Achtzehntausend Mann
Hilfs-Nazimörder, ächz' ich,
Den Dollfuß vorne dran,
Die spielen Sechsundsechzig!

w. m.

* * *

Abgeblitzt

Merkt auf: die Zeit der Speichelleckerei
Nach Schema Schwarz-Rot-Senf ist jetzt vorbei!
Neu-Deutschland läßt mit Intervention
Sich nicht mehr bluffen. Spart euch den Sermon!

Mit dem Gepoch auf den und jenen Pakt
Erlebt ihr höchstens, daß man euch was – hustet.
Von Noten und Verboten laßt die Pfoten!
Wir wissen selber, was zu tun geboten.

Den Dollfuß heilen, das sind unsere Dinge;
Wir brauchen keine fremden Einmischlinge!
Wollt ihr den kleinen Gernegroß poussieren:
Nur zu! Ihr könnt euch noch einmal blamieren.

Damit es endlich alle Welt kapiert,
Daß so was nicht in Wien nur deprimiert,
Dazu war euch ganz nützlich die Demarche.
Doch unsre Antwort bleibt: . . . .

Gefalln euch unsre Rundfunkreden nicht,
So hört auf das, was man in Straßburg spricht,
Eh' ihr von „wenig freundschaftlich“ salbadert,
Dieweil ihr noch vom Phrasenrausch verkatert.

Jetzt habt ihr die „bedauerliche Phase“:
Kein Tanzplatz mehr für euch ist unsre Nase!
Da hilft kein Zetern, kein Artikel elfe.
Neu-Deutschland pfeift euch was. So wahr Gott helfe!

Kladderadatsch.
w. m.

Gründliche Arbeit!

(In Österreich sollen „Putzscharen" aus Nationalsozialisten zwangsweise gebildet werden, die alle angemalten Hakenkreuze entfernen sollen.)

„Um Gottes willen, was macht ihr da?"
„Ja, anders ist die Farbe nicht zu entfernen!"

Der neue österreichische Doppeladler

„Lieber Dollfuß, jetzt kommt's darauf an, wer von uns beiden den Kopf verliert!"

Wirrwarr

(In Österreich hat Dollfuß eine „Vaterländische Front" gegründet, Vizekanzler Winkler eine „Nationalständische Front", daneben gibt es eine „Nationale Front"; alle bekämpfen sich.)

Die Pferde finden den rechten Weg allein!

„Willst du dich auf Waffen untersuchen lassen?"

175 Nr. 40, 1. Oktober 1933

Peinliche Feststellung

Das von der deutschfeindlichen Auslandspresse prophezeite niederschmetternde Ergebnis der deutschen Wahlen!

In Amsterdam

„Seht mal, ein Holländer!"

Nr. 4 – 92. Jahrg.
Berlin, 22. Januar 1939
Kladderadatsch
Preis 57 Pfg.
HUNGER KRIEG DES FASCHISMUS
JOHNSON
Roosevelts Friedensbotschaft

Nr. 6 – 92. Jahrg.
Berlin, 5. Februar 1939

Preis 57 Pfg.

Kladderadatsch

„Die Sowjetunion ist nicht Selbstzweck, sondern die Basis für die Weltrevolution."
Prawda.

Ein hoffnungsvoller Sprößling

Die Großmutter: „Vorsicht, mein Belzebübchen, daß das Sprungbrett nicht vorher kaputtgeht!"

Der letzte Akt des spanischen Dramas

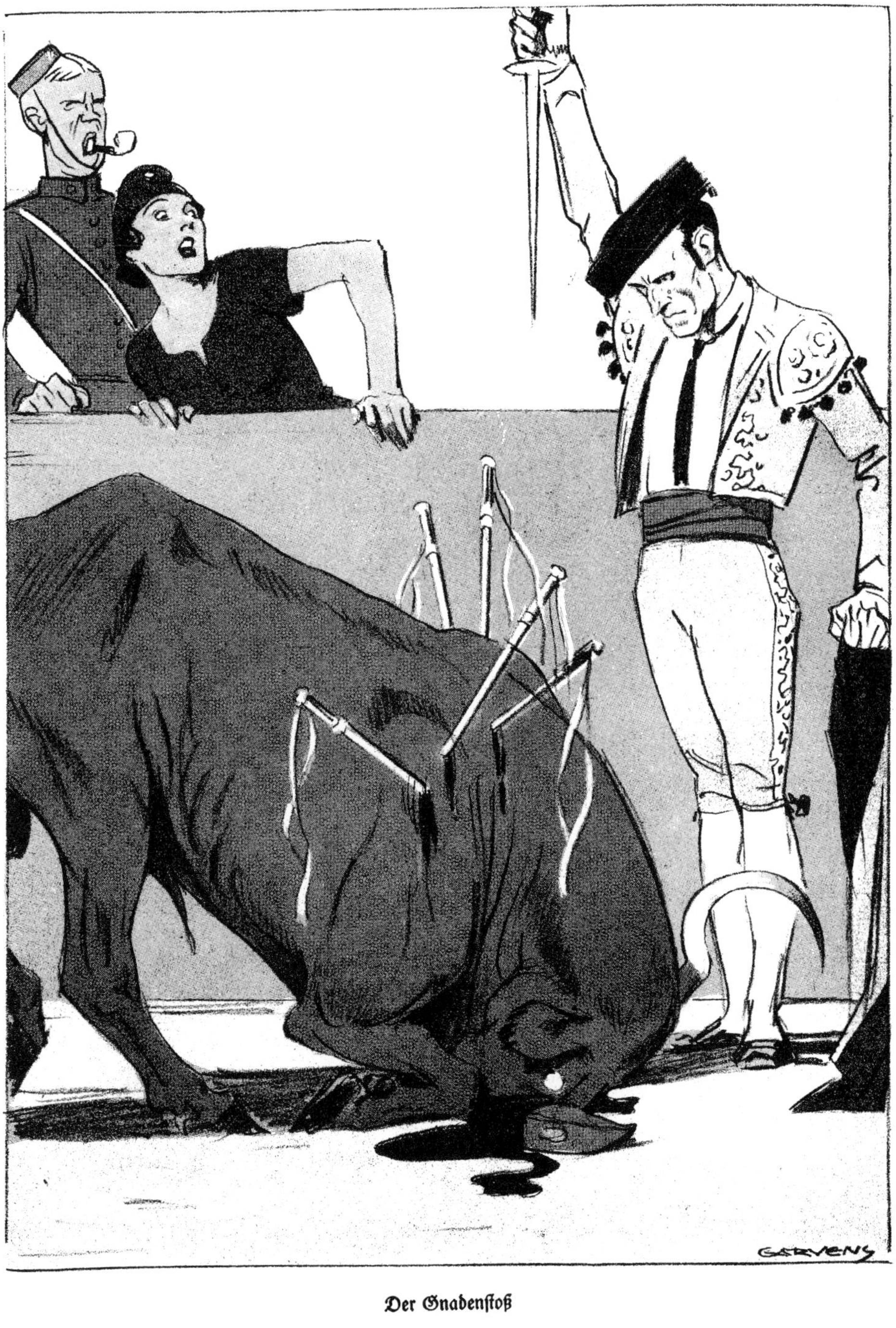

Der Gnadenstoß

Genfer Zwischenfall

Was fällt denn nur den Sowjets ein!
Was für ein seltsames Gebaren!
Potemkin sind und Finkelstein
diesmal nicht nach Genf gefahren.
Ist den beiden ein Gespenst,
das die Zukunft zeigt, erschienen?

Wollen sie, die Haß kredenzt,
diesem Trieb nicht länger dienen?
Schläft die Diplomatenzunft?
Oder hat in diesen Stunden
sich gar Einsicht und Vernunft
bei der Liga eingefunden?

r. n.

★ ★ ★

National=Spanien

Langsam verrann der Sand im Stundenglase.
Ruhmvoll zu Ende führt den schweren Streit
ein edles Volk, das sich von roter Phrase,
von rotem Schreckensregiment befreit.
So ging des Feindes Übermacht zuschanden,
hat Francos auserles'ne Heldenschar
die Prüfung um so glänzender bestanden,
je furchtbarer und blutiger sie war.

Ja, freie Luft im freien Spanien schlürft ihr,
die seine alte Glorie nun erneu'n,
ihr steht vorm Ziel. Bewegten Herzens dürft ihr
des sicheren Triumphes euch erfreu'n.
Nur wofür treue Menschen schwer gelitten,
ist heilig und vom großen Gott geweiht,
nur was in unerhörtem Kampf erstritten,
hat Dauer und verbriefte Gültigkeit.

Ein Leuchten steigt auf Spanien sonnig nieder,
des Friedens hell Geleucht. Der Tag bricht an,
wo jeder sich in Ruh' und Frieden wieder
den Pflichten seines Hauses widmen kann.
Preis jedem Tücht'gen, Segen allen Saaten
und allen Arbeitsfeuern, die entfacht!
Zuhöchst indessen stehn die Opfertaten,
die Pflichtgefühl fürs ganze Volk vollbracht.

Nie strahlten Edelsteine farbenbunter
als einst in Spaniens Weltall-Diadem.
„Die Sonne geht in meinem Reich' nicht unter."
Sie schien so machtvoll — und versank trotzdem.
Das neue Spanien strahlt in reinerm Prangen,
in neuer Sonne seine Fahnen wehn;
wo diese Sonne einmal aufgegangen,
da wird sie niemals wieder untergehn.

Richard Nordhausen

Nr. 7 – 92. Jahrg.
Berlin, 12. Februar 1939

Preis 57 Pfg.

Kladderadatsch

Bonzenflucht aus Rotspanien

„Die Straße wird immer schlechter, Natascha, ich glaube, wir müssen den Murillo rausschmeißen, sonst holen uns die Faschisten noch ein!“

Ausgewiesen

Der berüchtigte „Golem“, der sich in Prag ganz zu Hause gefühlt hatte, verläßt seine einst so geliebte Wirkungsstätte.

Franco und Frankreich

„Geliebter, wie kannst du nur an meiner Liebe zweifeln?"

Letztes Aufgebot

Zur letzten Verteidigung von Madrid hat man Verbrecher aus dem Zuchthaus hervorgeholt. Dadurch erhält die rote Armee zum erstenmal einen einheitlichen Zug.

Einmarsch der deutschen Truppen in die entmilitarisierte Zone des Rheinlandes

(7. März 1936)

Die Saat ging auf, die still gesä't;
wie Blitzstrahl zuckt es durch die Welt:
Die volle Souveränität
des Reiches wieder hergestellt!
Stolz tut es seinen Willen kund,
der überall herrscht, wo sein Heer
marschiert. Auf heil'gem deutschen Grund
gilt keines Fremden Wille mehr.
Deutschland von jeder Fessel frei
und jedem Freien gleichgestellt.
Die Nacht der Demüt'gung ist vorbei!
Der Blitzstrahl Hitler weckt die Welt.

r. n.

Südafrika

Seit dem Kriegsende haben die Juden Stück um Stück der südafrikanischen Wirtschaft unter ihre Herrschaft gebracht. Laßt Zahlen sprechen. In den Händen der Juden liegen der Diamantenhandel zu 100 Prozent, der Großhandel zu 90 Prozent, der Kleinhandel zu 89 Prozent, der Alkoholhandel zu 87 Prozent, Kino und Theater zu fast 100 Prozent, das Verbrechertum zu 75 Prozent, die kommunistische Hetze zu 95 Prozent und Presse und Rundfunk zu 90 Prozent. Dagegen die Handarbeit zu 1 Prozent und die Schwerarbeit zu 0 Prozent.

Nach dieser Aufstellung kann man wohl kaum noch von einer südafrikanischen Wirtschaft sprechen. p. d.

„Ich bin bereit, für das Christentum zu sterben!"
„Bravo, Mr. Pittman, schade, daß Sie die Gelegenheit im roten Spanien verpaßt haben!"

187 Nr. 13, 26. März 1939

Nr. 16 – 92. Jahrg.
Berlin, 16. April 1939

Preis 57 Pfg.

Kladderadatsch

1919 **1939**

Clemenceau:
„Auf diesen Tag habe ich 49 Jahre gewartet!"

Adolf Hitler:
„Auf diesen Tag habe ich 20 Jahre gewartet!"

Nr. 20 – 92. Jahrg.
Berlin, 14. Mai 1939

Preis 57 Pfg.

Kladderadatsch

Sir John, der Werber

„Wenigstens ein Rekrut!“

Unabhängigkeit der kleinen Nationen

„Wir Sams verspüren Appetit —
trotzdem wir keine Jingos —
auf Flugzeugstützpunkte im Gebiet
Haitis und San Domingos.
Nun wenden aber Pedanten ein,
wir seien nicht wohl beraten.

Haiti und San Domingo sei'n
zwei unabhängige Staaten.
Wenn schon! Ich biet' ihnen Dollars an.
Zögern sie dann noch, so dräng' ich.
Und wem ich dabei was abhängen kann,
der ist nicht unabhängig." r. n.

* * *

Führerrede

Alle Betrog'nen steh'n betroffen,
und die Betrüger schweigen still,
Erkenntnis liegt für jeden offen,
wer sehen und erkennen will.
Der wüste Wirrwarr tritt zu Tage,
worin die Lüge sich verliert,
und Wahrheit hat mit einem Schlage,
gewalt'gem Schlage, triumphiert.

Entlarvt die Wühlerei'n der Schächer!
Vorm Weltgericht erscheinen jetzt,
die, hinterhältige Verbrecher,
verleumderisch zum Krieg gehetzt.
Und so geschieht denn ihrem Bunde,
was ihm bisher noch nie geschah:
das Brandmal flammt! Die Rächerstunde,
die große Abrechnung ist da.

Ein starker Sieger steht im Ringe.
Biegsam, von inn'rer Kraft geschwellt,
gibt seine Damaszenerklinge
die Antwort für Herrn Roosevelt.
Wenn Hitler spricht, hat er gehandelt.
Deutschland ist stark und ungeschwächt;
und Gottes strenger Richtspruch wandelt
Das Unrecht von Versailles in Recht.

Deutschland hat jeden Streit gemieden,
will euer Gut nicht, euer Gold,
will nur, was sein, und bietet Frieden,
wenn ihr den echten Frieden wollt.
Deutschland blickt auf des Schicksals Waage.
Es reicht die Hand, die kampfbereit,
doch gern zu ehrlichem Vertrage.
Entscheidet euch! Wir sind bereit.

Richard Nordhausen

Demokratischer Frühling

Europa: „Die Welt wird schöner mit jedem Tag,
man weiß nicht, was noch werden mag,
das Rüsten will nicht enden!"

Heftige Liebe

Friede: „Das wollen meine Verehrer sein! Gott schütze mich vor ihnen!“

Der große Frühling

Zu Albrecht Dürers Geburtstag. 21. Mai 1471.

Ein Blütenfrühling deutscher Kunst brach an,
bracht' reiche Ernte dem, der fleißig säte,
entzückt' das deutsche Herz, wo er begann:
im Schloß, im Mauerschutz der starken Städte.
Ihnen allein gehörte all die Pracht,
die Kleinen draußen blieben ausgeschlossen;

der neue Lenz, der heut im Land erwacht,
spricht liebevoll zu allen Volksgenossen.
Nicht Auserwählten nur strahlt Frühlingstag,
nicht sie nur grüßt der Genius, Albrecht Dürer;
all deutscher Kunst und Größe Maienhag
erschließt dem ganzen Volke Deutschlands Führer.

r. n.

Polnischer Wahn

Polen strahlt in Glanz und Glorie!
Aus den Büchern der Historie
will es jetzt die Lehre zieh'n.
Krethi teilen sich und Plethi
in das Reich. Und schon entsteht die
neue Woywodschaft Berlin.

Polens Macht wird sich verdoppeln.
Danzig, Schlesien bis Oppeln
und Ostpreußen – alles sein!
Bis zum frohen Einverleiben
schlägt es deutsche Fensterscheiben
stark und voll Begeist'rung ein.

Polens Koller, Deutschlands Ende!
Alle uns're Widerstände
fortgefegt vom Sturm aus Ost.
Grau'nvoll bricht das wilde Heer los,
wo ein Deutscher einzeln, wehrlos,
brüllt zum Angriff der Starost.

Aber wenn nach stiller'n Jahren
nun der Haß der Sonderbaren
überstürzend sich entlädt,
hat's sein Gutes: daß die Innung
ihre wirkliche Gesinnung
wieder unverfälscht verrät.

Polen klammert sich am Wahne
fest, ob's schmetternde Orkane
auch damit heraufbeschwor.
Immer dreist und unverfroren!
Polen ist noch nicht verloren,
wenn's auch den Verstand verlor.

Richard Nordhausen

„Der Führer hat reichlich recht"

„Hitler sprach stark und voll Talent!"
liest das Pariser Publikum
bei Herrn Déat. Die Presse nennt
er unverblümt „zum Heulen dumm".
„Wenn Hitlers Gegner feig und still
vor jeglicher Entscheidung flieh'n,
sind das, was er erreichen will,
wirkliche Friedensgarantien." —

„Wenn Staatsmännerchen fern und nah
am Alten kleben mit Geschnauf,
wirft Hitler", schreibt Monsieur Déat,
„die wirklichen Probleme auf."
So wandelt er in Hitlers Spur,
hat, als echt gall'scher Pazifist,
am Führer eins zu tadeln nur:
daß er nicht Frankreichs Führer ist.

r. n.

* * *

Grenzgarantien

„Mit weit aufgesperrtem Rachen
kommt dir die Vernichtung nah';
gierig lauern schon die Drachen,
daß sie dir ein Ende machen,
doch zum Glück bin ich noch da.

Heldenmütig wie Sankt Jürgen,
der sich für die Unschuld plackt,
will ich, daß sie dich nicht würgen;
deine Grenzen zu verbürgen,
komm' und schließ' mit mir den Pakt!

Sieh', Europas stärkste Reiche
schützen gern dich kleinen Mann;
Sowjetrußland tut das gleiche,
und der hinterm Großen Teiche
schließt vielleicht sich auch noch an."

— „Lieber Retter, mir tut kühle
Vorsicht ganz besonders not,
brauch' zum Sitzen nicht zwei Stühle,
bleib' gern unbeschützt — ich fühle
mich tatsächlich nicht bedroht.

Und die Sachlage heischt kaltes
Rechnen, ob dein Bau nicht morsch,
deine Macht nicht schon ein altes
Kindermärchen ist. Ich halt' es
mit dem vorsicht'gen Lloyd Schorsch.

Schluß mit Wahnsinnswaffentänzen!
denn sonst ist der Dinge Schluß,
daß ich als Ihr Retter glänzen,
daß ich kleiner Ihre Grenzen
schützen, garantieren muß."

Richard Nordhausen

Der Deutsche im polnischen Korridor

Nr. 28 – 92. Jahrg.
Berlin, 9. Juli 1939

Preis 37 Pfg.

Kladderadatsch

Das Findelkind von der Weichsel

„Wie kommst du, kleiner Dreckfink, in einen so sauberen Strom?"

4 Fragen an die Einkreiser

„Ein Korridor durch England? — Welche Idiotie!"

„Ein Korridor durch Frankreich? — Das wäre der Krieg!"

„Ein Korridor durch USA. — Zum Totlachen!"

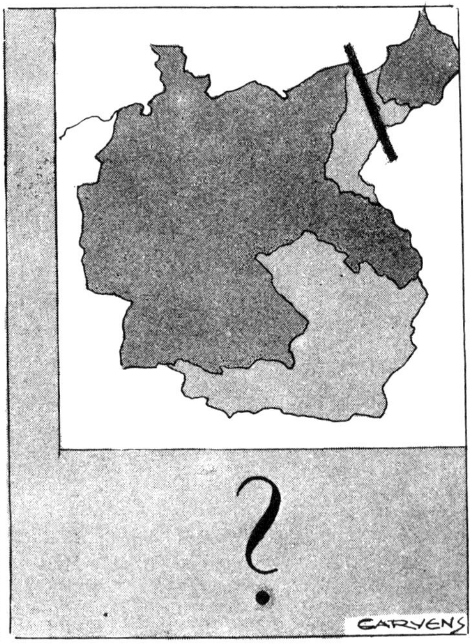

Und der Korridor durch Deutschland? —

Polnische Aufrüstung

Die Nachrichtentruppe ist durch reichliche Entenzucht sichergestellt

Tank — als Abwehr gegen Durchmarsch

Als Bombenfüllung Läuse — ein in Polen reichlich vorkommendes Rohmaterial

Rückstoß-Panzerplatte -- für alle Fälle

Tannenberg

Als deutscher Kämpen Uneinigkeit,
Verräterei am Werke war,
geschah's, daß unheilträchtige Zeit
ein erstes Tannenberg gebar.
Fünfhundert Jahre schritten durchs Tor,
da ward die slawische Übermacht,

die wieder Tannenberg erkor,
in offener Feldschlacht zu Fall gebracht.
Nun stürme, wer da mag, herbei!
Fest steh'n für alle Zeit die Frei'n,
wird Tannenberg das Feldgeschrei
unbeugsamen deutschen Willens sein.

r. n.

* * *

Gespräch über Polen

„Polens Anspruch hat Begründung,
ihm gehört die Weichselmündung,
ihm der Fluß von Ursprung her."
— „Alles wüst versandet, tote
Wasser rings, selbst Motorboote
trägt der stolze Strom nicht mehr."

„Wenn der Deutsche sich empfohlen,
dann beweist ein freies Polen,
daß der Pole kein Tyrann."
— „Nein, der Pole zeigt's noch stärker,
Unterdrückung droht und Kerker
er den Ukrainern an.

„Deutsche sind's, die aus den Hufen
Polens blüh'nde Gärten schufen,
Heime, drin der Frühling tagt."
— „Drum hat Polen mit Barbaren-
Roheit deutsche Kinderscharen
aus den Heimen fortgejagt."

Mit dem Maul in wen'gen Wochen
eine Welt zu unterjochen,
sucht er hemmungslos den Streit,
und mit rasendem Gepolter
drängt er in den Krieg, entrollt er
Größenwahnsinns Furchtbarkeit.

Wär's nicht möglich, daß der schändlich
schwer geprüften Menschheit endlich,
endlich dadurch Heil geschieht,
daß ein Tapf'rer sich besinne
und, die Faust am Polenkinne,
schleunigst den Knock out vollzieht?"

Richard Nordhausen

Der Wahnsinn der Grenzziehung im Osten

Am Korridor

Die Großschnauze

Marschall Rydz-Smigly hielt in Krakau eine aufreizende Rede, an deren Schluß die Menge schrie: „Wir wollen Danzig!"

Marschall Rydz-Smigly und die Papiermunition

Nr. 37 – 92. Jahrg.
Berlin, 10. September 1939

Preis 57 Pfg.

Kladderadatsch

Die Achse schützt den Frieden

An der polnischen Grenze

Galandoudiouf

Am Senegal schallt es: „Nu aber druff!
Schwarzzivilisierte, schart euch zu Hauf!“
Es fordert Galandoudiouf
zum Kampfe gegen Deutschland auf.
Er kämpft gehörig mit Puff und Knuff,
er siegte bereits bei der Kammerwahl.

(Bekanntlich ist Galandoudiouf
Vertreter des Wahlkreises Senegal.)
Ob Zivilisation im Suff
wirklich so seltsame Namen gibt?
Ihr Vorkämpfer Galandoudiouf
ward dadurch unaussprechlich beliebt.

r. n.

* * *

Friede auf Erden

Licht, dem sie den Weg verlegten,
ringt sich durch; die lang gehegten
Hoffnungen sind nicht verdorrt.
Unser Führer, auch im Siege
maßvoll, prüft das Weltgefüge,
spricht das große Friedenswort.

Künft'ger Zeiten Möglichkeiten,
Pläne heut'ger Wohlfahrt gleiten
hell durchs Herz dem einz'gen Mann.
Trotz Beleid'gung und Verhöhnung
bietet wieder er Versöhnung,
heil'gen Frieden Gottes an.

Alle, die von ihren Schollen
nicht ins Chaos taumeln wollen,
alle Völker, die nicht blind,
alle, gleich von welchen Graden,
sind zur Mitarbeit geladen,
da sie guten Willens sind.

Jedem, der des Führers Worten
folgt, erschließen sich die Pforten
zu dem pax bediademt.
Von den Kleinen wie den Großen
niemand aus dem Bund gestoßen;
nur wer Haß sä't, sei verfemt!

Wenn das Recht auf Luft und Leben
jeglicher Nation gegeben,
ist's um alle wohl bestellt;
wenn uns diese Quellen tränken,
wird sich Himmelsgnade senken
über die erlöste Welt.

Richard Nordhausen

Die Friedenstaube

„Hallo, Boys, ein deutsches Flugzeug!"

Britisches Bekenntnis

Dem Erinnerungsbuche „Friedensmacher 1919" des englischen Diplomaten Harold Nicolson sei hier eine Tagebuchnotiz vom 22. Januar 1919 entnommen:

„Crowe (Nicolsons Vorgesetzter im Foreign Office) macht ein saures Gesicht wegen Zypern und will mich gar nicht über das Thema reden lassen. Ich erkläre 1. daß wir es an uns gebracht haben durch einen Trick ...; 2. daß es durchweg griechisch ist und bei der Anwendung des Selbstbestimmungsrechts in jedem Falle für die Vereinigung mit Griechenland stimmen würde; 3. daß es für uns strategisch und wirtschaftlich wertlos ist; 4. daß wir in eine schiefe Lage geraten, wenn wir von allen anderen verlangen, Besitzungen aufzugeben auf Grund der Selbstbestimmung, selber aber gar nichts aufgeben. Wie können wir Zypern behalten und uns gleichzeitig moralisch entrüsten darüber, daß die Italiener Rhodos behalten wollen? Er sagt: „Unsinn, mein lieber Nicolson. Sie denken nicht klar. Sie meinen, Sie seien logisch und aufrichtig. Sie sind es nicht. Würden Sie die Selbstbestimmung auch auf Indien, Ägypten, Malta und Gibraltar anwenden? Wenn Sie nicht bereit sind, so weit zu gehen, haben Sie auch kein Recht zu behaupten, daß Sie logisch denken. Sind Sie dazu bereit, dann ist es besser, Sie fahren gleich nach London zurück." Lieber Crowe — er ist der wahrhaftigste Mensch, den ich kenne ..."

Unser korrespondierender Mitarbeiter Lord Sodawater, dem wir dieses Zitat vorlegen ließen, läßt uns folgende Stellungnahme mitteilen:.

„Diese Beweisführung unseres verstorbenen Eyre Crowe ist mustergültig. Logisch denkt ein guter Brite, wenn er voraussetzt, daß die Welt englisch ist. Mr. Nicolson dachte also unlogisch, als er meinte, man könne das Selbstbestimmungsrecht auch auf englische Besitzungen oder Mandate anwenden. Ich gehe noch weiter: ich sage, daß nur das wirklich ist, was ein Engländer denkt. Von uns Gedachtes ist nicht nur wahr, es ist überhaupt nur dadurch in der Welt existierend oder wirklich. Was wir nicht denken, ist nicht vorhanden. Was wir ableugnen, ist nicht da. Wer denkt z. B. unter uns heute noch an Polen? — Es ist also nicht mehr vorhanden. Wir sprechen nicht mehr vom Flugzeugträger Couregeous — —".

Als Lord Sodawater soweit gekommen war, traf im Informationsministerium die Nachricht über einen neuen Luftangriff deutscher Flieger auf britische Kriegsschiffe ein. Der Lord wußte also nicht, an was er noch denken durfte. Er schwieg.

Stahlhelm und Stahlfedern

DIE KRIEGSVERLÄNGERIN

„Vorwärts! Keine Müdigkeit vorschützen! Ich will mehr Blut sehen!“

Kladderadatsch

NUMMER 11 · 95. JAHRGANG · BERLIN, 15. MÄRZ 1942

AMERIKA, DAS LAND DER UNBEGRENZTEN UNMÖGLICHKEITEN

207 Nr. 11, 15. März 1942

Interview des Kladderadatsch

mit

MARK TWAIN

Der parnassische Berichterstatter des „Kladderadatsch" besuchte Mark Twain auf den Gefilden der Seligen, Parzelle für Humoristen. Er traf den Dichter im Bett an, eingehüllt in eine dichte Wolke von Tabakrauch. „Mit der Zigarre im Bett liegend habe ich mich schon auf Erden immer im Himmel gefühlt", sagte er, „deshalb behielt ich diesen Zustand auch hier oben bei."

„Nur ein paar Fragen", kündigte der Kladderadatsch-Korrespondent an, „dann laß ich Sie in Ruhe, Meister. Sagen Sie mir zunächst einmal, was Sie von Franklin Delano Roosevelt halten!" — Mark Twain fiel aus allen Rauchwolken; Ich bin zwar starken Tobak gewöhnt", erwiderte er, „aber was da aus dem Kamin des Weißen Hauses zu uns heraufdringt, verursacht sogar mir Brechreiz." —

„Wie denken Sie sich die künftige Stellung des Humoristen in USA?" war die zweite Frage. „Glänzend", antwortete Mark Twain, „denn ein Volk, das Herrn Roosevelt regieren läßt, wie er will, muß wirklich Spaß verstehen. Sollte sich jedoch die Kriegslage auch weiterhin so entwickeln, daß den Weißhäuslern das Lachen vergeht, wird auch davon der Humorist profitieren können. Denn wenn Roosevelt verschwindet, kann Amerika lachen!" — „Demnach scheinen Sie sich nach Amerika zu sehnen", wollte der Berichterstatter wissen. „Ach, nein!", meinte Mark Twain nachdenklich, „Ich glaube, das ist nicht nötig. Bisher habe ich mich hier ja ein bißchen gelangweilt, aber nun werde ich wohl bald viele Landsleute im Himmel begrüßen können."

„Woraus schließen Sie das?" war die letzte Frage. „Nun — ganz einfach", erläuterte der Dichter, „in der Bibel steht: ‚Selig sind, die da geistig arm sind!', na — und eine größere Geistesarmut ist doch wohl kaum denkbar als die aller der Leute, die dem alten Gauner Roosevelt auf den Leim gegangen sind und ihn gewählt haben."

Der Berichterstatter steckte das Notizbuch ein, Mark Twain eine neue Zigarre an; die Unterredung war zu Ende!

– eve –

Kladderadatsch

208 Nr. 11, 15. März 1942

GOETHE

(Die Zeichnung von Maclise zeigt ihn auf der Promenade in Karlsbad)

„Nirgendwo gibt es soviel Heuchler und Scheinheilige wie in England."

Im Gespräch mit Förster, Schwiegersohn Jean Pauls, am 11. Oktober 1829.

NÄCHTLICHES ERINNERN

Von

Johannes Noack

In den Winkeln meines Herzens
ruht verstaubter toter Tand:
Eine blonde Frauenlocke,
eine zarte Mädchenhand.

Sind die Zeiten auch vorüber,
wo das Leben sie umfing,
fühle ich doch immer wieder,
wie mein Herzblut daran hing.

Oftmals spreche ich mit ihnen,
und sie geben mir Bericht.
Und ein Lächeln, wie ein Lichtstrahl,
durch die dunkle Stille bricht.

Heute lauschte ich und starrte
in die rabenschwarze Nacht;
denn von leisem Frauenweinen
war ich plötzlich aufgewacht ...

209 Nr. 24, 14. Juni 1942

Es spricht sich rum

Es spricht sich rum, und wird schon morgen zur Historie,
daß England früher eine ganze Welt gebläfft.
Es spricht sich rum, daß all der Glanz und seine Glorie
war statt der edlen Menschlichkeit nur ein Geschäft.
Es spricht sich rum, daß alle Lords auf Gottes Erden,
wenn sie den Krieg gewonnen, Sozialisten werden.
Inzwischen schwankt bedenklich das Imperium.
Es spricht sich langsam, immerhin, es spricht sich rum.

Es spricht sich rum auch in Amerika beizeiten,
daß Dauerniederlagen keine Siege sind.
Es spricht sich rum, daß mit den allergrößten Pleiten
nicht mal der Mister Roosevelt den Krieg gewinnt.
Es spricht sich rum, auch ohne die Versenkungsliste,
die Sonne bringt es eines Tages an die Küste.
Wenn auch der Rundfunk schweigt, es ahnt das Publikum.
Es spricht sich langsam, immerhin, es spricht sich rum.

Es spricht sich rum, bis zu den fernsten Moskowitern
ahnt man die Frühlingsoffensive, die geschehn.
Es spricht sich rum. Es schweigt der Funk. Die Bonzen zittern.
Solch einen Maiensturm hat nie die Welt gesehn.
Zu Paaren wurden sie von unserm Heer getrieben,
nun pflanzen sie den Kohl und auch die Zuckerrüben.
Jetzt merkt der Bolschewik, und wenn er noch so dumm:
Es spricht sich langsam, immerhin, es spricht sich rum.

Fred Endrikat

Porträt des Kladderadatsch

THEO LINGEN

Wenn man nach einem lebenden Musterbeispiel für den Begriff „trokkener Humor“ sucht, fällt einem unwillkürlich der Name Theo Lingen ein. „Trockener“ Humor ist eigentlich etwas Paradoxes, da Sinn und Wesen der als Humor bezeichneten Gemütsart auch das überquellend Saftige, überwältigend Vitale, strotzend Lebendige umfassen. Alles dies kann man Theo Lingen kaum nachrühmen. Wenn er sich gleichwohl einer außerordentlichen Popularität und Beliebtheit erfreut, so muß das besondere Gründe haben. Und diese sind, glaube ich, in dem Umstand zu suchen, daß Lingen der erste ganz und gar filmgerechte Komiker Deutschlands ist.
Mit dieser Feststellung soll folgendes gesagt sein: Unser optisches, auf Blickfang eingestelltes Zeitalter hat sich daran gewöhnt, gewissermaßen in Bild-Chiffren zu denken. Bestimmte Bildeindrücke rufen zwangsläufig bestimmte Gedankenassoziationen hervor. Von dieser gesteigerten optischen Aufnahmefähigkeit des heutigen Menschen lebt der Film. Die Zahl seiner Bildsituationen ist im Grunde nur gering, alle seine Handlungsvorgänge ereignen sich auf etwa einem halben Dutzend Standard-Schauplätzen, die zum Filmgeschehen gehören, da sie Symbol-Charakter haben.
Theo Lingen hat nun als erster deutscher Komiker dieses Prinzip des optischen Symbols in seine Darstellung einbezogen. Er gibt Bild-Chiffren von Charakteren; nicht die Menschen selbst, sondern sozusagen ihre stenographische Verkürzung. Dadurch wurde er selbst zu einem optischen Symbol, bei dessen Anblick der Zuschauer sofort assoziiert: „Lingen — also: gespreizt - komischer Kammerdiener, Schlemihl aus Uebergescheitheit, intriganter Drahtzieher, der nicht merkt, daß er selbst nur Marionette ist.“ Da er diese Ideenkomplexe schon bei seinem Erscheinen automatisch auslöst, bleibt seine schauspielerische Aufgabe nur noch das Detail, und er kann im Kleinen einen Pointenreichtum entfalten, wie man ihn sonst nur selten trifft. Und da Theo Lingen — wie auch seine Regiearbeit und seine Theaterstücke beweisen — mit Verstand und Verständnis für Wirkungen begabt ist, sind seine Typen und Gestalten eine Quelle des Vergnügens für uns alle. Rolf Sievers

212 Nr. 24, 14. Juni 1942

Porträt des Kladderadatsch

GUSTAV KNUTH

Gustav Knuth ist seines Zeichens „schwerer Held“. Der Räuber Karl Moor und die großen Gestalten des heroischen Dramas sind auf der Bühne seine Aufgaben. Das Fach des Helden ist immer eins der schwersten gewesen, und nur wenige Darsteller haben es auszufüllen vermocht. Während der Zeit der naturalistischen Entartung der Schaubühne hatte man verlernt, sich im Sprachraum des heroischen Verses zu bewegen, und vorher war man in rein rhetorischer Schönsprecherei erstarrt. Den Weg zu einem neuen, nämlich dem vom Dichter ursprünglich gewollten Stil zu finden, war nicht leicht. Gustav Knuth, lange Zeit an Hamburger Bühnen, jetzt am Berliner Staats-Theater tätig, hat es geschafft, weil er eben nicht bloß ein Sprecher, sondern ein Gestalter ist. Das wurde auf äußerst vergnügliche Art klar, als er in dem Schwank „Punkt 6 der Tagesordnung“ in der Rolle des Amateur-Mimen Warzenstetter so etwas wie eine Parodie seines eigentlichen Faches gab.
Humor und Vitalität waren auch die Zeichen, in denen sein erster, großer Filmerfolg „Der Ammenkönig“ stand. Seither hat man ihm im Tonfilm vorwiegend Aufgaben gestellt, die weder seiner Wesensart noch seinen besonderen, seltenen und ungewöhnlichen Talenten entsprachen. Man wollte wohl aus ihm eine Art Bonvivant machen, und es zeugt für den Umfang seiner Begabung, daß er auch mit diesen Rollen fertig wurde. Aber die große Partie, in der er seinen urwüchsigen Humor, seine sympathische Männlichkeit und überhaupt seine schauspielerischen Qualitäten voll entfalten kann, ist ihm der Tonfilm seit dem „Ammenkönig“ schuldig geblieben. Seine starke Persönlichkeit läßt sich eben nicht so ohne weiteres in einen beliebigen Rahmen spannen. Die Rolle müßte schon nach Maß gemacht sein. Wir freuen uns schon darauf. Rolf Sievers

213 Nr. 26, 28. Juni 1942

DER WAHNSINNIGE VON LONDON

SEWASTOPOL — DIE LINKE PRANKE

Verdummung

Ein australisches Blatt wirft Curtins Volksverdummung vor.

Die Schafzucht stand in Australien von jeher in Blüte. p. b.

Nie

„News Chronicle": „Die Verbündeten leiden unter einer so gewaltigen Knappheit an Schiffsraum, daß vorläufig weder von nordamerikanischer Seite noch von England her an eine stärkere Belebung des Warenhandels mit Südamerika gedacht werden kann."

Vorläufig! — Das ist wirklich trostreich. v. b.

Rechtes Wort am rechten Platz

Aus „Sicherheitsgründen" wurde in Kairo der goldene Sarg Tut-anch-Amons in den Keller der „Englischen Nationalbank" überführt.

Ja — wo die Welt so wüst sich gebärdet,
hat Tut-anch-Amon auch keine Ruh,
dann ist — das gibt wohl jeder zu —
ein Sarg aus Gold erheblich gefährdet!
Wenn Briten zur englischen Bank ihn brachten,
so ist das aus S i c h e r h e i t s g r ü n d e n gescheh'n.
Daß andre ihn niemals wiederseh'n —,
d a s kann man wohl als — s i c h e r betrachten!

v. b.

Angst-Gebrüll

Anläßlich einer Propagandarede für eine australische Kriegsanleihe rief der Premierminister Curtin aus: „Ich fordere die Feinde auf, große Streitkräfte in Australien zu landen!"

Es gibt bekanntlich Leute, die in einem finsteren Wald aus Angst ein lautes Geschrei anstimmen. k. v.

Die Offensivgeister

Der amerikanische Kriegsminister Stimson erklärte, es sei beste amerikanische Tradition, offensiv zu kämpfen.

Siehe McArthur und Stillwell. p. b.

Kladderadatsch

Steckbriefe

VINSON

Herr Vinson, Roosevelts gelehr'ger Jünger
erhob belehrend seinen Zeigefinger.
„Der Krieg", so sprach er, „ist bereits gewonnen,
weil vier Millionen neue Kriegsschiff-Tonnen –
schon schwimmen stolz in ihrem Element? –
Oh, nein: bewilligt sind vom Parlament."
Indessen: vom Beschluß bis zur Vollendung
nahm schon so manches Ding 'ne and're Wendung!

BENESCH

Herr Benesch – sowas hat es mal gegeben –
tut so, als sei er immer noch am Leben,
er reist umher, orakelt, droht und spricht!
Tja, – der ist tot und weiß es bloß noch nicht!

BALFOUR

Das Unterhaus lieh jüngst sein Ohr
dem wackern Balfour junior,
und ließ sich von dem Jungen sagen:
„Das Britenheer ward nie geschlagen!" –
Er ist nicht einmal falsch berichtet –
denn nicht geschlagen ward's, es ward vernichtet! rs–rs.

Steckbriefe

CHARLIE CHAPLIN

Der Plattfuß-Filmstar Chaplin ist
jetzt nach Geschäftsschluß Bolschewist.
Er fordert Hilfe – und zwar gleich –
Für das bedrohte Sowjetreich.
Der Grund für sein Geseires dürfte sein,
er will den Weißen-Haus-Clown überschrein!

JAMES B. CONANT

Er ging der Gummifrage auf den Grund
und fand, die Lage sei sehr ungesund.
Wozu die Angst? Es weiß doch jedes Kind,
daß Franklins Worte a u c h hübsch dehnbar sind.

CARL T. COMPTON

Herr Carl T. Compton unterstützte ihn:
„In puncto Gummi stehn wir vorm Ruin."
Ja, ja mein Freund, das ist nun mal der Fluch
von eurem Japanausradierversuch!

– iev –

216 Nr. 31, 2. August 1942

217 Nr. 49, 6. Dezember 1942

DAS VERBRECHEN AN EUROPA

Kladderadatsch

NUMMER 8 · 96. JAHRGANG · BERLIN, 21. FEBRUAR 1943 · PREIS 30 PF.

„Es liegt auf der Hand, Majestät, daß der Bolschewismus an unseren Grenzen haltmachen muß –“

219 Nr. 8, 21. Februar 1943

Zeichnung: Bruns

DIE DROHUNG AUS DER STEPPE

Kladderadatsch

Kladderadatsch

NUMMER 10 · 96. JAHRGANG · BERLIN, 7. MÄRZ 1943 · PREIS 30 PF.

DER BOLSCHEWISMUS
IST DIE GRÖSSTE
GEFAHR
FÜR DIE EUROPÄISCHE
KULTUR
W.C.
WHIS

PEINLICHE ERINNERUNG

Zeichnung: Bruns

DER VERRAT AN EUROPA

VORWÄRTS CHRISTLICHE SOLDATEN!

Kladderadatsch

In der Weltpresse finden in letzter Zeit Diskussionen über Möglichkeiten des Weltfriedens statt. Der Kladderadatsch macht einen positiven Vorschlag.

Bestätigtes Urteil

„Chicago Daily Tribune", Chikago, hält es für ausgeschlossen, daß nach den Berichten, die der frühere USA.-Botschafter in Tokio über Japan gab, ein Amerikaner mit gesundem Menschenverstand an einer Niederzwingung Japans glauben könne.

Die Zeitung ist damit auch der Ansicht, die man in Deutschland hat, daß Roosevelt und seine Trabanten einen gesunden Menschenverstand nicht besitzen. **k. v.**

ERLEBNIS

Verse des 14jährigen J. Arthur Rimbaud, 1868

Durch blaue Sommernächte werd' ich gehen,
Durch, meine Haut leicht kitzelnd, hohen Weizen,
Die Kühle wird mir meine Füße beizen,
Der laue Wind durch meine Haare wehen.
Ich werde stumm hinwandern ohne Denken,
Versunken in die tiefste Fernen-Schau,
Und eine Liebe wird mein Herz durchtränken
Zur Allnatur wie Glück durch eine Frau.

Übersetzt von Paul Friedrich

Drohende Scheidung

Die „New York Times", New York, meint, wenn der Sieg der Verbündeten einen Zweck haben und endgültigen Frieden bringen solle, dann müsse man schon heute die Bedingungen so festlegen, daß nach dem Kriege die Verbündeten einschließlich der Sowjetunion wie in einer harmonischen Ehe zusammenleben.

Was man in den USA. schon unter einer harmonischen Ehe versteht . . . k. v.

Kladderadatsch

V O R D E M S T A R T

„Was hast du nun für ein Gefühl, wenn du Bomben auf Frauen und Kinder wirfst?"
„Das kommt auf die Höhe der Geldprämie an."

SEINE HERKUNFT

„Der Bolschewismus verdankt seinen Ursprung vor allem den Synagogen.“ (Stalin)

Kladderadatsch

NUMMER 30 · 96. JAHRGANG · BERLIN · 25. JULI 1943 · PREIS 30 PF.

DAS KAINSZEICHEN

...FÜR ALLE ZEITEN

Die ›Gelehrten des Kladderadatsch‹ und ihre Erben[5]

Albert Hofmann, der Verleger (1818–1880)

Gregor Heinrich Albert Hofmann wurde am 8. 3. 1818 in Berlin als Sohn des Besitzers der Kunsthandlung ›Magazin für Kunst, Geografie und Musik‹ geboren. Mit 14 Jahren trat er als Lehrling in eine Buch- und Kunsthandlung ein und bildete sich neben der Lehre im Selbststudium fort. 1838 brachte er sein erstes Büchlein heraus mit dem Titel ›Champagnerschaum geschöpft und auf Flaschen gezogen für Freunde des Scherzes und der ungeheuren Heiterkeit. Eine pikante Sammlung des Neuesten und Interessantesten auf dem Gebiete des Jocosus herausgegeben vom Bruder Chamäleon‹, verlegt bei seinem Lehrherrn E. H. Schröder. Anschließend arbeitete er für die Unterhaltungszeitschrift ›Unser Planet‹, für die auch Ernst Keil, der spätere Gründer der ›Gartenlaube‹ und zeitweilige Verleger des ›Kladderadatsch‹, tätig war. Hofmann hatte ein Gebrechen: er stotterte; bald machte er aus der Not eine Tugend, erteilte Sprachunterricht für Stotterer und veröffentlichte 1840 eine ›Anweisung zur Radikal-Heilung Stotternder nach eigenen Erfahrungen bearbeitet von A. Hofmann, Lehrer zur Heilung Stotternder in Berlin‹, ebenfalls bei Schröder. 1840 wurde Hofmann Gehilfe in der Simion'schen Verlagsbuchhandlung, die unter anderem Bücher von Adolf Glaßbrenner verlegte. Ein Jahr später gründete er eine Zeitschrift für den ›Kunst- und Landkartenhandel‹, die immerhin bis 1846 bestehen blieb. Hofmann, der später als erfolgreicher Verleger das Friedrich Wilhelmstädtische Theater in Berlin kaufte, übte sich in jungen Jahren auch als Schauspieler in der damals angesehenen Theatergesellschaft ›Urania‹. Er erregte sogar einiges Aufsehen als Imitator des allseits gefeierten Darstellers des Eckenstehers Nante, Friedrich Beckmann. Sein Kunsthandelsorgan gab er 1842 an die bereits bestehende Meyersche Kunsthandlung und wurde dort Kompagnon. 1845 schied er aus und gründete mit seinem späteren Schwager die Firma Albert Hofmann und Compagnon, eine Sortimentsbuchhandlung, die er allmählich mit satirischen vormärzlichen Texten zum Verlag ausbaute. Mit dem ›Kladderadatsch‹ begann der verlegerische Aufstieg des Albert Hofmann. Hofmann war wirtschaftlich gewieft. Schon zur Gründung des ›Kladderadatsch‹ soll er diesen nur in Kommission genommen haben, wenn Autor Kalisch Druck und Papier selbst bezahlte und sich mit einem symbolischen Honorar begnügte, schrieb später der Kalisch-Biograf Max Ring. Dem erfolgreichen ›Kladderadatsch‹ mit seinem umfangreichen Beiprogramm folgte 1853 die ›Berliner Feuerspritze‹, die Ernst Kossak und Rudolf Löwenstein redigierten. 1856 wandelte Hofmann das Blatt um in ›Berlin‹, eine illustrierte Montagszeitung, für die er nach sehr mäßigem Verkauf den bekannten Adolf Glaßbrenner als Redakteur gewinnen konnte. Neben seiner Zeitschriftenarbeit war Hofmann einer der rührigsten Verleger billiger Klassikerausgaben, die in den zwanziger Jahren des 19. Jahrhunderts mit Meyers ›Miniaturbibliothek deutscher Klassiker‹ oder mit Cottas Billigpublikationen zum erstenmal aufgetaucht waren. Julius Stettenheim nannte den in seiner erfolgreichen Zeit in einer Villa im Tiergarten residierenden Hofmann im Jargon der Gründerzeit bewundernd einen ›Selfmademan‹. Als Hofmann am 19. August 1880 starb, übernahm sein Sohn Rudolf das Verlagsgeschäft.

David Kalisch (1820–1872)

Julius Stettenheim sagte von seinem Kollegen: »Der Kalisch ist der Witz an sich, / Der Vater aller aller Kalauer«.
Kalisch wurde am 23. 2. 1820 in Breslau geboren. Sein Vater hatte bis zu seinem frühen Tod ein Rauchwarengeschäft besessen. Nach dem abgebrochenen Schulbesuch wurde der 17jährige David in einem Bijouterie- und Möbelgeschäft angestellt, in dem er es bis zum Prokuristen brachte. 1844 ging er nach Paris, konnte dort seine Handelslaufbahn jedoch nicht erfolgreich weiterführen. Schon zuvor hatte er sich in Breslau auch politisch betätigt und einen Verein für verwahrloste Proletarierkinder gegründet. In Paris traf er mit Marx und Proudhon zusammen, erhielt finanzielle Zuwendungen von Heinrich Heine. Proudhon vermittelte ihn gar – nach gescheiterten Versuchen, unter anderem ein Kommissionslager von ›Pariser Novitäten in Luxus und Mode‹ zu etablieren – an eine Seidenhandlung in Straßburg. In den vierziger Jahren kehrte er nach Deutschland zurück, hielt sich zeitweise in Leipzig auf, wo er für die politischen Unterhaltungsblätter ›Komet‹ von Carl Herloßsohn und Eduard Maria Öttingers ›Charivari‹ kleine Beiträge lieferte. Außerdem begann Kalisch hier mit dem Possenschreiben. Als er darauf nach Berlin ging, in einer Speditionsfirma als Kassierer angestellt wurde, weitete er seine schriftstellerische Tätigkeit aus. Nach der ersten Aufführung einer Parodie auf den damaligen Kult um die schwedische Sängerin Jenny Lind gab er seine wechselvolle Handelskarriere auf und konnte bald mit den Possen ›Herr Karoline‹ und vor allem ›Einhunderttausend

Ernst Dohm David Kalisch Rudolf Loewenstein
Wilhelm Scholz

Thaler‹, das die Königstädtische Bühne im Dezember 1847 herausbrachte, ungeahnte Erfolge erzielen. Innerhalb kurzer Zeit war er nun ein gemachter Mann; er konvertierte zum Christentum, heiratete die Tochter des Besitzers eines renommierten Ausflugsrestaurants. Seit 1845 gehörte Kalisch mit später bekannten Berliner Literaten, bildenden Künstlern und Musikern – Wilhelm Scholz, Rudolf Löwenstein, Ernst Dohm, Ernst Kossak, Rudolf Genée, Rudolf Gottschall, Titus Ulrich, Hieronymus Thrun – zur ›Rütli-Gesellschaft‹, deren ›Rütli-Zeitung‹ wohl eine Anregung für den ›Kladderadatsch‹ gegeben hat. Seine Possen, die bald alle zum stehenden Berliner Lustspielrepertoir – zuerst im Königstädtischen, dann im Wallner Theater – gehörten, wurden im Verlag seines Freundes Hofmann herausgebracht, der entsprechend seinem publizistischen Geschick bald Sammlungen wie die drei Bände mit dem Titel ›Berliner Leierkasten‹ und die Auswahl von ›Lustigen Werken‹ herausbrachte. Im ›Albrechtshof‹ seines Schwiegervaters verkehrte Kalisch mit Scholz und einem weiteren bedeutenden Karikaturisten und Illustrator des 19. Jahrhunderts: Theodor Hosemann. Prädestiniert durch seine Possenschreiberei war Kalisch im ›Kladderadatsch‹ für den Berliner Dialekt zuständig, er schuf in der Nr. 8 von 1848 die ersten Dialoge von Schultze und Müller, die bis zum 97. Jahrgang feste Rubrik blieben. Viele stehende Figuren stammen von ihm, so Adolar Stindt und Karlchen Mießnick, Zwikkauer aus der Posse ›Einhunderttausend Thaler‹ übernahm er ebenfalls ins Blatt. Später verfaßte er im ›Kladderadatsch‹ die Sparten ›Bei den Weißen‹, ›Eine Berliner Weißbierstube‹, ›Unter den Tulpen‹, die Berliner Tagesereignisse kommentierten, außerdem war er der Begründer der ›Kladderadatsch-Kalender‹ und Verfasser zahlreicher Sonderausgaben, wie ›Kladderadatsch zur Industrieausstellung in London‹.
Die Possen, auch wenn sie zum Teil witzige Seitenhiebe auf Berliner Gesellschaft und Persönlichkeiten des sogenannten öffentlichen Lebens enthielten, waren politisch doch eher betulich, und seine Beziehungen zu Marx und Proudhon können nicht als Zeichen eines entwickelten politischen Bewußtseins gewertet werden. Er verhielt »sich zur Welt des Bürgers affirmativ«, »wie sehr er die Priorität der Bildung betonte und ökonomische Abhängigkeiten verkannte oder zumindest als Sekundärphänomene diskreditierte«[6] zeigt sich in den Stücken wie im ›Kladderadatsch‹.

Wilhelm Scholz (1824—1893)

Wilhelm Scholz, Jahrgang 1824, war der einzige geborene Berliner unter den ›Gelehrten des Kladderadatsch‹. Der Beamtensohn war ab der zweiten Nummer des Blattes beteiligt und blieb für über vierzig Jahre bis auf wenige Ausnahmen der einzige Illustrator.
Die später regelmäßig erscheinenden ganzseitigen Karikaturen blieben sein Ressort bis 1883, zehn Jahre vor seinem Tod. Julius Stettenheim nannte diesen Schüler der Königlichen Akademie zu Berlin »den blonden Hogarth des Kladderadatsch«. Im vielstrophigen Nachruf des Jahres 1893 rief ihm der ›Kladderadatsch hinterher:

»Wie wußtest Du getreu zu schildern,
Was auf des Lebens Bühne stand,
In Tausenden von lust'gen Bildern,
Die uns geschenkt hat Deine Hand!
Dir war's gegeben, festzuhalten,
Was leicht dahingeht und zerfällt;
So schufst Du bleibende Gestalten
In deinem Reich der heitern Welt.«

David Kalisch, Dohm, Trojan, Löwenstein kannte er schon aus den Tagen des Rütli, für das er die ›Rütli-Zeitung‹ illustriert und die ›Rütli-Mappe‹ mit seinen Zeichnungen zusammengestellt hatte. Wilhelm Scholz war ein sensibler Zeichner mit gutem Blick für das satirische Detail, so daß Scholz nach seiner ersten größeren Publikation — der mit Ernst Kossak gemeinsam verfaßten ›Humoristisch-satyrische Bilderschau‹ mit dem Titel ›Die Berliner Kunstausstellung im Jahr 1846‹ — schnell eine führende Rolle in der satirischen Publizistik Berlins spielte. Er brachte in den folgenden Jahrzehnten viele Einzelveröffentlichungen heraus, wie die ›Berliner Randzeichnungen zur Geschichte der Gegenwart‹ aus dem Jahr 1848. Neben seiner Arbeit für den ›Kladderadatsch‹ lieferte Scholz 1848 auch Karikaturen und Illustrationen für Glaßbrenners ›Freie Blätter‹, für den ›Berliner Krakehler‹, das ›Berliner Großmaul‹ und für eine ganze Reihe von Revolutionsplakaten. Neben Theodor Hosemann war er der engste Mitarbeiter Adolf Glaßbrenners. Er trat bei den damals so beliebten Künstlerfesten immer wieder als unermüdlicher Entwerfer von Einladungen, Speisekarten, Programmabfolgen auf, außerdem beteiligte er sich auch sonst aktiv an derlei Geselligkeiten: Bei einem Herren-Künstlerfest trat er beispielsweise in einer Parodie auf den Othello als Desdemona auf. Trojan beschrieb den großen, hageren Künstler, der zu den Geselligsten im Berliner Künstlerkreis gehörte: »Er war ein merkwürdiges und dabei gutes Gemisch von Salon und Straße, von Formlosigkeit und peinlicher Etiquette, von Burschikosität und bürgerlich strenger Anschauung.« So sehr diese Charakteristik auf die Person Scholz zugeschnitten ist, charakterisiert sie doch auch den politischen Künstler. Wie in den Texten seiner Kollegen finden sich in seinen Karikaturen beißende Kommentare zu den Verhältnissen seiner Zeit, eindeutige Angriffe auf seine politischen Gegner. Gleichzeitig zeigt sich an Scholz' Zeichnungen am augenfälligsten die Hinwendung zu Bismarck und die schwarz-weiß-malerische Ablehnung der Gegner, vor allem des französischen Kaisers. Stettenheim kommentierte die bildliche Eindringlichkeit der Scholzschen Blätter:

»Einst sah ich reiten in Paris
Den Kaiser, den großen und stolzen,
Und sieh, ER hat sich gebildet ganz
Nach Bildern von Wilhelm Scholzen.«

Ernst Dohm (1819–1883)

Wie sein Vetter David Kalisch stammte Dohm aus Breslau, wo er 1819 geboren wurde. Vom Gründungsjahr an war er über dreißig Jahre verantwortlicher Redakteur des ›Kladderadatsch‹ (bis 1882). Er hatte ursprünglich Theologie und Philosophie studiert, wollte nach dem Studium in Halle Pfarrer werden, begann dann aber als Hauslehrer und Journalist zu arbeiten. Er schrieb im ›Magazin für Literatur des Auslandes‹ über spanische und französische Bücher, außerdem war er Mitarbeiter des bekannten ›Gesellschafters‹ von Gubitz und des ›Deutschen Montagsblattes‹. Er leitete zeitweise ein Knabenpensionat und trat mit der dritten Ausgabe in die Redaktion des ›Kladderadatsch‹ ein. Nur in den Exilnummern des Blattes, von Nr. 2 bis Nr. 20 im Jahr 1849, wurde er in der Verantwortung von Löwenstein abgelöst. Neben der Redakteursarbeit mach-

te er sich auch einen Namen als Übersetzer von Fabeln Lafontaines und Texten Jacques Offenbachs. 1853 wurde er dann zusätzlich für kurze Zeit Dramaturg des Königstädtischen Theaters. Kleinere satirische Publikationen erschienen bei Albert Hofmann, zum Beispiel 1849 ›Der Aufwiegler in der Westentasche‹, 1850 die Posse ›Der trojanische Krieg‹, und ab 1852 war er verantwortlich für den ›Almanach zum Lachen‹.
Im ›Kladderadatsch‹ erfand er die wiederkehrende Rubrik ›Epistolae obscurorum virorum‹, die meist in lateinischer Sprache verfaßt war. In seinen ›Kleinen Reisebildern‹ kommentierte Julius Stettenheim:

»Dohm hat bei großen Todten gelernt,
Bei Horaz, Catull und Nepos,
Zu tödten die Lebenden mächt'gen Streichs
In Oden, Episteln, im Epos.
Er kämpft philologisch, er ist alliirt
Mit allen klassischen Göttern,
Sogar die Setzer der Druckerei
Quält er mit griechischen Lettern«.

Ein liberaler, gemäßigter Demokrat aus den Tagen der Revolution, lag er nach 1866 mit seinen Freunden ganz auf Bismarck-Kurs, er war später einer der größten Anhänger des Wagner-Kultes und damit der gründerzeitlichen Titanen-Verehrung. Im Jahr 1870 trat er auch mit dezidierter Kriegslyrik hervor, wie begeisterten Zeilen über die ›Schlacht von Metz‹.
Seit 1855 war er mit Hedwig Dohm verheiratet, einer der bedeutendsten Theoretikerinnen und Vorkämpferinnen der Frauenrechtsbewegung im 19. Jahrhundert. Die Enkelin Katja heiratete Thomas Mann.

Rudolf Löwenstein (1819–1891)

Der dritte Breslauer im ›Kladderadatsch‹-Bund wurde wie Dohm 1819 geboren. Der Sohn eines Destillateurs und ein begeisterter Geiger, trat 1845 zum erstenmal mit Kinderliedern hervor, die bis zum Ende des Jahrhunderts immerhin fünf Auflagen erlebten. Stettenheim schrieb von ihm:

»Der dicke Löwenstein ist der Poet,
Der Sänger der Lieder und Fabeln,
Er ist der Berliner Lafontaine«.

Das überschätzt die poetischen Fähigkeiten Löwensteins erheblich. Neben seiner Arbeit für den ›Kladderadatsch‹, bei dem er 1883 nach Dohms Tod für zwei Jahre Chefredakteur wurde, brachte er dennoch eine ganze Reihe unterschiedlicher Publikationen heraus. Dazu gehörten noch mehrere weitere Ausgaben von Kinderliedern und -gedichten, das Carnevals-Album ›Europäische Revue‹, das er gemeinsam mit Scholz zusammenstellte, eine Sammlung seiner politischen Gedichte unter dem Titel ›Aus bewegter Zeit‹, einen Gedichtzyklus ›Ehret die Frauen‹. Der promovierte Philologe, der zunächst als Lehrer und Journalist arbeitete, schrieb 1848 für die demokratische ›Bürger- und Bauernzeitung‹, von 1856 für zwei Jahre in der Jugendzeitung ›Puck‹ und betreute ab 1863 die Rubrik ›Politische Rundschau‹ in der ›Gerichts-Zeitung‹. Der beliebte Improvisator und Tischredner war eng mit Adolf Glaßbrenner befreundet, unter anderem lieferte er auch Beiträge für dessen erfolgreichen ›Komischen Volkskalender‹. Mit dem Verleger Hofmann war er verschwägert und Vetter von Kalisch und Dohm. Löwenstein, der stets Wert darauf legte, als ›Freiheitskämpfer und Volksmann‹ angesehen zu werden, schied vorzeitig aus der Redaktion des ›Kladderadatsch‹ aus. In der Jubiläumsschrift ›Der Kladderadatsch und seine Leute‹ heißt es dazu lapidar: »Die einseitige freisinnige Parteirichtung Löwensteins, an der er als alter achtundvierziger Volksmann festhalten zu müssen glaubte, welche seine Mitarbeiter aber nicht teilten, sowie zunehmende Kränklichkeit veranlaßten ihn, nach fast vierzigjähriger verdienstvoller Tätigkeit im Jahr 1886 aus der Leitung des Blattes zu scheiden.«
Löwenstein starb 1891 in Berlin.

Johannes Trojan (1837–1915)

1837 in Danzig geboren, studierte er in den fünfziger Jahren Medizin in Göttingen, wechselte aber bald zur Philologie über. 1862 schickte er sein erstes Sonett an Dohm, der es tatsächlich abdruckte. Der erste Erfolg seines kleinen satirischen Kommentars zu den politischen Verhältnissen im reaktionären Hessen-

Kassel brachte jedoch nicht sogleich die erhoffte regelmäßige Mitarbeit beim erfolgreichen ›Kladderadatsch‹. So zog es Trojan vor, sich erst einmal mit Adolf Glaßbrenner zusammenzutun, er schrieb für dessen ›Komischen Volkskalender‹ und wurde Hilfsredakteur bei dessen ›Berliner Montagszeitung‹. Ab 1865 war er dann Redaktionsmitglied des ›Kladderadatsch‹. Er schrieb schon früh neben Dohm und Löwenstein die Leitgedichte des Blattes und avancierte 1868 zum Chefredakteur, der er bis 1909, vier Jahre vor seinem Tod, blieb. Trojan veröffentlichte eine ganze Reihe von Gedichtbänden – Julius Stinde nannte ihn einst den »Dichter des frohen Gemüts« – er publizierte in der Berliner ›Nationalzeitung‹ und in der Zeitschrift ›Deutsche Jugend‹.

Trojans Vater war im Juli 1849 in Danzig Abgeordneter der zweiten Preußischen Kammer geworden, er saß neben Bismarck auf der äußersten Rechten. Der Sohn traf Bismarck erst als Altkanzler im Jahr 1893. Seine Begeisterung für Bismarck prägte das Blatt seit Ende der sechziger Jahre jedoch entschieden. In seinen Erinnerungen, in denen Johannes Trojan die Besuche in Friedrichsruh, bei denen ihn zum Teil der ›Kladderadatsch‹-Kollege Emil Jacobsen begleitete begeistert beschrieb, erzählte er: »›Dieses Blatt‹, sagte er (Bismarck; Verf.), ›hat mich anfangs nicht zum besten behandelt, nachher aber um so besser.‹ Darin hatte er Recht. Als ich am Anfang der sechziger Jahre bei dem Blatt politisch zu dichten anfing, habe ich wie die andern manchen Vers gegen Bismarck gemacht, nachher aber viele für ihn. Der Fürst sagte noch etwas Gutes über das Blatt, dann schloß er mit einem Toast auf dasselbe. ›Darf ich‹, fragte ich ihn, ›meinen Kollegen einen Gruß von Eurer Durchlaucht mitnehmen?‹ ›Ja‹, erwiderte er, ›einen recht freundlichen.‹«[7]

Wilhelm Polstorff (geboren 1843)

Der Philologe und Gymnasiallehrer aus dem Hannoverschen, Jahrgang 1843, war neben Trojan der wichtigste Verfechter des radikalen Bismarck-Kurses im ›Kladderadatsch‹. Seit 1874 freier Mitarbeiter, trat er 1883 in die Redaktion ein. In ›Kladderadatsch und seine Leute‹ wird behauptet, er habe »über den Parteien« gestanden. Das stimmt nur insofern, als er sich vollständig zu Bismark bekannte und keine andere politische Richtung gelten ließ. Er verfaßte abwechselnd mit Trojan die wiederkehrenden ›Episteln an einen Landbewohner‹ und, ebenfalls im klassischen Versmaß, ›Strandepisteln‹ sowie ›Episteln aus Marienbad‹, in denen er sich vor allem auf aktuelle gesellschaftliche Kommentare konzentrierte, wobei er sich allerdings ›eines behaglichen, wohlthuenden‹ Humors befleißigte, wie Rudolf Genée bemerkte.

Paul Warncke (1866–1933)

Als Nachfolger Trojans übernahm Paul Warncke 1909 nach kurzer vorheriger Vertretung die Position des verantwortlichen Redakteurs im ›Kladderadatsch‹. 1866 in Mecklenburg-Schwerin geboren, absolvierte er eine Buchhandelslehre, ging 1889 nach Berlin und begann ein Studium der Plastik an der Akademie. Er veröffentlichte Gedichte. Seine große Fritz-Reuter-Biografie verführte den ›Kladderadatsch‹ 1943 dazu, Warncke zu dessen zehnjährigem Todestag als »Sachverständigen in Sachen des Humors« zu feiern, als »Mundart-Lyriker von hohen Gnaden, und überhaupt nicht nur ein geschickter Zeitungsmann, sondern auch ein echter Dichter«.
Als ›echter Dichter‹ seiner Zeit hatte er sich 1895 mit einem ›Bismarcklied‹ zu einer der großen Bismarckfeiern profiliert, das ihm sofort den Preis der Berliner Burschenschaft einbrachte. In den kommenden Jahrzehnten, bis zu seiner Position als ›Hauptschriftleiter‹, der sein plötzlicher Tod 1933 ein Ende setzte, bestimmten seine Leitgedichte und politischen Kommentare in Versform die politische Linie des ›Kladderadatsch‹: Warncke gehörte zu den größten nationalistischen Hetzern des Ersten Weltkriegs und blieb sich bis in die Nazizeit treu.

Hans Reimann (1889–1969)

Nach dem plötzlichen Tod von Paul Warncke wurde der jahrzehntelange Betreuer des ›Briefkastens‹, Max Brinkmann, im ›Kladderadatsch‹ für kurze Zeit als Redaktionsleiter eingesetzt. Ab November trat dann Wilfried Menger als Hauptschriftleiter in die Redaktion ein. Das Blatt, das zunehmend an Auflagenschwund litt, wurde 1936 vom Steiniger-Verlag übernommen. Der engagierte den Kabarettisten und Satiriker Hans Reimann und erhoffte sich von dessen flotter Feder einen Umschwung. Da er keine ›Schriftleiterqualifikation‹ besaß,

Nr. 14
Erstes Beiblatt

Beiblatt zum Kladderadatsch

Berlin,
den 3. April 1910

Panik in der Redaktion des „Kladderadatsch"

Johannes Trojan, der alte, kundige Thebaner: „Keine Angst, Kinder! Es gibt wie anno dazumal weiter nichts als ein ganz ausgezeichnetes Weinjahr!"

wurde Alexander Runge engagiert, der nach außen hin die Redaktion repräsentierte. Reimann schrieb nur von Nr. 40 im Jahr 1936 bis zur Nr. 39 im Jahr 1937, er ist jedoch der einzige Texter des gesamten 20. Jahrhunderts im ›Kladderadatsch‹, der aus dem niedrigen Niveau herausfiel. In seinen Erinnerungen schrieb der 1889 geborene Leipziger lapidar zu seiner kurzen Periode beim ›Kladderadatsch‹: »Die meisten Abonnenten saßen in Ostpreußen auf der Klitsche und träumten von Bismarck . . . Anfangs hatten Runge und ich frischen Wind durch die Miefbude wehen lassen. Allein wir bissen auf Granit. Nein, nicht auf Granit, sondern auf Kaugummi. Schatz (Geschäftsführer der Steiniger Verlagsanstalt; Verf.), der eine Zeitlang auf meiner Seite stand, gab das Rennen auf, als die Protestschreiben aus Ostpreußen überhandnahmen, und ließ die Karre laufen, wie sie wollte.«[8] Reimann, der bis zu seinem Tod 1969 unermüdlich publizierte, war einer der rührigsten Satiriker seiner Zeit. Mit Kurt Tucholsky, Jacobsohn und Ossietzky befreundet, war er ständiger Mitarbeiter der ›Weltbühne‹, gründete eigene Blätter wie das von 1924 bis 1929 erschienene ›Stachelschwein‹ und den ›Drache. Eine ungemütliche Leipziger Wochenschrift‹ von 1919, bei dem unter anderen der später als Fritz Slang in der ›Roten Fahne‹ und im Malik-Verlag publizierende Fritz Hampel mitarbeitet. Reimann war vor allem für seine Parodien bekannt, die er auf der Bühne vorführte und in Buchform faßte.
Wiederholtes Ziel seiner satirischen Auseinandersetzung war der ›unermüdlich gehäkelte Kitsch‹ der Hedwig Courths- Mahler oder aktuelle Machwerke wie ›Die Sünde wider das Blut‹ von Arthur Dinter, was bei Reimann zu ›Die Dinte wider das Blut. Ein parodistischer Zeitroman von Arthur Sünder‹ wurde. Damit reihte er sich in die nach-dadaistische Parodierfreude eines Mynona und Franz Richard Behrens ein.

Der letzte Hauptschriftleiter des ›Kladderadatsch‹ paßte sich im Gegensatz zu Reimann bruchloser in die Zeit und die Entwicklung des Blattes ein: Carl Hotzel war 1919 mit einem bezeichnenden Buchtitel aufgetreten, ›Blutweihe, Gedanken über die deutsche Zukunft‹. Unter den Faschisten war er auch Hauptschriftleiter des ›Stahlhelm‹-Rundfunkblattes.

Andere ›Kladderadatscher‹

Die ›Gelehrten des Kladderadatsch‹ und ihre festangestellten Nachfolger bestimmten die Entwicklung des Blattes, zu ihnen gesellte sich jedoch im Lauf der Jahrzehnte eine sehr große Anzahl an weiteren Redakteuren, freiberuflich schreibenden Autoren und sowohl regelmäßig als auch gelegentlich mitarbeitenden Karikaturisten. Da erst in den letzen Jahrgängen die Beiträge mit Namen, Initialen oder Abkürzungen gezeichnet wurden, läßt sich kaum eine vollständige Liste der Mitarbeiter aufstellen. Wie lang sie sein müßte, deutet die Untersuchung von Klaus Schulz an, der allein im Jahrgang 1942 mehr als fünfzig beteiligte Publizisten und Zeichner gezählt hat. Selbst bei den Illustratoren und Karikaturisten, die schon in relativ frühen Ausgaben durch ihre Unterschriften zu identifizieren waren, lassen sich nicht mehr sämtliche Namen und Daten rekapitulieren, zumal im Bild - wie im Wortteil die publizistischen Eintagsfliegen Legion waren. Deshalb soll hier nur auf einige interessante Persönlichkeiten hingewiesen werden. Dazu gehörte Adalbert Cohnfeld (1809–1868), mit dem ›Kladderadatsch‹ einen illustren Achtundvierziger in seinen Reihen fand. Cohnfeld war der Erfinder einer der berühmtesten Plakatfiguren des Revolutionsjahres, des »Aujust Buddelmeyer, Dageschriftsteller mit'n jroßen Bart«, außerdem Schriftleiter des ›Berliner Krakehlers‹, Mitarbeiter von Adolf Glaßbrenner und Mitglied des Bürgerwehrclubs. Mit dieser politischen Vergangenheit zählte Cohnfeld zu den Ausnahmen unter den ›Kladderadatschern‹. Zu der älteren Garde der politischen Publizisten gehörten auch die Zeichner Carl August Reinhardt (1818–1877) und Herbert König (1820–1876), beides Mitarbeiter an Adolf Glaßbrenners ›Komischem Volkskalender‹ und beteiligt an den ›Fliegenden Blättern‹ sowie den damaligen – größtenteils allerdings unpolitischen – großen Unterhaltungszeitschriften, der Leipziger ›Illustrirten Zeitung‹ und der ›Gartenlaube‹. Zu den bekannten Namen des Jahrhunderts, die für einige Zeit mit dem ›Kladderadatsch‹ verbunden waren, gehörte der Schriftsteller und Zeichner Rudolph Genée (1824–1897), der Holzschnitte für Wilhelm Scholz machte und gelegentlich eigene Beiträge lieferte, Paul Lindau (1839–1919), der Redakteur der ›Düsseldorfer‹ und der ›Elberfelder Zeitung‹ Julius Stettenheim (1831–1916), einer der amüsantesten Schreiber seiner Zeit, Begründer der Zeitschrift ›Berliner Wespen‹ und Erfinder des berühmten ›Kriegskorrespondenten Wippchen‹. Mitte des Jahrhunderts stieß auch Ernst Kossak (1814–1880) zum ›Kladderadatsch‹; er wurde später als einer der »Schöpfer des Berliner Feuilleton« gerühmt. Einst war er Redakteur der ›Rütli-Zeitung‹ gewesen, wurde 1848 Mitredakteur von Glaßbrenners ›Freien Blättern‹, außerdem Mitarbeiter der ›Berliner Zeitungshalle‹ und vieler anderer politischer und unterhaltender Blätter. 1853 übertrug ihm Albert Hofmann die Redaktion seiner ›Berliner Feuerspritze‹ und später arbeitete er für Glaßbrenners ›Berliner Montags-Zeitung‹.

Als Wilhelm Scholz 1885 den Platz des Hauptzeichners im ›Kladderadatsch‹ räumte, trat der Absolvent der Düsseldorfer und der Berliner Akademie, Gustav Brandt (geboren 1861), an seinen Platz, mit ihm kamen Arthur Wanjura und Franz Jüttner (geboren 1865). Obgleich Brandt den größten Anteil an den Abbildungen im ›Kladderadatsch‹ hatte, war Jüttner der vielseitigere Illustrator. Er arbeitete auch für die ›Berliner Wespen‹, den ›Dorfbarbier‹ und vor allem für die 1886 gegründeten ›Lustigen Blätter‹, die Alexander Moszkowski redigierte, ebenfalls ein Mitarbeiter des ›Kladderadatsch‹.

Diesen zeichnenden Redakteuren folgten der Münchner Maler Ernst Retemeyer und ab 1893 der ebenfalls als Maler bekanntgewordene Ludwig Stutz (1865–1917).

Auch unter den gelegentlichen Mitarbeitern waren einige, die neben ihrer Arbeit als Karikaturisten weiterhin als Maler oder Bildhauer auftraten, dazu gehörten der Deutsch-Amerikaner Arthur Johnson (1878–1954), der um die Jahrhundertwende gerühmt wurde wegen seiner ›Dichtungen in Farben‹ und seiner ›Hymnen an die Natur‹; Oskar Garvens (geboren 1874) mit seinen monumentalistischen Genreplastiken; der Bildhauer und Medailleur Arthur Krüger (geboren 1866) Willibald Krain (geboren 1886), der 1924 Lithografien unter dem Titel ›Nie wieder Krieg‹ publizierte; der Chemnitzer Maler Werner Hahmann (geboren 1883), der 1914 mit seinen plakativen reaktionären Kommentaren im Bild zum ›Kladderadatsch‹ stieß.

Interessant ist, daß die meisten der regelmäßigen Mitarbeiter gleichzeitig zum Stab einer ganzen Reihe zeitgenössischer satirischer und unterhaltender Blätter gehörten. Neben den bereits Genannten arbeitete Ludwig Löffler (1819–1876) auch für Ernst Keils ›Dorfbarbier‹ in Leipzig; Erich Wilke (1879–1939) zeichnete für den ›Simplicissimus‹, für ›Jugend‹ und die ›Lustigen Blätter‹; Constantin von Grimm (gestorben 1898) war im ›Schalk‹, im Leipziger ›Puck‹ und später im Londoner ›Graphic‹ vertreten; Hermann Schlittgen (1859–1930) war langjähriger Mitarbeiter der Münchner ›Fliegenden Blätter‹. Trotz dieser vielfältigen

Aktivitäten gehörten all diese Zeichner in bezug auf die Qualität ihrer Arbeiten nur zur mittleren bis unteren Klasse. Keiner von ihnen erreichte das Profil bedeutender Karikaturisten der Zeit, wie Thomas Theodor Heine (›Simplicissimus‹), Hans Baluschek (›Wahrer Jacob‹), Karl Hubbuch (›Der Knüppel‹), Lyonel Feininger (›Ulk‹), von Théophile Steinlen, Rudolf Schlichter oder gar George Grosz.

Im Wortteil des Blattes ging die Entwicklung in die gleiche Richtung: mindere Qualität bei zunehmender Heterogenität. Zu erwähnen sind hier höchstens der Redakteur, der von 1867 bis 1872 angestellt war, Julius Lohmeyer (geboren 1835) und der ab 1890 zum Redaktionsmitglied avancierte Paul Roland (geboren 1856).

Lohmeyer tat sich in der Kriegszeit durch seine patriotischen Gesänge sowie als Verfasser eines Militärbilderbuches hervor, für das der Schlachtenmaler Richard Knötel die hurra-patriotischen Illustrationen lieferte. In späterer Zeit konnte sich lediglich der Schriftsteller Fred Endrikat (1890–1942) profilieren, jedoch nicht im Bereich seiner Zeitschriften-Arbeit, sondern als Hausautor des Münchner Kabaretts ›Simpl‹ und als Verfasser vieler Brettl-Verse.

In Publikationen, die später vom Hofmann-Verlag zum Ruhm des ›Kladderadatsch‹ lanciert wurden, sowie in den wenigen Untersuchungen über Geschichte und Werdegang der Zeitschrift werden noch viele weitere, heute meist unbekannte Namen von Schriftstellern genannt. Es tauchen aber auch wiederholt Größen ihrer Zeit auf, von denen behauptet wird, sie haben im Blatt veröffentlicht. Dazu gehören Georg Herwegh (1817–1875), einer der wichtigsten politischen Dichter des Vormärz und späterer Sozialdemokrat; der fortschrittliche, sozialengagierte liberale Schriftsteller und Literaturwissenschaftler Robert Prutz (1816–1872); Franz Dingelstedt (1814–1881), der in den frühen dreißiger Jahren des 19. Jahrhunderts dem literarischen ›Jungen Deutschland‹ nahestehend, aber schon 1843 zum Hofrat konvertierte; die Maler und Zeichner Wilhelm Busch (1833–1908) und Franz Stuck (1863–1928). Bei all diesen Künstlern läßt sich eine Mitarbeit beim ›Kladderadatsch‹ nicht nachweisen. Die Hinweise auf ihre Beteiligung dürften bei ihrem ersten Auftauchen eher auf einem Wunschdenken der Redaktion und des Verlages beruht haben.

Was Busch oder Stuck betrifft, so scheinen die Untersuchenden einem satirischen Kunstgriff des ›Kladderadatsch‹ aufgesessen zu sein: Es war ein beliebtes Mittel, eine Zeichnung in der charakteristischen Manier eines bekannten zeitgenös-

sischen Malers zu machen und mit dem kleinen Hinweis beispielsweise ›nach Franz Stuck‹ zu versehen.
Bei einem Namen, der in diesem Zusammenhang immer wieder fällt, dürfte der angesprochene Schriftsteller und Publizist alle Zweifel selbst rechtzeitig beseitigt haben. Bis in den heute gängigen Lexika heißt es stets, Adolf Glaßbrenner habe zum Kreis der ›Kladderadatscher‹ gehört. In einem Brief an einen Freund schrieb Glaßbrenner 1859: »Ich habe in meinem ganzen Leben noch nie eine Sylbe für den Kladderadatsch geschrieben! . . . Dieser kladderadatschige Nihilismus, diese Blasiertheit, die für Nichts wahres Interesse, keine Ideale hat . . . ist mir zuwider.«[9]

Anmerkungen

1) vgl. Ingrid Heinrich-Jost: August Heinrich Hoffmann von Fallersleben. Berlin: Stapp 1982 (= Preußische Köpfe 10)
2) Der Text von Otto Hörth wird erstmals wieder abgedruckt und Daten zu Person und Werk des Publizisten gegeben, in: Walter Grab: Heine als politischer Dichter. Heidelberg: Quelle & Meyer 1982. Zitat S. 156–157
3) Klaus Schulz: Kladderadatsch . . . a. a. O., S. 201
4) Kurt Tucholsky: Fratzen von George Grosz. In: ders.: Literaturkritik. Reinbek bei Hamburg: Rowohlt 1972, S. 173
5) Die Angaben über die Mitarbeiter des »Kladderadatsch« basieren weitgehend auf den Daten, die in »Kladderadatsch und seine Leute« sowie vor allem auf der weiterführenden Untersuchung von Klaus Schulz
6) Klaus Schulz: Kladderadatsch . . . a. a. O., S. 33
7) Johannes Trojan: Erinnerungen. Berlin: Verlag des Vereins der Bücherfreunde 1912, S. 135–136
8) Hans Reimann: Mein blaues Wunder. Lebensmosaik eines Humoristen. München: Paul List 1959. Hier zitiert nach: Klaus Schulz: Kladderadatsch . . . a. a. O., S. 203
9) vgl. Adolf Glaßbrenner: Unterrichtung der Nation. Ausgewählte Werke und Briefe in drei Bänden. Hrsg. Horst Denkler, Bernd Balzer, Wilhelm Große, Ingrid Heinrich-Jost. Köln: informationspresse – c. w. leske 1981. Bd. 3, S. 303–304

Anhang

1848 Revolution in Frankreich (*22.–25. Februar*)
Revolution in Wien. Entlassung Metternichs (*13. März*)
Barrikadenkämpfe in Berlin (*18./19. März*)
Erstes bürgerliches Ministerium Camphausen in Preußen (*29. März*)
Deutsche Nationalversammlung in der Frankfurter Paulskirche (*18. Mai*)
Erneute Barrikadenkämpfe in Frankfurt am Main (*18. September*)
Erneuter Volksaufstand in Wien (*Oktober*)
Berlin im Belagerungszustand. Auflösung der Preußischen Nationalversammlung (*Dezember*)

1849 Reichsverfassung in Frankfurt am Main verabschiedet (*28. März*)
Wilhelm IV. lehnt die deutsche Kaiserkrone ab (*April*)
Bewaffnete Kämpfe um die Einführung der Reichsverfassung in Sachsen (*3.–8. Mai*)
Einführung des Dreiklassenwahlrechts in Preußen (*30. Mai*)
Gewaltsame Auflösung der Deutschen Nationalversammlung, die mittlerweile in Stuttgart Zuflucht gefunden hatte (*18. Juni*)
Letzte revolutionäre Kämpfe, in Baden-Rheinpfalz (*23. Juli*)
Mit dem Fall Venedigs ist auch in Italien die Revolution beendet (*August*)

1850 Oktroyierte Verfassung in Preußen (*31. Januar*)
Versuch einer »kleindeutschen Lösung« durch Preußen
Friede von Berlin im Schleswig-Holstein-Konflikt, Preußen zieht seine Unterstützung zurück (*2. Juli*)

1851 Formelle Wiederherstellung des Deutschen Bundes (*Mai*)
Erste Weltausstellung in London
Louis Napoleon Präsident der Französischen Republik (*21. Dezember*)

1852 Aufhebung der Verfassung in Österreich, Rückkehr zum Absolutismus
Louis Napoleon kürt sich als Napoleon III. zum Kaiser der Franzosen (*2. Dezember*)
Graf Camillo Cavour Ministerpräsident Italiens (*November*), der die Einheit Italiens von oben vorantrieb

1853 Krieg zwischen Rußland und der Türkei um die ›Orientalische Frage‹ (der sogenannte Krimkrieg)

1854 Eintritt Frankreichs und Großbritanniens in den Krimkrieg auf Seiten der Türkei, Bündnis mit Österreich. Preußen neutral.
Verbot aller Arbeitervereine durch den Deutschen Bundestag

1855 Tod des Zaren Nikolaus I. von Rußland (*2. März*)
Inthronisation seines Sohnes Alexander II.
Eröffnung des ersten Warenhauses in Paris
1856 Pariser Friede beendet Krimkrieg (*30. März*)
Gründung des Buren-Staates Transvaal
1857 Prinz Wilhelm wird Stellvertreter des geisteskranken preußischen Königs (*Oktober*)
Krieg Großbritanniens und Frankreichs gegen China
Gründung der Norddeutschen Lloyd in Bremen
Wirtschaftskrise in deutschen Industrie- und Handelszentren
1858 Wilhelm von Preußen Prinzregent (*Oktober*)
Entlassung des konservativen Ministeriums Manteuffel und Einberufung des liberalen Ministeriums der »Neuen Ära«
Gründung des Deutschen Nationalvereins in Frankfurt am Main
1859 Krieg Piemont-Sardiniens und Frankreichs gegen Österreich
Niederlage Österreichs bei Magenta und Solferino (*4. und 24. Juni*)
Mobilmachung Preußens
Friede von Zürich (*November*)
Volksaufstände in Mittelitalien
1860 Verstärkte Einigkeitsbewegung in Italien
Abraham Lincoln wird Präsident der USA
1861 Tod Friedrich Wilhelms I. von Preußen (*2. Januar*)
Wilhelm I., König von Preußen
Victor Emanuelle II. König Italiens
Ausbruch des Sezessionskrieges in den amerikanischen Südstaaten
Erfindung des Fernsprechers durch Johann Philipp Reis
Gründung der Deutschen Fortschrittspartei
1862 Verfassungsstreit in Preußen um Heeresreform
Berufung Otto von Bismarcks zum Ministerpräsidenten und Außenminister (*September*)
Gründung der Farbwerke Hoechst
Gründung des Reformvereins
1863 Aufstand in Russisch-Polen. Preußen auf Seiten Rußlands (*Januar*)
Ferdinand Lasalle gründet Allgemeinen Deutschen Arbeiterverein in Leipzig (*23. Mai*)

Presseordonnanzen Bismarcks heben Pressefreiheit auf (*1. Juni*)
Friedrich VII. von Dänemark vereinnahmt Schleswig
Gründung der Badischen Anilin- und Soda-Fabrik

1864 Krieg Preußens und Österreichs gegen Dänemark um Schleswig-Holstein
Niederlage Dänemarks, Friede von Wien (*30. Oktober*)
Gründung der Ersten Internationalen unter Vorsitz von Karl Marx in London
Gründung der Roten-Kreuz-Organisation in Genf

1865 Regelung der Verwaltung Schleswig-Holsteins zwischen Preußen und Österreich im Vertrag von Gastein (*14. August*)
Sieg der Nordstaaten im amerikanischen Sezessionskrieg
Abraham Lincoln ermordet (*14. April*)
Gründung des Allgemeinen Deutschen Frauenvereins durch Luise Otto

1866 Krieg zwischen Preußen und Österreich. Sieg Preußens, Friede von Prag (*23. August*)
Gründung des Norddeutschen Bundes unter Führung Bismarcks

1867 Verfassung des Norddeutschen Bundes
Bismarck wird Bundeskanzler
Ungarn erhält eigenes Parlament, Doppelmonarchie Österreich-Ungarn

1868 Gründung des Deutschen Zollparlaments in Berlin
William E. Gladstone englischer Premierminister der Liberalen
Revolution in Spanien, Ende der Herrschaft Isabellas II.

1869 Gründung der Sozialdemokratischen Arbeiterpartei durch August Bebel und Wilhelm Liebknecht in Eisenach

1870 Streit um die spanische Thronfolge
Krieg zwischen Frankreich und Preußen. Die süddeutschen Staaten treten an der Seite des Norddeutschen Bundes in den Krieg ein
Kapitulation Frankreichs nach der Schlacht von Sedan (*Anfang September*)
Ausrufung der Dritten Republik in Frankreich
Rom Hauptstadt Italiens. Auflösung des Kirchenstaates
Expansion der optischen Industrie in Jena

1871 Gründung des Deutschen Reiches
Proklamation Wilhelm I. von Preußen zum deutschen Kaiser (*18. Januar*)
Reichsverfassung nach Vorbild des Norddeutschen Bundes
Pariser Commune (*März bis Mai*)

Adolphe Thiers Präsident in Frankreich (*31. August*)
Friede von Frankfurt regelt die hohen Reparationszahlungen Frankreichs (*10. Juni*)
Beginn der sogenannten Gründerjahre (*bis 1873*)
Münzgesetz macht Mark zur einheitlichen deutschen Währungseinheit (*4. Dezember*)

1872 Gründung von 49 Banken und Kreditinstituten allein in Preußen

1873 »Kulturkampf« in Deutschland. Gegensatz Bismarck und Zentrumspartei
Dreikaiserbündnis zwischen Deutschland, Österreich-Ungarn und Rußland
Ende der Gründerjahre durch »Börsenkrach«

1874 Verbot des Allgemeinen Deutschen Arbeitervereins und der Sozialdemokratischen Partei
Benjamin Disraeli wird konservativer Premierminister in Großbritannien
Zivilehe in Preußen obligatorisch

1875 Erklärung Frankreichs zur Republik (*30. Januar*)
Spannungen zwischen Frankreich und Deutschland, »Krieg in Sicht«
Konstitution der Sozialistischen Arbeiterpartei Deutschlands (*26. Juni*)
Agrarkrise in Deutschland
Krieg zwischen Ägypten und Abessinien

1876 Krieg Rußlands gegen die Türkei
Erfindung des Viertakt-Verbrennungsmotors durch Nikolaus Otto

1877 Krieg Englands gegen Afghanistan
Ende des Buren-Freistaates Transvaal
Königin Viktoria wird Kaiserin von Indien

1878 Aufgezwungener Frieden im russisch-türkischen Krieg, San Stefano
Sozialistengesetze Bismarcks zur Unterdrückung der Arbeiterbewegung (*Oktober*)
Gründung der antisozialistischen, antisemitischen christlichsozialen Arbeiterpartei
Umberto I. König von Italien

1879 Schutzzollpolitik Deutschlands durch neuen Zolltarif
Abkehr Bismarcks von den Nationalliberalen
Abwendung Deutschlands von Rußland und Zweierbund mit Österreich-Ungarn
Werner Siemens baut erste elektrische Eisenbahn in Berlin

1880 William E. Gladstone erneut Premierminister in Großbritannien
Aufstand der Buren gegen die Engländer (*16. Oktober*)

1881 Erneuerung des Dreikaiserbündnisses als Neutralitätsvertrag zwischen Deutschland, Österreich-Ungarn und Rußland (*18. Juni*)
Königreich Rumänien
Transvaal erringt teilweise Souveränität
Beginn von Bismarcks Sozialversicherungsgesetzgebung

1882 Geheimer Verteidigungsvertrag zwischen Deutschland, Österreich-Ungarn und Italien

1883 Deutschland schließt sich dem Verteidigungsbündnis Österreich-Ungarns und Rumäniens an
Tod von Karl Marx in London (*14. März*)

1884 Deutschland wird Kolonialmacht

1885 Kongo-Konferenz in Berlin, unabhängiger Kongo-Staat
»Kongo-Greuel« alarmieren die Weltöffentlichkeit
Carl Benz und Gottlieb Daimler bauen dreirädrigen Kraftwagen

1886 Konservative Regierung Salisbury in Großbritannien
Große Streikbewegung in Deutschland

1887 Verstärkung des Heeres in Deutschland
Rückversicherungsvertrag mit Rußland (*18. Juni*)
Sadi Carnot Präsident der Französischen Republik

1888 Tod Wilhelms I. (*9. März*)
Wilhelm II. deutscher Kaiser und König von Preußen
Entdeckung der elektromagnetischen Wellen durch Heinrich Hertz

1889 Gründung der Zweiten Internationalen in Paris
Bergarbeiterstreik im Ruhrgebiet
Dockarbeiterstreik in London
Selbstmord des österreichischen Kronprinzen in Schloß Mayerling
Gründung Rhodesiens durch Cecil Rhodes

1890 Entlassung Bismarcks (*18. März*)
Leo von Caprivi Reichskanzler und preußischer Ministerpräsident
Unter Führung August Bebels Sozialdemokratische Partei Deutschlands konstituiert
Berliner Gewerkschaftskonferenz (*November*)
Erste internationale Maifeiern

Tausch Sansibars gegen Helgoland
Wilhelmina Königin von Holland

1891 Erfurter Parteitag der Sozialdemokraten, Erfurter Programm (*14. Oktober*)
Gründung der Österreichischen Gesellschaft der Friedensfreunde durch Bertha von Suttner, sie wird auch Vizepräsidentin des Internationalen Friedensbüros in Bern
Erste Segelflüge Otto Lilienthals
Erster Rotations-Kupfertiefdruck

1892 Russisch-französische Militärkonvention

1894 Chlodwig Fürst von Hohenlohe-Schillingsfürst deutscher Reichskanzler
Tod Alexanders III., Nachfolger Nikolaus II. als Zar von Rußland
Dreyfus-Affäre in Frankreich
Nach der Ermordung Carnots wird Felix Faure Ministerpräsident Frankreichs

1895 Begründung der Psychoanalyse durch Siegmund Freud
Eröffnung des Nord-Ostsee-Kanals

1896 Theodor Herzl veröffentlicht »Der Judenstaat«

1897 Regierungsvorlage über deutschen Flottenbau
Nach zahlreichen Arbeiterunruhen Novelle des Vereins- und Versammlungsgesetzes in Preußen
Staatskrise in Österreich Beginn des Zerfalls der Donaumonarchie
Krieg Griechenlands gegen die Türkei
Erster Zionistenkongreß in Basel

1898 Tod Bismarcks in Friedrichsruh (*30. Juli*)
Ermordung Königin Elisabeths von Österreich in Genf (*10. September*)

1899 Erste Haager Friedenskonferenz
Beginn des Burenkrieges

1900 Bernhard von Bülow deutscher Reichskanzler
Der Umfang der deutschen Flotte wird verdoppelt
Nach Ermordung Umbertos I. Viktor Emanuelle III. König von Italien
Boxer-Aufstand in China
Bürgerliches Gesetzbuch tritt in Deutschland in Kraft
Ferdinand Graf von Zeppelin baut Luftschiff

1901 Tod Queen Victorias (*12. Januar*)
Nachfolger Edward VII.

Britisch-deutsche Bündnisverhandlungen scheitern
Nach Ermordung William MacKinleys Theodore D. Roosevelt Präsident der USA
Gründung des Commonwealth of Australia

1902 Bündnis Großbritanniens und Japans
Ende des Burenkrieges mit Sieg Großbritanniens

1903 Spaltung der russischen Sozialisten in Bolschewiki und Menschewiki auf dem Parteitag in London
Auseinandersetzung mit Revisionisten auf dem Parteitag der deutschen Sozialdemokraten in Dresden

1904 Krieg zwischen Rußland und Japan
Spannung zwischen Rußland und Großbritannien nach Beschuß britischer Fischereiboote an der Doggerbank

1905 Beginn der Russischen Revolution
Schlacht vor dem Winterpalais (*22. Januar*)
Meuterei in Flotte und Heer, Panzerkreuzer Potemkin
Manifest vom 30. Oktober regelt Verfassung
Marokkokrise

1906 Georges Clemenceau französischer Ministerpräsident

1907 Sozialistenkongreß in Stuttgart

1908 Staatskrise in Deutschland wegen Veröffentlichung privater Gespräche Kaiser Wilhelms II. in einer britischen Zeitung (*November*)
Erneute Verstärkung der deutschen Flotte
Spannungen in Südosteuropa

1909 Rücktritt von Bülows, Theobald von Bethmann Hollweg Kanzler

1910 Tod Edwards VII. (*6. Mai*). Sein Sohn George V. wird englischer König
Revolution in Portugal, Ausrufung der Republik

1911 Zweite Marokkokrise
Parlamentsreform in Großbritannien
Winston Churchill wird britischer Marineminister
Revolution in China

1912 Sozialdemokraten stärkste Partei nach den deutschen Reichstagswahlen
Raymond Poincaré französischer Ministerpräsident und Außenminister
Festigung der britisch-französischen Entente
Spaltung der russischen Sozialisten

Erster Balkankrieg
Untergang der »Titanic«
1913 Zweiter Balkankrieg
Verstärkung des Heeres in Deutschland
Woodrow Wilson wird amerikanischer Präsident
Charlie Chaplin dreht seinen ersten Film
1914 Ermordung des österreichischen Thronfolgers Franz Ferdinand und seiner Frau Sophie in Sarajewo (*28. Juni*)
Kriegserklärung Österreich-Ungarns an Serbien (*28. Juli*)
Beginn des Ersten Weltkriegs
Ermordung des französischen Sozialisten Jean Jaurès, der sich gegen den Krieg ausspricht (*31. Juli*)
Eröffnung des Panamakanals (*15. August*)
1915 Deutschland kündigt U-Boot-Krieg an
Aristide Briand französischer Ministerpräsident
Deutscher Luftkrieg gegen England
1916 Woodrow Wilson schlägt die Gründung eines Völkerbundes vor
Sykes-Picot-Abkommen zwischen Frankreich und Großbritannien über Aufteilung der Türkei (*16. Mai*)
David Lloyd George britischer Premierminister
Gründung des Spartakusbundes
»Steckrübenwinter« in Deutschland
Tod Kaiser Franz Josephs I. (*21. November*), sein Nachfolger wird Karl I.
1917 Revolution in Rußland
Aufstand in Petrograd (*12. März*)
Rückkehr Wladimir I. Lenins aus dem Schweizer Exil (*17. April*)
Proklamation der Republik (*16. September*)
Oktober-Revolution
Munitionsarbeiterstreik in Berlin
Gründung der Unabhängigen Sozialdemokratischen Partei Deutschlands
Deutschland erklärt den uneingeschränkten U-Boot-Krieg (*1. Februar*)
Sturz Bethmann Hollwegs (*12. Juli*). Kanzler-Nachfolger wird Georg Michaelis, im Oktober Georg von Hertling
Waffenstillstand zwischen Rußland und Deutschland (*15. Dezember*)

1918 »Vierzehn Punkte Woodrow Wilsons«, die u. a. einen Völkerbund vorsehen (*8. Januar*)
Waffenstillstandsverhandlungen. Frieden von Brest-Litowsk zwischen Rußland und Deutschland (*3. März*)
Rücktritt des Kanzlers Hertling (*3. Oktober*), Nachfolger Prinz Max von Baden, dann Friedrich Ebert
Meuterei der deutschen Hochseeflotte
Revolution in München (*November*)
Revolution in Berlin, Philipp Scheidemann ruft die Republik aus (*9. November*)
Regierung der Volksbeauftragten unter Vorsitz Friedrich Eberts
Kaiser Wilhelm II. dankt ab
Auflösung der Donaumonarchie. Revolution in Wien
Ausrufung der Republik in der Tschechoslowakei. Thomas G. Masaryk wird Staatsoberhaupt

1919 Friedenkonferenz in Versailles
Ermordung Rosa Luxemburgs und Karl Liebknechts (*15. Januar*)
Friedrich Ebert wird Reichspräsident (*Februar*)
Annahme der Satzung des Völkerbundes (*29. April*)
Räteregierung in Bayern (*April*)
Friedrich Ebert wird Reichspräsident (*Februar*)
parlamentarische Republik
Lenin gründet Kommunistische Internationale
Räteregierung in Ungarn unter Bela Kun
Benito Mussolini gründet in Mailand Fascio di combattimento

1920 Inkrafttreten des Vertrages von Versailles (*10. Januar*)
Kapp-Putsch (*13. März*)
Aufstand im Ruhrgebiet (*April*)
Auflösung der USPD
Erste Sitzung des Völkerbundes (*November*)
Krieg zwischen Rußland und Polen

1921 Konferenz von London, die die deutschen Reparationszahlungen festlegt (*Februar*)
Aristide Briand wird französischer Ministerpräsident
Ermordung des Zentrumspolitikers Matthias Erzberger

1922 Vertrag von Rapallo zwischen Deutschland und Rußland (*16. April*) legt u. a. gegenseitigen Verzicht auf Reparationszahlungen fest
Außenminister Walter Rathenau wird von Rechtsradikalen ermordet (*24. Juni*)
Konservative Regierung Baldwin in Großbritannien
Benito Mussolini Diktator in Italien
Gründung der Union der Sozialistischen Sowjetrepubliken
Inflation in Deutschland

1923 Besetzung des Ruhrgebiets durch französische und belgische Truppen Ruhrkampf
Separatistische Bestrebungen im Rheinland und in Bayern
Unruhen in Thüringen und Sachsen
Gustav Stresemann wird Kanzler und Außenminister der Regierung der »Großen Koalition« (*13. August–November*)
Hitler-Putsch (*8. November*), wird niedergeschlagen und Adolf Hitler zu 5 Jahren Festungshaft verurteilt
Nach Warren G. Harding wird Calvin Coolridge amerikanischer Präsident

1924 Daws-Plan über Reparationszahlungen der Deutschen
Tod Wladimir I. Lenins (*21. Januar*)
Bürgerrecht für die Indianer in den USA
Das Projekt eines internationalen Beistandspaktes durch den Völkerbund scheitert

1925 Tod Friedrich Eberts (*28. Februar*), Feldmarschall von Hindenburg wird Reichspräsident
Vertrag von Locarno, regelt u. a. Deutschlands Westgrenze

1926 Aufnahme Deutschlands in den Völkerbund (*8. September*)

1927 Übernahme der Macht in der Sowjetunion durch Josef Stalin
Weltwirtschaftskonferenz in Genf, für Abbau des Schutzzolls

1928 Antikriegs-Pakt von 54 Staaten der Erde (Kellogg-Pakt)

1929 Young-Plan zur Revision der Reparationsregelungen
Briand schlägt die Gründung der Vereingten Staaten von Europa vor
Ausweisung Leo Trotzkis aus der UdSSR
Herbert Hoover Präsident der USA
Schwarzer Freitag an der New Yorker Börse (*24. Oktober*)
Weltwirtschaftskrise

1930 Sturz der Großen Koalition in Deutschland
Heinrich Brüning wird Reichskanzler
Notverordnungen aufgrund der Wirtschaftskrise
Auflösung des Reichstages. Neuwahlen, die starke Gewinne der Nationalsozialisten bringen
1931 Harzburger Front der rechten Parteiungen in Deutschland
1932 Genfer Abrüstungskonferenz, militärische Gleichberechtigung Deutschlands
Wiederwahl Hindenburgs zum Reichspräsidenten (*10. April*)
Verbot von SA und SS (*13. April*), das am *14. Juni* wieder aufgehoben wird
Sturz des Kabinetts Brüning (*30. Mai*). Reichskanzler Franz von Papen, ab *Dezember* von Schleicher
Engelbert Dollfuß wird österreichischer Präsident
Konferenz von Lausanne beschließt Ende der deutschen Reparationszahlungen
Die Arbeitslosenzahl in Deutschland steigt auf über 6 Millionen
1933 »Regierung der nationalen Erneuerung« mit Adolf Hitler als Reichskanzler (*30. Januar*)
Brand des Reichstagsgebäudes in Berlin (*27. Februar*)
Grundrechte außer Kraft gesetzt, Einrichtung von Konzentrationslagern
Joseph Geobbels wird Minister für Volksaufklärung und Propaganda (*13. März*)
Ermächtigungsgesetz (*24. März*) gibt Legislative an die Regierung
Beginn der Gleichschaltung
Auflösung der Gewerkschaften und der Parteien außer der NSDAP
Reichskulturkammer- und Schriftleitergesetz
Bücherverbrennung
Erste Terrormaßnahmen gegen Juden
Viererpakt zwischen Deutschland, Frankreich, Italien und Deutschland
Deutschlands Austritt aus dem Völkerbund (*19. Oktober*)
Franklin D. Roosevelt Präsident der USA, Verkündung des New Deal zur Rettung der Wirtschaft
1934 Ernst Röhm, der Leiter der SA, nach angeblicher Revolte erschossen
Tod Hindenburgs (*2. August*), Hitler wird »Führer und Reichskanzler«
Dollfuß in Österreich von Nationalsozialisten ermordet

Kurt von Schuschnigg wird neuer Kanzler in Österreich
Generalstreik und Regierungskrise in Frankreich
1935 Volksabstimmung im Saargebiet, für Wiederangliederung an Deutschland (*13. Januar*)
Wiedereinführung der allgemeinen Wehrpflicht in Deutschland (*16. März*)
Nürnberger Gesetze gegen Juden (*15. September*)
Flottenabkommen zwischen Deutschland und Großbritannien als Auftakt der britischen Appeasement-Politik
Einrichtung eines Fernsehprogramms in Berlin
1936 Besetzung des Rheinlandes durch Hitler-Truppen (*7. März*)
Hitler kündigt den Vertrag von Locarno
In Frankreich Volksfrontregierung unter der Führung von Léon Blum
Auch in Spanien Volksfrontregierung, Beginn des Bürgerkrieges
Achse Berlin-Rom zur Unterstützung der Rechten unter Leitung Francos
Francisco Franco spanischer Staats- und Regierungschef (*30. September*)
1937 Hitler plant Eroberungskrieg (Hoßbach-Protokoll)
Staatsbesuch Mussolinis in Deutschland
In Großbritannien konservative Regierung Chamberlaine
1938 Hitler wird Oberbefehlshaber der Wehrmacht (*4. Februar*)
Nationalsozialist von Ribbentrop wird Außenminister
Einmarsch Hitlers in Wien (*März*), Anschluß Österreichs ans Deutsche Reich
Konferenz von München über die Lage in der Tschechoslowakei (*29. September*)
Reichskristallnacht (*9. November*)
1939 Einmarsch deutscher Truppen in der Tschechoslowakei (*15. März*)
Einmarsch in Polen (*1. September*)
Beginn des Zweiten Weltkriegs
Attentat auf Hitler im Münchner Bürgerbräukeller mißlingt (*8. November*)
1940 Winston Churchill wird britischer Premierminister
Waffenstillstandsabkommen zwischen Deutschland und der französischen Regierung Pétain (*22. Juni*)
Charles de Gaulle gründet das Nationalkomitee der Freien Franzosen
Regierung Pétain nach Vichy (*1. Juli*)
Hitler bereitet Angriff auf die Sowjetunion vor
Euthanasiegesetz zur Ermordung von Geisteskranken

Offensive Hitlers gegen Frankreich, Belgien und die Niederlande (*Mai*)
Beginn des Luftkrieges gegen Großbritannien (*Juli*)

1941 Beginn der Anti-Hitler-Koalition der Großmächte
Atlantic-Charta Roosevelts und Churchills schließen sich 15 Staaten an
Beginn der deutschen Offensive gegen die Sowjetunion (*22. Juni*)
Japanischer Angriff auf Pearl Harbour (*7. Dezember*)
Kriegserklärung Hitlers und Mussolinis an die USA (*11. Dezember*)

1942 Militärbündnis zwischen Deutschland, Japan und Italien (*18. Januar*)
Wannsee-Konferenz über die Ermordung der Juden (*20. Januar*)
Attentat tschechischer Widerstandskämpfer auf Reinhard Heydrich, darauf Vernichtung des Dorfes Lidice durch Hitler-Truppen
Hitler erhält Vollmacht als oberster Gerichtsherr (*26. April*)
Hinrichtung der Widerstandskämpfer der Roten Kapelle (*August*)
Ende des anfangs erfolgreichen Afrika-Feldzuges

1943 Konferenz von Casablanca über Invasion der Alliierten (*Januar*), der noch weitere Verhandlungen der Anti-Hitler-Koalition folgten
Landung der alliierten Truppen in Sizilien (*10. Juli*)
Gründung des Nationalkomitees Freies Deutschland unter deutschen Kriegsgefangenen an der russischen Front nach Stalingrad (*Juli*)
Alliierte Luftoffensive über Deutschland

1944 Beginn des Rückzugs der Deutschen von der Ostfront (*Januar*)
Landung der Westalliierten in der Normandie (*6. Juni*)
Das Attentat des Grafen Schenk von Stauffenberg auf Hitler scheitert (*20. Juli*)
Charles de Gaulle und andere Mitglieder der Résistance übernehmen die französische Regierung (*September*)
Juni-Offensive der sowjetischen Truppen

1945 Konferenz von Jalta führt zur Erklärung über das befreite Europa
Tod Franklin D. Roosevelts (*12. April*), Harry S. Truman wird amerikanischer Präsident
Gründung der United Nations Organisation (*26. Juni*)
Selbstmord Hitlers (*30. April*)
Bedingungslose Kapitulation Deutschlands (*7. Juni*)
Konferenz von Potsdam über die Verwaltung Deutschlands durch die Alliierten (*17. Juli–2. August*)

Vivat die Errungenschaften!

Vergessen können ist eine schöne Sache! Aber sich erinnern müssen — sich anklammern müssen an das Geschehne und Abgethane — um nur die Gegenwart zu ertragen — das ist eine schlimme Geschichte.

Noch ist es kein Jahr her, da war Lust und Jubel in Berlin! der Volksunterdrücker Guizot war aus Paris verjagt, — Metternich aus Wien entflohn, — Eichhorn, Thiele etc. hatten sich in Butterkeller verkrochen, — der Fabrikant Hahrkortz wollte fauler Sachen wegen ausreißen, — der S.... Mäusebauch seine Bibliothek für ein Lumpengeld verkaufen, — der Dr. Andreas Sommer dichtete Barrikadenlieder und Wilibald Alexis liebte jüdische Fische! — Aber ach! es hat sich Alles geändert — der Metternich regiert wieder in Wien, — der verjagte Guizot hat vom König von Preußen einen hohen Orden bekommen, — der Fabrikant „Hahrkortz“ hat mit „Enthüllungen“ schönes Geld verdient — und bekommt auch nächstens einen Orden, — der S.... Mäusebauch ist Regierungsrath geworden und wird nächstens seine Bibliothek sehr vortheilhaft einem gewissen Staate verkaufen können, — der Andreas Sommer wird Vorleser bei einer sehr hochgestellten Dame — und der Willibald Alexis ist ein Judenfresser mit 'n Stern geworden und eine gewisse jüdische Dame kann Freitag Abend keinen süßen Fisch mehr an ihn schicken mit den noch süßeren Worten: „An Alexis send' ich dich!“

So gehen Welten — Völker — Revolutionsgeschichten unter — und das Volk das sich am 18. März für die Errungenschaften nieder-kartätschen ließ — wird nächstens vielleicht mit abgezogenen Hüten stehen, wenn Graf von Redern, Polizeipräsident Puttkammer, Wrangel und Banquier Hersch in die erste Kammer ziehn. **Redern, Puttkammer, Wrangel** und **Hersch**, Vertreter des Volkes, das am 19. März siegreich vor's Schloß gezogen! Vivat die Errungenschaften.

Kladderadatsch.

Das literarische Berlin.
Illustriertes Handbuch der Presse in der Reichshauptstadt.
Hrsg. Gustav Dahms.
Berlin: Taendler 1895

Der Kladderadatsch und seine Leute 1848–1898.
Ein Culturbild.
Berlin: A. Hofmann & Comp. 1898

Facsimile Querschnitt durch den Kladderadatsch.
Hrsg. Liesel Hartenstein.
München, Bern, Wien: Scherz 1965

Fuchs, Eduard
Die Karikatur der europäischen Völker vom Altertum bis zur Neuzeit.
Berlin: A. Hofmann & Comp. o. J. (1901)

Heinrich-Jost, Ingrid
Literarische Publizistik Adolf Glaßbrenners (1810–1876).
Die List beim Schreiben der Wahrheit.
München u. a.: K. G. Saur 1980 (Dortmunder Beiträge zur Zeitungsforschung 31)

Kladderadatsch.
Die bibliophilen Taschenbücher 3.
Dortmund: Harenberg Kommunikation 1977

Koch, Ursula E.
Berliner Presse und europäisches Geschehen 1871.
Eine Untersuchung über die Rezeption der großen Ereignisse im ersten Halbjahr 1871 in den politischen Tageszeitungen der deutschen Reichshauptstadt.
Berlin: Colloquium 1978

Kunst der bürgerlichen Revolution von 1830 bis 1848/49.
Ausstellungskatalog der Neuen Gesellschaft für bildende Kunst.
Berlin: (Druck: Hendrich) 1972

Piltz, Georg
Geschichte der europäischen Karikatur.
Berlin: Deutscher Verlag der Wissenschaften 1976

Schulz, Klaus: *Kladderadatsch.*
Ein bürgerliches Witzblatt von der Märzrevolution bis zum Nationalsozialismus *1848–1944.*
Bochum: Brockmeyer 1975

William Hogarth 1697–1764.
Ausstellungskatalog der Neuen Gesellschaft für bildende Kunst.
Berlin: Anabas 1980